HISTOIRE
DE LA
GUERRE DE RUSSIE
EN 1812.

PARIS. — IMPRIMERIE D'AD. MOESSARD, RUE DE FURSTEMBERG, N° 8 BIS.

MURAT.

Publié par Ambre Dupont et Cie Rue Vivienne, No 16.

HISTOIRE

DE LA

GUERRE DE RUSSIE

EN 1812;

PAR M. MORTONVAL.

PARIS.

AMBROISE DUPONT ET Cie, LIBRAIRES,

QUAI VOLTAIRE, N° 15.

1831.

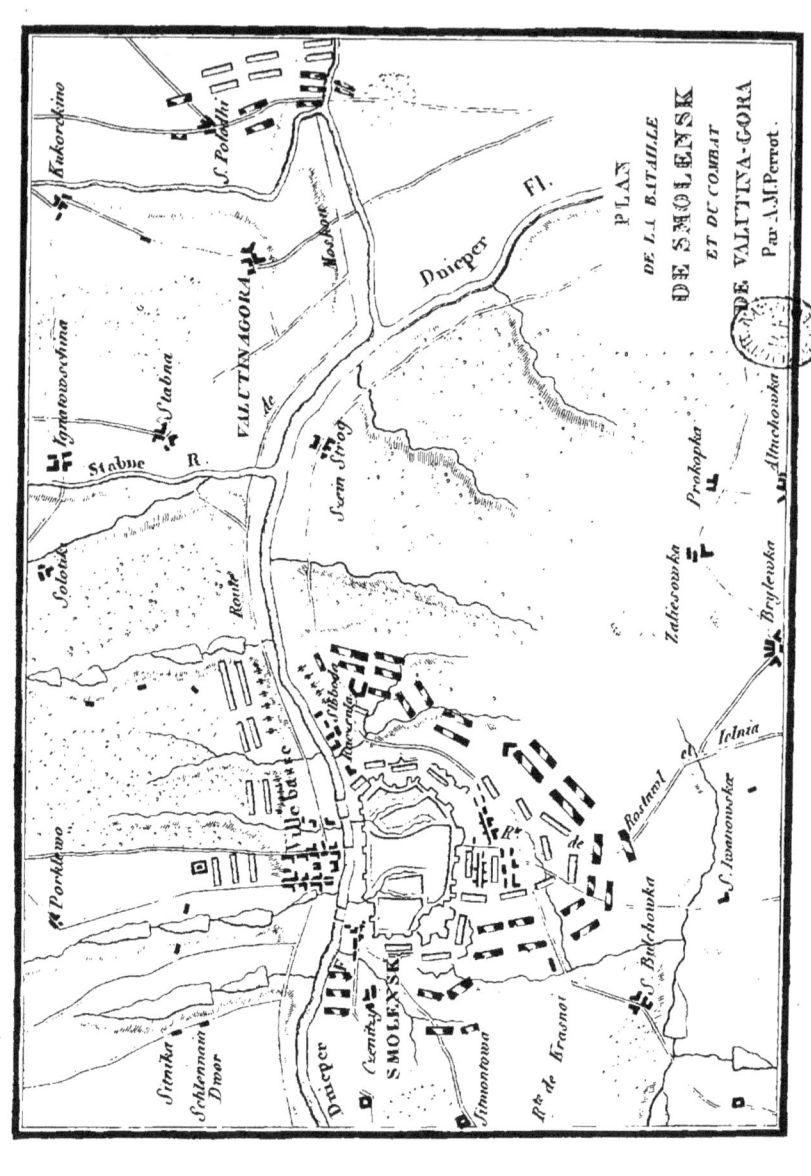

HISTOIRE

DE LA

GUERRE DE RUSSIE.

LIVRE PREMIER.

CHAPITRE PREMIER.

INTRODUCTION.

Le traité de Tilsitt, qui réconcilia la France et la Russie en 1807, renfermait le germe d'une rupture inévitable entre les deux empires; car la création du grand-duché de Varsovie, premier pas vers le rétablissement de la Pologne, annonçait le dessein de Napoléon de rejeter un jour les Moscovites au delà de leurs anciennes barrières et comme en dehors de l'Europe. Tant que ce projet restait inachevé, la confédération du Rhin était menacée d'un bouleversement général; et le fruit des immenses travaux de l'Empereur, pour fonder la domination française en Allemagne, eût été bientôt enlevé à son successeur. Lui seul pouvait porter le poids de cette guerre immense, à laquelle les forces de la France ne suffisaient pas; seul il avait assez de puissance pour rallier les armées de tout le continent, et les conduire contre la Russie.

Aussi le désir de relever lui-même le trône de Sobieski, et de constituer fortement la monarchie polonaise, occupait-il une grande place dans la pensée de Napoléon. Toutefois il fallait ajourner cette entreprise; la lutte qu'il soutenait alors contre l'Angleterre, réclamait impérieusement l'emploi de tous ses moyens d'agression et de défense. L'affranchissement des mers, obtenu par une paix glorieuse et solide avec la Grande-Bretagne, était désormais le point de vue dominant de sa politique. C'est vers ce but que tendaient ses plus grands efforts; et, pour y parvenir, l'alliance et la coopération de la Russie étaient indispensables. La loi de la nécessité lui commandait donc de ménager, quelques années encore, l'empereur Alexandre, avec lequel il se fût mis en état d'hostilité ouverte par la manifestation de ses projets à l'égard de la Pologne. Mais le cabinet de Saint-Pétersbourg ne tarda pas à en pénétrer le secret, et dès lors il montra la volonté de les traverser, en tirant avantage des embarras actuels de Napoléon : telle fut la véritable origine de la campagne de 1812.

Pour comprendre à quel point cette guerre prématurée plaçait l'Empereur dans une position difficile, il est nécessaire de remonter jusqu'à la source de sa longue querelle avec l'Angleterre. Loin de nous écarter du but de cet ouvrage, c'est entrer plus profondément dans le sujet, puisqu'il est avéré qu'en se décidant à combattre, Napoléon se proposait pour objet principal de détacher Alexandre de l'alliance du roi Georges, afin d'assurer l'entier accomplissement du *système continental*; et que, s'il poursuivit les Russes avec tant d'ardeur jusqu'aux bords de la Moskowa, ce fut réellement dans l'espoir d'atteindre enfin et d'y vaincre l'Angleterre, à laquelle il se flattait d'enlever, par une victoire, son dernier appui sur le continent.

Il faut d'abord rappeler que dans ce royaume voisin, le contre-coup de la révolution française remua plus profondément que partout ailleurs, la masse populaire. A l'aspect de cette violente commotion, le cabinet de Saint-James, régi par des principes éminemment aristocratiques, conçut les plus vives alarmes, et crut voir dans l'attitude générale du peuple anglais, la menace d'une subversion complète en faveur de la démocratie. Le ministère s'appliqua donc à repousser avec force l'invasion des idées nouvelles, dont la tendance vers des améliorations et vers la réforme des abus devait, en conduisant à un changement quelconque dans l'ordre établi, porter une atteinte funeste au pouvoir de l'oligarchie. Une foule d'écrits où brillait le talent des plus habiles publicistes, et ceux de Burke entre autres, innondèrent alors les trois royaumes, présentant à l'envi la révolution sous les traits les plus hideux et les plus effrayans, même avant qu'aucun excès n'eût souillé la cause de notre liberté naissante. Ils excitaient vivement à la haine contre la France, rivale détestée du peuple britannique, et qu'il est toujours prêt à combattre.

Les esprits ainsi disposés, la guerre, nécessaire à l'accomplissement des desseins du gouvernement anglais, devenait imminente; elle éclata bientôt après la proclamation de la République. Pitt dirigeait alors le cabinet de Saint-James. Quoique beaucoup plus occupé des intérêts de l'aristocratie, que de ceux de l'Angleterre en général et de ses véritables besoins, comme son but avoué était l'abaissement et la ruine de la France, contre laquelle il nourrissait une ardente animosité, il marchait ainsi dans le sens des préjugés nationaux qui lui servaient d'appui, et sur lesquels il réagissait par tous les moyens d'influence que donne le pouvoir. Le ministre acquit par là une grande popularité, auxiliaire très-utile dans la guerre fiscale qu'il se vit contraint de livrer à son propre pays, pour en arracher les énormes subsides indispensables au succès de son entreprise. Mais au dehors, sa politique haineuse n'eut que des résultats faux ou incomplets, toujours trop chèrement achetés, et sans grandeur comme le principe qui les avait enfantés.

Cependant le 18 brumaire venait de changer la face des affaires en France. Si Bonaparte, Premier Consul, put d'abord n'être regardé que comme un soldat heureux, ses premiers pas dans la carrière du gouvernement de l'État le firent considérer d'un œil plus favorable. On reconnut qu'il unissait, à une grande variété de lumières, l'étendue, la justesse, la fermeté de l'esprit et la force du caractère. Tous les partis se rallièrent à lui; de ce moment la révolution, d'abord si sombre et si terrible, désormais calme, satisfaite et comme concentrée tout entière dans un seul homme, s'offrit aux regards de l'Europe sous un aspect noble, imposant et riche d'espérance.

Elle n'en parut que plus odieuse et plus redoutable à l'aristocratie anglaise; mais le peuple était las d'une guerre si dispendieuse et jusque-là sans résultats avantageux pour la Grande-Bretagne. Déjà la bataille de Marengo, en ajoutant un nouveau lustre à la gloire militaire du Premier Consul, avait forcé l'Autriche à déposer les armes, et préparé la paix de Lunéville, qui bientôt après dénoua la seconde coalition; car, à l'exemple de l'empire d'Allemagne, tous les rois du continent firent presqu'à la fois la paix avec la France. Alors l'opinion publique en Angleterre se retira de Pitt; il s'éloigna des affaires, et le cabinet de Saint-James conclut, le 25 mars 1802, le traité d'Amiens, qui acheva la pacification générale.

La République étant ainsi réconciliée avec l'Europe, et agrandie dans une proportion qui compensait, à son avantage, les surcroîts de force et de population que les rois du Nord s'étaient attribués en démembrant la Pologne, le Premier Consul avait assez fait pour la gloire de la patrie. Occupé désormais du soin de fonder le bonheur public sur des bases larges et solides, il mit en honneur les bonnes mœurs et les vertus domestiques, dont lui-même donnait l'exemple : l'ordre et l'économie présidèrent à l'administration des finances; la religion, la justice, les sciences, les arts, le commerce, tout ce qui ennoblit, décore, enrichit ou perfectionne la société, fut éminemment protégé. Des canaux ouverts, des routes aplanies, une profonde sécurité, rendirent les communications plus faciles; le gouvernement éveilla l'industrie, donna des encouragemens à l'agriculture, aux grandes entreprises, aux découvertes utiles. Le Premier Consul s'appliqua surtout à étendre les progrès de l'instruction dans les classes inférieures de la société ; ses efforts tendaient évidemment à éclairer la masse de la nation : ce qui prouve que, s'il voulut s'en rendre le maître absolu, ce fut pour la conduire, d'après ses vues particulières, au plus haut degré de prospérité, mais non pour l'asservir et l'opprimer ; car alors il eût favorisé l'ignorance.

A moins de nier l'évidence des faits les plus incontestables, on ne peut disculper Napoléon du reproche d'avoir été despote. Mais le despotisme tel qu'il l'exerça était-il un moyen indispensable au bien qu'il voulait opérer et qu'il fit en effet? Voilà quelle est la question à résoudre pour être équitable envers lui. Appelé à succéder aux orages d'une longue révolution dont il se proposait de régulariser, de seconder le mouvement, en lui imposant un frein, le gouvernement consulaire avait besoin de concentration et de fermeté pour comprimer les partis qui se heurtaient au dedans; il lui fallait aussi beaucoup de force contre les ennemis qui l'assiégeaient au dehors; le Premier Consul s'érigea donc en dictateur. Mais rien ne témoigne d'une manière certaine qu'avant le traité d'Amiens, qui consolida sa puissance, il ait eu d'autre dessein que celui de continuer la République, en remplissant les conditions du pacte imposé par lui-même à la France.

Déjà pourtant, dans son esprit, des idées nouvelles étaient nées d'une observation vraie, de laquelle il tira une conséquence que l'on peut taxer d'erreur.

Il est certain que le peuple n'était pas mûr pour la liberté, quand le mécontentement et l'opposition des hautes classes de la société firent éclater la révolution de 1789; la France se trouvait encore moins préparée au régime républicain, lorsque le choc des factions déchaînées provoqua le renversement du trône de Louis XVI. Aussi les convulsions du corps social qui suivirent immédiatement cette grande chute, le sang répandu, la ruine des familles, l'invasion des étrangers et l'anarchie, durent, après la tourmente, s'associer dans les souvenirs du vulgaire avec l'image de la République. Alors les maux qui avaient produit la révolution disparurent devant les fléaux terribles et plus récens qu'elle semblait avoir enfantés; et l'ancien régime ne rappelait plus à la multitude qu'une époque de calme intérieur sous un chef unique. Or la trinité consulaire ne montrait aussi qu'un seul homme, comme la vieille monarchie; mais un homme grand et glorieux qui venait de rendre à la patrie ce bonheur tranquille, objet de ses regrets après tant d'agitations. Il résulta de cette analogie que la masse nationale aspirait plus encore à obéir que le Premier Consul à commander; et le jeune général conclut de là que le peuple français n'aimait pas la liberté. Il aurait pu déduire de cette observation, avec plus de justesse, que la France, ne l'ayant pas encore goûtée, en ignorait la douceur et les avantages : conduit ainsi au désir de la fonder, il en eût fait la base inébranlable de l'édifice de grandeur et de prospérité qu'il se proposait d'élever.

A la vérité, au lieu de républicains et de citoyens, Napoléon ne trouvait que de sujets façonnés aux habitudes du pouvoir absolu, et dont les mœurs toutes monarchiques n'avaient pu subir une altération sensible par dix ans de troubles continuels, pendant lesquels on chercherait en vain une courte période de véritable liberté, exempte d'excès odieux ou ridicules. Au milieu de ce chaos d'intérêts déplacés, confondus, d'hommes désorientés et froissés par l'orage, il n'était pas besoin de son génie supérieur pour concevoir le projet de relever le trône, comme un fanal où s'empresseraient de se rallier tous ces débris d'une grande tempête.

Certes il eût été plus beau, car il était plus difficile, de s'associer aux efforts de la minorité éclairée de l'époque pour conduire la nation au bonheur par des institutions libérales et républicaines; mais Napoléon vit la multitude tendre au même but par un autre chemin; il se sentait la force de modérer, de diriger ses mouvemens, il préféra marcher avec la plus grande masse des opinions, et se mit à leur tête.

Ce dessein arrêté, la démocratie et la liberté furent irrévocablement condamnées par le Premier Consul, comme principes d'organisation sociale; et il résolut de leur substituer des idées de gloire et d'honneur avec l'égalité [1], sous un joug monarchique. On le vit alors marcher d'un pas rapide vers l'exécution de son projet. La

---

[1] Napoléon reconnut que les Français, qui n'avaient pas encore compris la liberté, entendaient bien l'égalité, et la voulaient avec ardeur. Il résolut donc d'en faire l'un des plus puissans ressorts de son nouveau gouvernement. Dans les premiers temps de son règne, l'institution d'un ordre de chevalerie, puis celle des titres de noblesse, ne durent point paraître une atteinte à ce principe, puisque ces honneurs et ces dignités accessibles à tous les Français indistinctement, furent alors accordés, surtout à des hommes qui, sortis la plupart de classes inférieures de la société ne s'étaient élevés que par leur mérite personnel. Sans être jamais avilis par la prodigalité, ni par un choix indigne, les grades, les décorations, les dons de la munificence impériale, descendaient jusque sous le chaume pour y

France applaudit avec transport au sénatus-consulte qui prolongea de dix ans la suprême magistrature dont il était revêtu; elle accueillit aussi favorablement un acte semblable qui, peu de mois après, lui conféra la dignité de consul à vie.

Ainsi ramenée à la monarchie, la nation pouvait-elle être incertaine sur le choix du monarque? Le dernier roi n'existait plus; et lors même que la tempête révolutionnaire eût respecté cette tête auguste, il est douteux que les Français de 1804 eussent formé le vœu de son retour. On peut du moins affirmer qu'ils

chercher et récompenser le talent et les services à la patrie. Évidemment si la masse de la nation conserve encore aujourd'hui si chèrement le souvenir de Napoléon, c'est que, comme il l'a dit souvent lui-même, il fut l'*homme du peuple*, par son respect pour l'égalité, idole de la France. Toutefois on ne peut se dissimuler qu'il a suffi de peu d'années pour démontrer aux esprits réfléchis que si l'égalité se maintenait encore en présence des titres héréditaires de noblesse, ce n'était que par l'effet de la volonté ferme et de la politique adroite du chef actuel de l'État; et que, par une pente naturelle, les priviléges, abus inhérens à cet établissement, n'attendaient, pour faire irruption, qu'un peu de temps et un autre règne.

ne conçurent pas même la pensée de rappeler son successeur; la raison en est frappante : c'est que, s'ils n'aimaient pas la république, ils avaient cependant la ferme volonté de conserver les fruits de la révolution ; et que les princes exilés se trouvaient alors à la tête du parti qui combattait, sous les drapeaux de l'étranger, contre l'établissement du nouvel ordre de choses.

Napoléon, au contraire, promettait d'en maintenir d'une main ferme les résultats essentiels, et d'en défendre les intérêts, de toute sa puissance, qui, née de la révolution, devait inévitablement périr quand elle succomberait. S'il aspirait au pouvoir royal, avec l'hérédité dans sa famille, n'était-on pas en droit de se persuader qu'il ne voulait qu'asseoir sur une base plus solide l'édifice de 1789, restauré, pur de sang, désencombré des ruines ? Et quels gages sa vie passée n'avait-elle pas donnés à l'avenir ! les autels relevés, les lois de rigueur abolies, trente mille proscrits rendus à leurs foyers ; la fusion de tous les partis, même des plus antipathiques, dont la rivalité s'était transformée, à sa voix, en une noble émulation pour le service de la patrie ; la richesse publique jaillissant de mille sources nouvelles, sans surcharge d'impôts; le crédit sorti du gouffre de la banqueroute et fondé sur la bonne foi; tout rendait témoignage à la hauteur de sa pensée, à la grandeur de ses talens, à la générosité de son cœur. Sa gloire militaire, si chère à une nation guerrière, n'effaçait-elle pas celle des plus grands capitaines? et jamais l'armée n'avait été plus nombreuse, mieux disciplinée et plus passionnément attachée à son chef.

Cependant le cabinet de Saint-James observait avec inquiétude le développement rapide de tant d'élémens de force et de puissance, juste sujet d'orgueil pour les Français régénérés, et garans d'une immense prospérité dans un avenir très-prochain. Ce ne fut pas sans un violent dépit que l'aristocratie anglaise fut contrainte de reconnaître que tout ce bien était sorti de la révolution, dont elle détestait le principe, et qu'elle s'efforçait de représenter comme un fléau dévastateur, cause de ruine et de dépopulation pour la France. D'un autre côté, le peuple en Angleterre voyait d'un œil jaloux la renaissance subite et inattendue du commerce, du crédit et de la marine d'une nation rivale. Ces sentimens éclatèrent à la fois dans les deux chambres, et l'opinion se rallia bientôt tout entière au parti opposé à la paix, à la tête duquel Pitt combattait alors le ministère avec beaucoup d'avantage.

Le traité d'Amiens offrait au Premier Consul des moyens qu'il mettait en œuvre avec une rare habileté, pour étendre l'influence de la République sur le continent, aux dépens de celle de l'Angleterre. Cette transaction et ses conséquences devinrent l'objet des attaques véhémentes des orateurs les plus éloquens du Parlement; la guerre, objet du vœu public, ne tarda pas à être résolue dans le conseil du roi de la Grande-Bretagne, et Pitt ressaisit le timon des affaires.

Pour rompre la paix, le cabinet de Saint-James allégua l'incorporation du Piémont et de l'île d'Elbe dans la République, et la réunion probable des états de Parme; rien n'avait été réglé à cet égard dans le traité d'Amiens. Du reste, les ministres anglais accusaient le Premier Consul d'une ambition démesurée, et lui reprochaient la soif des conquêtes avant même qu'il eût montré l'intention de combattre. Pour justifier cette accusation, ils supposaient des rassemblemens de forces considérables vers les côtes de l'Ouest, ainsi que des préparatifs hostiles dans tous les ports de la France; ce qui annonçait, disaient-ils, le dessein d'envahir l'Irlande, et d'opérer une descente en Angleterre. Ils feignaient encore de redouter une nouvelle expédition d'Égypte, afin d'autoriser leur refus de se dessaisir de l'île de Malte, malgré les stipulations du dernier traité.

Dans les trois royaumes, la reprise des hostilités excita les transports d'une joie vive et unanime; et le retour de Pitt au pouvoir fut signalé par la véhémence des injures prodiguées au Premier Consul dans les journaux sur lesquels le ministre exerçait de l'influence; il ne négligea rien pour rendre Bonaparte personnellement odieux en Angleterre.

Ce moyen, quoique petit et bas, servit puissamment ses projets; car, dans ce pays où la nation agit avec force sur son gouvernement, la marche du ministère s'arrête dès que l'opinion lui est contraire. Or, Pitt, agissant sous l'influence d'une haine aveugle et violente, avait besoin d'une alliance intime avec les passions populaires les plus emportées. Ce n'était plus assez pour lui d'exciter l'animosité du peuple anglais contre la France : il s'efforça de la diriger sur le chef de la République, dans la personne duquel il détestait le triomphe de la révolution, et dont il avait juré de renverser la puissance, quoi qu'il en dût coûter à l'Angleterre. Il fallait donc associer la multitude à ce projet, dont l'exécution exigeait les plus grands sacrifices.

Objet des calomnies les plus absurdes répandues avec profusion par des écrivains salariés, Napoléon fut peint aux yeux des Anglais sous les traits d'un tyran farouche, sanguinaire, impie; son nom seul leur inspirait l'horreur; il devint bientôt chez eux l'objet de l'exécration générale. La haine alla si loin, que sa mort fut résolue à Londres. Pichegru se mit à la tête du complot, un *chouan* s'offrit pour l'exécution; on pratiqua des intelligences avec quelques cours étrangères, jusques dans Paris même; et il est pénible d'avouer que Moreau consentit à laisser ternir sa gloire par la complicité d'un assassinat.

Le complot avorta; un procès célèbre jeta le plus grand jour sur cet événement, et l'effet général en fut favorable au Premier Consul à tel point, que la mort même du duc d'Enghien, qui semblait devoir appeler tant d'intérêt sur cette illustre victime, objet de si justes regrets, ne fit que renforcer l'idée des dangers auxquels

Napoléon venait d'échapper, et la nation s'attacha davantage à lui.

Ainsi, en même temps que l'injuste agression de l'Angleterre produisait une crise politique et guerrière, qui relevait aux yeux de la France le prix des talens supérieurs de Napoléon devenu plus nécessaire, une tentative d'assassinat sur sa personne l'entourait d'une affection plus vive et plus générale. Il résulta donc de ce double effort contre lui, un surcroît de faveur populaire : et ce fut sous ces heureux auspices qu'il ceignit la couronne impériale en décembre 1804, aux acclamations de la grande majorité de la nation.

On a dit, et l'on répète encore, que, dans cette situation nouvelle, Napoléon ne pouvait plus se soutenir qu'en occupant la nation au dehors, et qu'ayant besoin de la guerre, ce fut lui qui provoqua les hostilités de la Grande-Bretagne. Il suffit cependant d'observer, avec un esprit dégagé de prévention, sa marche vers le trône, pour se convaincre que, ne l'ayant envahi ni par le crime ni par l'usurpation, non plus que par la force des armes, rien de violent ne lui était nécessaire afin de s'y maintenir. Il devait ce dernier degré d'élévation à des idées d'ordre, de stabilité, de calme intérieur; la paix, plus en rapport avec ces idées, n'était pas moins pour lui que pour la France la nécessité du moment. En effet, à peine couronné, on l'entendit prononcer, à l'ouverture du corps législatif, ces paroles qui devaient retentir dans tout le monde civilisé dont il fixait les regards, et surtout en Angleterre : « Je n'ai pas » l'ambition d'exercer une plus grande influence » en Europe, mais je ne veux pas déchoir de » celle que j'ai acquise. *Aucun État ne sera* » *incorporé dans l'Empire.* Je ne veux pas l'ac- » croître, mais j'en maintiendrai l'intégrité. »

A la suite de cette manifestation solennelle de ses sentimens pacifiques, Napoléon, dans une lettre adressée le 14 janvier 1805 au roi d'Angleterre, fit la demande formelle de la paix : il lui écrivit : « Je n'attache aucun » déshonneur à faire les premiers pas : j'ai as- » sez prouvé au monde que je ne redoute au- » cune chance de la guerre ; *la paix est le* » *vœu de mon cœur.* Je conjure V. M. de ne » pas se refuser au bonheur de la donner elle- » même au monde. Une coalition ne fera qu'ac- » croître la prépondérance et la grandeur conti- » nentales de la France. »

Ce langage était vrai, sensé, de bonne foi. Il y avait possibilité de s'entendre : les troupes françaises occupaient le Hanovre, la Hollande, Gênes, Parme, la Suisse: l'évacuation de ces états, leur indépendance, offraient des moyens de négocier ; et le commerce anglais éprouvait le besoin de la paix. Cependant Pitt fit à ces ouvertures une réponse évasive, qu'il termina en déclarant que le roi d'Angleterre ne pouvait arrêter aucune détermination avant d'avoir communiqué avec les puissances du continent. On ne tarda pas à connaître la nature de ces communications. Le 11 avril, par un traité signé à Pétersbourg, entre la Grande-Bretagne et la Russie, l'empereur Alexandre prit l'engagement de mettre sur pied une armée de cent quatre-vingt mille hommes, et de former une coalition dans le but de reprendre le Hanovre ; de soustraire à l'influence de Napoléon la Hollande et la Suisse ; d'obtenir pour l'Autriche une frontière qui la protégeât ; de faire évacuer le royaume de Naples, enfin, de rétablir le roi de Sardaigne en Italie.

Si tels eussent été réellement les vœux du cabinet de Saint-James, il aurait tenté d'obtenir ces résultats par la voie des négociations que provoquait Napoléon; mais le projet de Pitt allait beaucoup plus loin. Il ne se proposait rien moins que de repousser la France derrière ses anciennes limites de 1792; et, pour placer entre elle et la Hollande une barrière insurmontable, de donner la Belgique à la Prusse [1]. Pitt voulait encore rendre au roi de Sardaigne son royaume entier avec Nice et la Savoie, augmenté de la république de Gênes. La France ainsi réduite et humiliée, le ministre anglais avait dessein de la livrer à la vengeance des émigrés, en replaçant les Bourbons sur le trône, par la force des armes, au milieu de la révolution encore palpitante, et comme prise en flagrant délit.

Il est donc évident que la continuation de la guerre était le but des désirs ardens de l'Angleterre. Du reste le refus d'accéder aux offres de Napoléon eut tous les caractères de la haine que

---

[1] Projet de Pitt pour abaisser la France, etc. Extrait de la communication officielle qui fut faite par le gouvernement de la Grande-Bretagne à l'ambassadeur de Russie à Londres, le 19 janvier 1805. (*Vie politique et militaire de Napoléon*, etc., par le général Jomini; tome II, page 470.

lui portait l'aristocratie anglaise, dont l'idée dominante à cette époque était une aversion insurmontable pour l'établissement de la dynastie d'un souverain sorti des rangs du peuple; elle répugnait trop à donner cette espèce d'encouragement aux révolutions démocratiques. Quoi qu'il en soit, Pitt eut lieu de s'applaudir d'abord du succès de ses combinaisons, en voyant le nouvel empereur se laisser emporter dès les premiers pas, par son irritabilité naturelle, hors des voies de la modération, dans lesquelles il semble qu'une politique plus sage eût dû le retenir.

En effet, six mois étaient à peine écoulés depuis l'ouverture du corps législatif, lorsque, mettant en oubli l'engagement pris à la face de l'Europe, Napoléon réunit l'État de Gênes à la France, et donna les principautés de Lucques et de Piombino à l'une de ses sœurs. Aussitôt l'Autriche, qui n'attendait qu'un prétexte, alléguant cette infraction au traité de Lunéville, n'hésita plus à céder aux instances des Anglais, appuyées de la promesse d'un subside; elle accéda, le 9 août, au traité de Pétersbourg, et la troisième coalition fut nouée.

On sait que la bataille d'Austerlitz termina

cette campagne de trois mois, le 2 décembre 1805, et que, le 26, l'Autriche acheta la paix à Presbourg par les sacrifices les plus humilians. Dépouillée des états de Venise, de la Dalmatie et de l'Albanie, du Tyrol et de la ville d'Augsbourg, elle vit le duc de Wirtemberg et l'électeur de Bavière, enrichis de ses dépouilles, recevoir de Napoléon la couronne royale; les Russes, vaincus, repassèrent leurs frontières, et l'empire français sortit de cette utte plus glorieux et plus puissant.

Peu de semaines après la paix de Presbourg, Pitt mourut, encore dans la force de l'âge, mais accablé de douleur à la vue du dénouement de son entreprise inconsidérée. L'animosité de la nation anglaise parut alors se calmer. Si Pitt avait de nombreux admirateurs, surtout parmi les classes inférieures de la société, un parti considérable s'était déclaré dans les conseils britanniques contre son système de guerre perpétuelle. Éclairé peu à peu par les débats parlementaires, que dominait alors l'éloquence de Fox, le peuple, jugeant comme toujours, d'après l'événement, fut bientôt ramené à des idées de paix. L'industrie languissait, le commerce réclamait impérieusement les débouchés du continent que Napoléon maîtrisait; on reconnut la nécessité de composer avec cette force indomptable, qu'il fallait renoncer à renverser par la violence. Fox fut mis à la tête d'un nouveau cabinet, et l'on entama sans délai des négociations avec la France.

Jusque-là le principal obstacle à la paix avait été dans la volonté du peuple anglais, dont l'opinion, il faut le répéter, agit toujours avec puissance sur le gouvernement; mais, alors cette opinion se trouvant conforme au désir constamment manifesté par Napoléon, il semble que tout devait favoriser le prompt succès des négociations. Il arriva pourtant que, commencées au printemps de 1806, elles furent rompues six mois après, au moment où l'agression de la Prusse signalait le commencement de la quatrième coalition, formée sous les auspices de l'Angleterre. On lit partout que la mort de Fox, en livrant le conseil du roi Georges à l'esprit de l'ancien ministère, fut la cause de ce nouvel incendie de l'Europe. Avant d'adopter cette opinion, jetons un coup d'œil impartial sur ce qui se passa depuis les ouvertures de paix faites par l'Angleterre, jusqu'à l'instant où elle rappela son négociateur.

Lord Yarmouth vint à Paris vers le milieu de mars; les conférences étaient donc déjà commencées, quand, le 30 du même mois, Napoléon proclama Joseph Bonaparte roi *des Deux-Siciles*, à l'exclusion de Ferdinand IV, allié des Anglais : il déclara en même temps que ce prince et sa dynastie avaient *cessé de régner;* ce qui annonçait le dessein d'aller lui arracher le sceptre de la Sicile, qu'il conservait sous la protection de la flotte britannique.

Le premier avril suivant, le Hanovre, propriété particulière du roi de la Grande-Bretagne, fut livré par les troupes françaises au roi de Prusse, qui incorpora cette souveraineté dans ses états, par suite d'un traité avec la France.

Le 5 juin, Napoléon érigea en royaume la république Batave, dont l'indépendance importait tant à la prospérité du commerce anglais; et il donna cette nouvelle couronne à son frère Louis Bonaparte.

Un mois après, le traité de la Confédération du Rhin sépara de l'empire germanique les états de quatorze souverains, et les soumit à l'influence directe de la France, à laquelle ils s'engagèrent de fournir, en cas de guerre, un contingent de soixante-trois mille hommes. Par l'effet de cette transaction, François II dut abdiquer le titre d'Empereur d'Allemagne.

C'est à la suite de ces événemens que l'empereur Alexandre refusa, au mois de septembre, de ratifier le traité de paix signé à Paris le 20 juillet par son plénipotentiaire; alors seulement la mort de Fox précipita la rupture des négociations avec le cabinet de Saint-James. En même temps menacée par l'Angleterre et entraînée par la Russie, la Prusse, persuadée que Napoléon avait dessein de lui reprendre le Hanovre pour se réconcilier avec le roi Georges, se décida enfin à courir aux armes. Napoléon était prêt à la guerre; il vola au devant des Prussiens, et les écrasa dans les champs d'Iéna.

Il faut bien avouer que cette série de faits présente une contradiction manifeste avec le langage pacifique de Napoléon, et que jamais les actes d'aucun souverain ne parurent plus contraires au but qu'il semblait se proposer. En faut-il conclure que l'Empereur ne voulait pas la paix sincèrement, lorsqu'il la demandait avec tant d'instance? Ce serait aller trop loin; sans doute il la voulait toujours, mais avec de nouveaux, d'immenses avantages, auxquels il ne prétendait pas encore avant la victoire d'Austerlitz et le traité de Presbourg. Ce beau succès avait enflammé, avec son amour passionné pour la gloire, l'ambition propre à son caractère élevé : celle de placer la France à la tête des nations, et d'en faire le premier peuple, le plus puissant, le plus grand du monde entier.

Quoi que la froide raison puisse objecter de solide contre un plan si gigantesque, il est certain que Napoléon marchait encore vers ce but aventureux avec une masse immense d'opinions. La France entière, se précipitant avec lui dans cette nouvelle guerre, était animée d'un enthousiasme général que le succès exalta jusqu'au délire. Le prodige d'Iéna, ses suites, le triomphe plus disputé et plus glorieux aussi de Friedland, enfin la paix de Tilsitt, qui partagea le continent entre la France et la Russie, tous ces hauts faits de guerre et de politique achevèrent de diviniser l'Empereur : il devint l'idole des Français.

Plus fort qu'il n'avait encore été depuis son avénement au pouvoir, et par conséquent dans une situation plus favorable pour traiter avec l'Angleterre d'une paix à la fois solide et glorieuse, Napoléon accepta la médiation de la

Russie à Tilsitt, et se montra de nouveau prêt à négocier. Mais les idées du peuple anglais avaient pris un autre cours. L'outrage personnel fait au roi Georges par le don du Hanovre au roi de Prusse, venait d'être aggravé par la création du nouveau royaume de Westphalie, auquel cet électorat avait été réuni pour former une dotation à Jérôme Bonaparte. Le système continental proclamé à Berlin, et devenu plus menaçant par l'adhésion de l'empereur de Russie et de Frédéric-Guillaume, irritait l'orgueil de la nation britannique autant qu'il blessait ses intérêts; il n'était donc plus besoin d'efforts ni de déceptions, comme au temps de Pitt, pour l'exciter à la guerre d'extermination jurée à la France : les Anglais allaient d'eux-mêmes au devant des sacrifices sans mesure que commandait cette lutte désespérée.

Dès lors tout servit d'aliment à l'animosité des deux gouvernemens et des deux peuples. Si Copenhague bombardée et l'enlèvement de la flotte danoise signalèrent la fureur impuissante de l'Angleterre contre la France, Napoléon, ne pouvant aussi blesser ses ennemis que dans leurs alliés, résolut d'aller les frapper en Portugal; l'occupation de Lisbonne par les troupes françaises suivit de près le désastre de la capitale du Danemarck. Le système continental dirigé contre l'industrie et le commerce de la Grande-Bretagne devint l'idée fixe de Napoléon ; et il se proposa pour but de contraindre les Anglais à la paix, par la ruine de leurs finances, en s'appliquant à les exclure, avec la dernière rigueur, de tous les marchés du continent. C'était s'imposer l'indispensable nécessité de maîtriser de plus en plus l'Europe, afin de la plier violemment à son *système*, qui mettait tout en souffrance.

De leur côté, les Anglais, abusant durement de la domination exclusive des mers, exhumaient des temps les plus barbares des usages abolis par la civilisation ; et, comme si leur code maritime, qui consacre la piraterie, devait être la loi de l'univers, ils érigèrent en droit le despotisme et la violence. L'expropriation des neutres et même des alliés de l'Angleterre, la saisie de leurs navires et de leurs marchandises, furent les châtimens qu'elle infligea pour la moindre infraction aux blocus imaginaires qu'elle se bornait à faire déclarer par un ordre de son amirauté.

Cette querelle ardente de la France et de

l'Angleterre fut, dès le principe et jusqu'à son funeste dénouement dans les champs de Waterloo, le nœud principal auquel se rattachèrent partout les combinaisons de la politique; et seule elle agitait le monde. Les débats entre les rois de l'Europe, leurs alliances, ces batailles de géans, tant de puissances détruites, de trônes renversés, de royaumes formés de leurs débris, tous ces désastres enfin, en y comprenant ceux de la campagne de Russie, ne furent que des épisodes de la guerre de douze ans que se livrèrent sans interruption les deux plus grands peuples de la terre.

Avant de développer la suite des faits qui se rattachent plus directement à la rupture de Napoléon et d'Alexandre, et afin de jeter le plus de jour possible sur les causes générales de ce grand événement, il importe d'observer que, depuis l'époque du traité de Tilsitt, la France offrit de nouveau la paix à l'Angleterre à deux reprises différentes, et particulièrement au mois d'avril 1812. La réponse de lord Castelreagh à cette dernière ouverture ne laisse aucun doute sur l'intention du cabinet de Saint-James de consentir à traiter, en admettant pour base préliminaire la restauration du trône de Ferdinand VII à Madrid et le rétablissement de Ferdinand IV de Sicile sur celui de Naples. Il est également certain que cette tentative échoua par le refus de Napoléon de reprendre à Joseph et à Murat les couronnes qu'il leur avait données. Sa résistance à cet égard est un point capital dans l'histoire des dernières années de son règne, puisque, en rompant les négociations ouvertes avec le gouvernement anglais à cette époque remarquable, elle devint une des causes déterminantes de la campagne de Russie.

Toutefois ce ne fut pas, comme on l'a prétendu, un sentiment d'orgueil personnel ou de tendresse aveugle pour sa famille qui dicta la résolution de Napoléon. C'est dans un ordre d'idées plus élevées qu'il faut chercher la source des erreurs de ce grand caractère. Une confiance excessive en lui-même, justifiée par des facultés telles qu'aucun homme n'en posséda jamais d'égales, l'avait accoutumé peu à peu à tout rapporter à l'autorité souveraine; c'est ainsi qu'en 1808, il fut conduit à faire, des relations de l'Espagne et de la France, une question de rois, au lieu d'une question de peuples; et qu'à l'exemple de Louis XIV, on le vit se persuader qu'il affermissait l'alliance des deux nations, en plaçant un prince de son sang sur le trône des Castilles. Trop enclin à voir l'État tout entier dans la personne du monarque, et se confiant uniquement dans l'affection fraternelle de Joseph pour lui, il dédaigna de reconnaître qu'en l'imposant aux Espagnols, bien loin d'avoir conquis des amis à la France, il venait au contraire de soulever contre elle l'implacable ressentiment d'un peuple fier et courageux, profondément outragé, bien plus par le mépris de ses droits que par l'enlèvement et la captivité de Ferdinand. La même préoccupation l'égarait encore en 1812, lorsque, sans tenir compte de l'animosité croissante des Espagnols contre les Français et leur chef, qui maintenaient chez eux par la force ce roi détesté, Napoléon, entre les mains de qui le sceptre était une arme irrésistible, s'opiniâtra dans la fausse opinion qu'en arrachant celui de l'Espagne à son frère il enlèverait à l'Empire un allié puissant et nécessaire.

Il résulte donc de tout ce qui vient d'être exposé, que la grande guerre européenne dans laquelle Napoléon succomba, était entre la France et l'Angleterre; que la réconciliation de ces deux puissances, en prévenant la rupture de la Russie et de la France, eût détourné les fléaux attirés sur l'Empire par la campagne de 1812; enfin que la paix générale de l'Europe était possible, si Napoléon eût accordé au cabinet de Saint-James le détrônement de Joseph et de Murat [1], concession qu'il jugea plus préjudi-

[1] On a fait cette objection : « C'est une grande erreur » de croire que le sacrifice de Joseph et de Murat eût » amené la paix avec l'Angleterre en 1812. L'Empereur » eût-il fait cette concession, qui renversait de fond » en comble son système, quand sa puissance était » encore intacte, il se fût désarmé gratuitement devant » des ennemis implacables, et avec lesquels il lui était » démontré qu'il ne pouvait faire aucune paix solide, » qu'en traitant d'égal à égal. Il eût imité le lion de la » fable, dupe de sa crédulité. »

Convenons d'abord d'un fait incontestable, c'est que l'Empereur a demandé la paix; il la croyait donc possible. Ce point accordé, soutiendra-t-on qu'il espérait l'obtenir sans *concessions*, sans *sacrifices* en la *demandant* à l'Angleterre, dont la puissance aussi *était encore intacte?* Non sans doute, car ce serait supposer l'absurde. « Mais, réplique-t-on, le sacrifice de Murat » et de Joseph eût renversé de fond en comble *son* » *système!* » Précisément, ce que l'auteur reproche à Napoléon, c'est d'avoir eu *un système* dont le plan embrassait la possession du continent, afin de balancer

ciable encore aux intérêts de la France qu'outrageante pour lui-même, et que par ce motif il crut devoir refuser.

Sous ce rapport, les idées de la nation étaient diamétralement opposées à celles de Napoléon; et l'on ne peut disconvenir que l'établis-

la puissance de l'Angleterre, et de la vaincre enfin, au lieu de reconnaître qu'il était préférable de transiger avec elle. On néglige d'observer qu'il y a contradiction manifeste à convenir que l'Empereur poursuivait l'exécution d'un système, ce qui est essentiellement offensif, et à le représenter en même temps toujours et uniquement sur la défensive contre des ennemis implacables qui ne voulaient entendre à aucune transaction. « L'Angleterre, répond-on, était bien résolue à ne » point faire la paix lorsqu'elle offrait de traiter. » Quoi! même quand elle proposait pour base des conditions qui, de votre propre aveu, auraient entraîné la ruine *du système* de Napoléon? C'est aller beaucoup trop loin; bornez-vous à dire : l'Angleterre était fermement décidée à ne point accorder la paix au possesseur du continent; et en effet qu'y aurait-elle gagné? elle voulait que Napoléon renonçât à *son système*, offensif quoi qu'on en puisse dire; et, dans l'opinion de l'auteur, la France le désirait aussi, parce qu'elle voyait dans ces concessions, un moyen d'affermissement pour l'Empereur qu'elle aimait. L'auteur pense, de plus, que, bien loin de se désarmer en sacri-

sement du système continental, l'extension démesurée donnée à l'Empire pour favoriser ce système, et surtout la prolongation de la guerre, qui en était devenue une nécessité, n'eussent déjà troublé l'harmonie qui jusqu'alors avait régné entre elle et lui. Malheureusement l'Em-

fiant Joseph, l'Empereur eût ajouté à ses forces et à ses ressources, les armées et les trésors qu'il prodiguait, en pure perte, dans la guerre d'Espagne. En rejetant Ferdinand dans la Péninsule, à cette époque, il n'eût fait que donner un chef à l'un des partis qui la déchiraient alors; l'orgueil national n'eût pas souffert l'occupation du territoire espagnol par une armée anglaise, dès que le prétexte d'en chasser les Français eût été enlevé par leur retraite volontaire; et d'un autre côté la guerre civile et la pauvreté eussent interdit aux Espagnols la faculté d'inquiéter la frontière méridionale de la France. Une observation attentive de l'état de la Péninsule, pendant ces années-là, permet à l'auteur d'avancer cette opinion sans crainte d'être démenti par ceux qui l'ont connue comme lui. Dans la résolution opiniâtre de Napoléon de maintenir Joseph sur le trône d'Espagne, malgré les Espagnols, il est donc bien difficile de voir autre chose que le fruit d'une erreur qui consistait à se persuader que la *personne* du roi, même sans le concours de la volonté nationale, offrait un appui à l'Empire et assurait un allié puissant à l'Empereur.

pereur ayant jugé la liberté dangereuse, ou du moins incompatible avec l'exécution de ses vastes desseins, la presse était enchaînée, la tribune muette; il ne restait aux vœux de la France aucun chemin ouvert pour monter jusqu'au trône, et il ne put reconnaître le point où il cessa de marcher avec la plus grande masse des opinions. Napoléon dut donc nécessairement persister dans l'erreur qui lui fut si fatale, et s'égarer de plus en plus.

Ce n'est pas que la nation méconnût qu'il se proposait l'accomplissement d'un dessein plein de grandeur, dans la vue du bonheur public, qui fut toujours son but, quoi qu'on puisse dire; mais, par une conséquence inévitable du choix qu'il avait fait de l'absolutisme comme principe de gouvernement, tout reposait sur un seul homme; et la France, sans institutions solides et durables, le voyait avec inquiétude, mesurant l'immensité du fardeau à ses forces personnelles, en surcharger chaque jour davantage le poids déjà trop accablant pour son successeur, quel qu'il fût. Tout le monde sentait que, si la mort l'eût surpris avant d'avoir achevé ses travaux, dont le plan embrassait le rétablissement de la Pologne, l'échaffaudage entier devait crouler à l'instant même, et s'engloutir dans sa tombe. Napoléon léguant à un fils mineur la grande querelle du système continental, la France, en état d'hostilité avec toute l'Europe, eût été déchirée par la guerre civile, en même temps que le continent soulevé eût attaqué ses frontières, partout à la fois, sur une ligne de quatre cents lieues, depuis l'extrémité des états romains jusqu'à Hambourg.

Dans une situation aussi difficile, le berceau d'un enfant pouvait-il être le point de ralliement de tant de nations si peu sympathiques, dont s'était formé le grand Empire, en y comprenant la confédération du Rhin et le royaume d'Italie? Et pourtant elles n'en avaient aucun autre; le corps-législatif était une fiction, le sénat un objet de mépris et de haine; l'armée serait demeurée debout, mais divisée par les ambitions rivales des maréchaux. Tout le conseil, tout le ministère, tout le gouvernement résidait dans la personne unique de Napoléon; il était l'âme et le centre de vie du monde nouveau qu'il avait créé; Napoléon de moins, il ne restait plus rien.

L'erreur capitale de son règne a donc été le point de vue faux sous lequel il envisagea la liberté, ainsi que les institutions qui en dérivent et la protègent; et la source de ses malheurs fut un excès de confiance dans sa haute capacité, qui, bien que prodigieuse, ne pouvait suffire à tant de grandes choses entreprises à la fois. S'il eût évité ces deux écueils, la France aurait eu sans doute moins de puissance et de gloire, mais une prospérité plus durable; et il est permis de croire que Napoléon serait mort sur le trône, craint et respecté de l'Europe, et chéri des Français.

CHAPITRE II.

Origine et progrès de la mésintelligence entre la France et la Russie, depuis la paix de Tilsitt, en 1807, jusqu'en 1812. — Préparatifs de l'empereur Alexandre. — Motifs de Napoléon pour éviter ou retarder la rupture.

Peu de mois après le traité de Tilsitt et le refus du cabinet de Saint-James d'accepter la médiation de l'empereur Alexandre pour opérer un rapprochement entre la France et l'Angleterre, le bombardement de Copenhague par la flotte anglaise excita vivement l'indignation de ce souverain; il proclama de nouveau les principes de la neutralité armée, en octobre 1807, et le mois suivant, adoptant sans réserve les vues politiques de Napoléon, il déclara formellement la guerre à la Grande-Bretagne. De ce moment, des intérêts communs resserrèrent l'alliance des deux empereurs, et le besoin d'en conférer décida leur entrevue à Erfurt, au mois de septembre 1808. Le but principal de cette réunion fut de tenter, de concert, un nouvel effort afin d'obtenir de l'Angleterre la paix et l'affranchissement des mers; mais ils proposèrent, pour base du traité, le maintien de toutes les puissances qui existaient alors : c'était demander que le roi George reconnût le don du Hanovre fait à Jérôme Bonaparte, et la déchéance des rois de Portugal, d'Espagne et de Sicile, ses alliés; la paix offerte avec ces conditions était impossible, cette ouverture n'eut aucun résultat.

Du reste, il paraît certain qu'à Erfurt Alexandre et Napoléon se bornèrent à convenir que la France n'interviendrait en rien dans la guerre de Turquie, non plus que la Russie dans celle que la France s'apprêtait à poursuivre en Espagne avec plus de vigueur que jamais. Aucune disposition concernant les affaires du nord de l'Europe ne fut alors arrêtée; en sorte que le rapport des forces relatives des deux empires, tel qu'il avait été établi par le traité de Tilsitt, restait exactement le même; rien ne semblait encore tendre à en troubler l'équilibre.

Plein de confiance dans les sentimens que venaient de lui témoigner Alexandre et tous les souverains de l'Allemagne, l'Empereur courut au devant des Anglais, qui, s'avançant vers les Pyrénées, lui offraient enfin le combat sur le continent. Cependant l'Autriche, reprenant tout à coup les armes, le força d'abandonner brusquement la Péninsule, et recommença la guerre dans le Nord. La Russie, en exécution des derniers traités, scrupuleusement observés jusque-là par Napoléon, déclara la guerre à François II, et le fit attaquer sur les frontières de la Gallicie par un corps de trente mille hommes, sous les ordres du prince Galitzin. Mais bientôt l'événement équivoque de la bataille d'Essling parut, pendant six semaines, avoir compromis le succès de la campagne, et alors le général russe agit avec tant de lenteur et de mollesse, que cette diversion ne fut d'aucune utilité réelle à l'armée française.

La circonstance dans laquelle se manifesta ce premier indice du refroidissement d'Alexandre était remarquable; les Anglais, qui dominaient à cette époque le cabinet de Vienne et dirigeaient même les opérations de la guerre, avaient répandu dans tout le Nord de fausses relations des deux journées d'Essling; leurs agens, en exagérant ces échecs et leurs suites probables, s'efforçaient de disposer le roi de Prusse à se déclarer contre la France, et préparaient le soulèvement de l'Allemagne septentrionale, que devait appuyer un débarquement de forces britanniques à Cuxhaven. Il n'était donc pas douteux que le parti anglais venait, par les mêmes moyens, de reconquérir de l'influence dans le cabinet de Pétersbourg et sur l'esprit de l'empereur Alexandre. Toutefois le triomphe de Wagram, en ramenant la fortune sous les drapeaux de Napoléon, ne tarda pas à effacer l'impression d'un revers passager, et la meilleure intelligence sembla régner de nouveau entre les deux empereurs.

Mais si, par le traité qui mit fin à cette guerre au mois d'octobre 1809, la Russie, pour prix de sa douteuse coopération, reçut un district détaché de la Gallicie orientale, l'Empereur agrandit le duché de Varsovie de tout le reste de cette province, du cercle de Zamosc et du territoire de Cracovie. En confirmant, par cette augmentation de forces, l'espérance donnée précédemment aux Polonais de voir leur patrie renaître et sortir plus puissante de ses ruines,

Napoléon devait nécessairement porter ombrage aux Russes. En effet, cet acte, qui dévoila son projet, est la cause réelle de la rupture : tous les autres griefs allégués par le cabinet de Pétersbourg ne furent que des prétextes.

Dès le commencement de 1810, et sans aucun autre motif apparent, l'empereur Alexandre rassembla des forces considérables sur la frontière occidentale de ses états. Une partie de l'armée d'observation en Finlande se rapprocha du grand-duché de Varsovie; on rappela également plusieurs corps de l'armée de Moldavie, qui agissait contre les Turcs. En même temps, les places de Riga et de Kiew furent mises en état de défense; et deux nouvelles forteresses s'élevèrent, l'une à Dunabourg, sur la Dwina, l'autre à Bobrouisk, sur la Bérésina.

Ce fut seulement au mois de juillet de cette année, que la réunion de la Hollande à l'empire français parut justifier les alarmes de la Russie : ce surcroît de force, ajouté à celle dont Napoléon disposait déjà dans le Nord, rompait en effet l'équilibre établi par les traités antérieurs. Aussi le cabinet de Pétersbourg, s'efforçant de provoquer une explication sur l'objet principal de ses inquiétudes, demanda-t-il que le gouvernement français déclarât, par un acte formel, que *le royaume de Pologne ne serait jamais rétabli*. Le duc de Vicence était alors ambassadeur en Russie; se croyant suffisamment autorisé par ses instructions à prendre cet engagement au nom de Napoléon, il le souscrivit dans les termes exigés par les Russes, le 1er janvier 1811; et le traité fut envoyé à Paris, signé par Alexandre. Napoléon, auquel on le présenta pour être ratifié par lui, s'étonna de la forme générale et absolue donnée à l'écrit qu'on prétendait lui dicter, et fit observer qu'on devait se contenter de sa promesse de ne contribuer en aucune façon au rétablissement de la Pologne; mais que le destin seul pouvait prononcer sur l'avenir de cette nation. On rectifia donc, dans le sens indiqué par l'Empereur, l'article principal de cette convention, qu'il souscrivit alors sans difficulté.

Cette modification à un traité déjà revêtu de la signature d'Alexandre, blessa ce souverain et donna plus de consistance aux soupçons qu'il avait conçus; c'est dans ces circonstances que l'on reçut en Russie le sénatus-consulte organique qui consacrait les dispositions du décret impérial relatif à la réunion de la Hollande, et incorporait de plus dans l'empire les villes anséatiques et les états du duc d'Oldembourg, proche parent et beau-frère d'Alexandre. Aussitôt, les réclamations les plus énergiques à ce sujet furent adressées à Napoléon par le cabinet de Pétersbourg, en même temps que tous les souverains de l'Europe recevaient une protestation de l'empereur de Russie contre l'envahissement de la principauté d'Oldembourg.

Précisément à la même époque, le ministère russe venait de publier un nouveau tarif des droits imposés à l'entrée des marchandises étrangères, et qui portait vivement atteinte aux intérêts du commerce de la France. Cet ukase avait pour but de restreindre les importations dont la valeur ne pouvait plus être soldée qu'en numéraire, depuis que le système continental fermait aux produits du sol russe la sortie par les ports de mer : ce qui ajoutait, au malaise des propriétaires et aux embarras des négocians, le désavantage d'un change ruineux, et conduisait l'État à la banqueroute par la dépréciation rapide du papier-monnaie. En conséquence, Alexandre ordonna la destruction des marchandises étrangères qu'il prohibait, et permit seulement l'entrée des denrées coloniales qui seraient reconnues n'être point propriété anglaise.

Ces dispositions n'offraient en apparence rien d'essentiellement contraire au système continental, dont Napoléon lui-même jugeait nécessaire de tempérer la rigueur, par les nombreuses *licences* accordées dans tous les ports de son empire. Mais si la lettre de l'ukase paraissait irréprochable, l'esprit en était évidemment hostile contre la France, puisque les marchandises prohibées étaient toutes d'origine française, et que la faculté d'importer des denrées coloniales sous pavillon neutre favorisait ouvertement les produits anglais.

Les plaintes et les reproches furent donc réciproques et éclatèrent à la fois. L'irritation de Napoléon était d'autant plus vive, que l'empire britannique commençait à ressentir douloureusement les effets du système continental : le travail y manquait presque partout aux ouvriers des manufactures, classe nombreuse dont le désespoir effrayait le gouvernement; les denrées coloniales étaient à peu près sans valeur, et les produits de l'industrie, tombés à vil prix, encombraient les magasins. Des cris de détresse s'élevaient déjà de toutes parts dans les trois royaumes. Il devenait enfin possible d'entrevoir le terme où la patience du peuple anglais se lasserait; et Napoléon se croyait à la veille de recueillir le fruit de ses vastes combinaisons, quand Alexandre, en déviant brusquement de la marche qu'il s'était engagé à suivre de concert avec lui, sembla près de tout remettre en question.

De son côté, l'empereur de Russie se sentait blessé dans sa dignité de souverain et de chef de famille. Les états du duc d'Oldembourg, auquel il venait d'accorder la main de sa sœur, étaient garantis par ses ancêtres à la maison de ce prince en vertu de traités que celui de Tilsitt avait spécialement confirmés : l'injure était donc directe.

Néanmoins ces griefs auraient eu peu de poids dans la balance politique, si le lien amical qui unissait Alexandre à Napoléon eût été l'effet et comme l'expression de l'alliance intime des intérêts de leurs peuples; mais il n'en était rien. Loin de là, ces intérêts, diamétralement opposés à l'égard de la Pologne, se heurtaient encore plus par l'effet des exigences du système continental. Il est très-probable que, sous l'influence du parti anglais, le prétexte de l'invasion de l'Oldembourg eût suffi pour faire éclater immédiatement la guerre, si la Russie eût été prête à la faire, au printemps de 1811. L'on assure même qu'il fut alors question à Pétersbourg d'un plan de campagne qui consistait à envahir brusquement le duché de Varsovie, et à porter à marches forcées cent cinquante mille hommes sur l'Oder, afin de décider la Prusse à s'unir à la cause des Russes [1]. Mais, encore aux prises avec les Turcs, et inquiets des dispositions de l'Autriche à leur égard, aussi-bien que de celles de Bernadotte, élu depuis peu prince royal de Suède, ils avaient trop lieu de redouter les chances d'une rupture prématurée avec Napoléon, maître de Dantzig et de la ligne de l'Oder.

En attendant une occasion plus favorable, et tandis que les notes échangées avec la France prenaient chaque jour un caractère plus hostile de la part de la Russie, Alexandre poursuivait avec une ardeur toujours croissante les préparatifs d'une guerre qu'il jugeait inévitable. Dès la fin de 1810, un recrutement de trois hom-

[1] *Campagne de Russie en* 1812, par le colonel Boutourlin, aide-de-camp de l'empereur Alexandre, tome 1, page 58.

mes sur cinq cents, dans tout l'empire, avait complété les cadres des régimens existans et servi à en former de nouveaux. La force totale des armées russes, au commencement de 1811, s'élevait, selon les états du ministre de la guerre, à quatre cent soixante-dix mille hommes de troupes réglées et à cent mille de troupes irrégulières. Sur ce nombre, cent quinze mille agissaient en Moldavie contre les Turcs, trente-cinq mille en Géorgie contre les Persans; un nombre égal en Finlande était opposé aux Suédois, et trente mille autres veillaient à la défense des côtes en Livonie et en Esthonie. Les troupes réunies depuis long-temps sur les frontières du grand-duché de Varsovie reçurent vers le mois d'octobre des renforts considérables, à la suite d'une nouvelle levée de quatre recrues sur cinq cents mâles; elles prirent alors la consistance d'une puissante armée de deux cent vingt mille combattans, partagée en deux corps principaux.

Les tableaux de l'état militaire de la Russie présentaient, au 1er. janvier 1812, un effectif de cinq cent mille hommes de troupes réglées, mais dont une bonne partie, nommée *de garnison*, se composait des soldats trop vieux pour entrer en campagne. La guerre de Turquie s'était tout-à-fait ralentie depuis trois mois, après une victoire éclatante remportée à Routschouk, par le général Kutusoff; et des négociations, ouvertes à Bucharest sous les plus favorables auspices, promettaient à la Russie la libre et prochaine disposition de l'armée entière de la Moldavie.

Cependant Napoléon n'avait encore fait en Allemagne que d'insignifiantes démonstrations, commandées d'ailleurs par la nécessité de contenir la Prusse; en effet, cette nation nourrissait contre la France, et surtout contre son chef, une haine sourde, mais violente, qui ne pouvait manquer d'éclater au moment d'une crise nouvelle. Les rassemblemens de troupes russes sur les frontières de la Pologne ayant produit une fermentation remarquable dans la Prusse, Frédéric-Guillaume s'en alarma. Son royaume, destiné à servir de champ de bataille à la guerre qui se préparait, était menacé d'être d'abord envahi par le corps du maréchal Davoust, qui, depuis la dernière guerre d'Autriche, occupait Ratisbonne, à la tête de soixante mille hommes. Le roi dut craindre que l'attitude hostile de ses peuples ne provoquât Napoléon à consommer la ruine d'une monarchie devenue, par suite de fautes et de malheurs irréparables, la plus mortelle ennemie de la France.

Cette idée, qui n'était pas dénuée de fondement, détermina Frédéric-Guillaume à proposer, en 1811, à Napoléon, un traité d'alliance offensive et défensive. Mais à cette époque l'Empereur, n'ayant pas encore perdu l'espoir de se maintenir en paix avec la Russie, refusa ce traité, dont l'effet inévitable eût été de précipiter la rupture ; il se contenta donc de renforcer les garnisons de l'Oder, et d'élever à vingt mille hommes celle de Dantzig, commandée par le général Rapp, son aide de camp. Le corps de Davoust fut alors envoyé de Ratisbonne à Hambourg ; en sorte que la Prusse se trouvait comme cernée par les troupes françaises.

Déjà les relations de la Suède avec Napoléon avaient cessé d'être amicales. Le maréchal Davoust, principalement chargé de veiller à l'exécution des décrets relatifs à la prohibition du commerce anglais, reçut, vers la fin de 1811, l'avis que de nombreux bâtimens chargés de denrées coloniales continuaient à être admis dans Stralsund et dans les ports de l'île de Rugen : aussitôt il détacha de son corps d'armée une division commandée par le général Friant, et lui donna l'ordre d'occuper la Poméranie suédoise. La mesure était violente; et quoique le gouvernement français ne l'eût pas commandée, il ne la désavoua pas, et en maintint l'exécution, qui avait eu lieu dans les premiers jours de janvier 1812. Elle excita l'indignation de la cour de Stockholm; il est pourtant certain que la politique de Bernadotte, non moins contraire aux intérêts de sa nouvelle patrie qu'à ceux de la France, autorisait Napoléon à user de rigueur envers lui. En violation de son dernier traité d'alliance avec l'Empire, et malgré une déclaration formelle de guerre à la Grande-Bretagne, la Suède continuait à favoriser les Anglais en ouvrant clandestinement, par la Poméranie, une porte à leurs marchandises, qui, de ce point, inondaient l'Allemagne entière. C'était paralyser l'action du système continental, et par conséquent éterniser la guerre, puisque Napoléon fondait l'unique espoir de la paix sur le succès de ce système.

Quoi qu'il en soit, l'occupation de la Poméranie confirma l'empereur Alexandre dans l'idée qu'il était menacé d'une prochaine agression; et l'accroissement des forces renfermées dans la place de Dantzig, ainsi que dans les trois forteresses sur l'Oder, ne lui laissa plus de doute à l'égard de la prochaine ouverture des hostilités. Le cabinet de Pétersbourg n'avait encore aucun allié dans tout le continent; il crut pouvoir désormais compter sur la Suède : des négociations entre Alexandre et Bernadotte furent alors entamées par l'entremise de l'Angleterre, dont les bons offices auprès du Divan pressaient en même temps la conclusion de celles de Bucharest, que la France s'efforçait de traverser à l'aide de l'Autriche.

Malgré les apparences contraires, il est incontestable que la volonté de Napoléon de n'être pas forcé de tirer l'épée était sincère, et le fut jusqu'au dernier moment; une haute considération l'arrêtait : l'inopportunité de la guerre. En effet, celle qu'il avait dessein d'entreprendre, quand le temps en serait venu, devait avoir pour but le rétablissement de la Pologne. Celle que l'impatience de la Russie provoquait en 1812 ne pouvant être, dans les circonstances où elle menaçait d'éclater, qu'un accident de la grande querelle du système continental, l'Empereur en s'y engageant avait besoin d'une victoire prompte et décisive, immédiatement suivie de la paix. Ce résultat était indispensable afin que la France pût se retourner à l'instant même contre les Anglais, avec un allié de plus, avant qu'ils eussent eu le temps de regagner en Allemagne le terrain perdu, et d'y susciter de nouveaux ennemis à Napoléon; car alors tout était à refaire.

Or, pour obtenir des Russes une paix si rapidement conclue, il fallait que le traité ne leur fût pas onéreux; c'est-à-dire que Napoléon devait, cette fois encore, renoncer à leur imposer la condition la plus intolérable pour eux: l'existence de la nation polonaise, qui ne pouvait revivre qu'en reprenant de leurs mains la Lithuanie, la Podolie et la Volhynie; c'est-à-dire en renversant d'un seul coup leurs plus belles espérances. Mais si l'empire de la nécessité commandait d'ajourner encore le rétablissement de la Pologne pour ne pas s'ôter tout moyen de rapprochement dans une circonstance aussi critique, un grave inconvénient résultait de cette concession forcée; car alors la guerre eût été à recommencer dans le Nord aussitôt que l'Empereur aurait eu terminé les affaires de la Péninsule, où la présence des

Anglais exigeait qu'il portât immédiatement de grandes forces. L'intérêt le plus pressant de Napoléon était donc de maintenir des relations pacifiques avec la Russie et de gagner du temps.

Mais les choses en étaient venues au point qu'il ne restait plus d'autre moyen que la crainte pour agir sur l'esprit d'Alexandre, et pour contenir l'ardeur guerrière des Russes. Napoléon se détermina donc à déployer sans plus de retard l'imposant appareil de ses forces immenses; et le continent, s'ébranlant à sa voix, marcha tout entier contre la Russie.

CHAPITRE III.

Traités d'alliance offensive et défensive de la France avec la Prusse et l'Autriche. — Forces de l'armée française et alliée au moment de l'entrée en campagne. — *Ultimatum* de la Russie, notifié à l'Empereur le 30 avril. — Mission de M. de Narbonne à Saint-Pétersbourg. — Départ de Napoléon pour Dresde. — Retour de M. de Narbonne. — L'Empereur quitte Dresde pour aller se mettre à la tête de ses armées.

A la vue de ce mouvement général de troupes qui, parties à la fois des extrémités de l'Espagne, de Naples, de Milan, de tous les points de l'ancienne et de la nouvelle France, ainsi que de l'Allemagne, se dirigeaient vers ses états, qu'elles devaient traverser, le roi de Prusse, justement effrayé, renouvela ses pressantes sollicitations pour être admis dans l'alliance de Napoléon. Le prince de Hartzfeld, envoyé de Berlin avec l'ordre de ne rien négliger pour le succès de cette négociation, le trouva plus favorablement disposé, cette fois, à l'égard de Frédéric-Guillaume ; soit que l'empereur crût pouvoir compter davantage sur la sincérité et sur l'affection de ce prince, ou qu'il lui convînt mieux de laisser derrière lui un allié douteux à surveiller, qu'un ennemi déclaré; car le moment de choisir était enfin arrivé.

Le traité devenu forcément l'objet des vœux les plus ardens du roi de Prusse fut donc signé à Paris, le 14 février ; il prit l'engagement de mettre à la disposition de la France un corps de vingt mille hommes, avec soixante pièces de canon, et de livrer les magasins de subsistances et les grands approvisionnemens de guerre qu'il tenait en réserve.

A cette époque Napoléon attendait de jour en jour l'arrivée du prince de Nesselrode, annoncé depuis quelques semaines par le cabinet de Saint-Pétersbourg, comme un négociateur chargé de traiter spécialement les points en discussion, afin de terminer à l'amiable la querelle des deux gouvernemens. Les plaintes de la Russie continuaient à porter, en particulier, sur le projet attribué à l'empereur de relever le trône de Pologne; quant au duché d'Oldembourg, elle consentait à y renoncer, mais exigeait en échange, pour le prince dépossédé, la ville de Dantzig et son territoire.

L'Empereur ne se dissimulait pas que cette prétention des Russes, qui tendait bien moins à satisfaire le duc d'Oldembourg qu'à les tranquilliser eux-mêmes contre la crainte d'une agression, touchait au fond de la question principale, puisque, dans une guerre entreprise pour rétablir la Pologne, la possession de Dantzig devait être un avantage décisif; mais il avait une réponse spécieuse à opposer à l'exigence d'Alexandre : l'occupation d'Oldembourg n'ayant été qu'une mesure défensive contre l'invasion du commerce anglais, livrer Dantzig au duc qui les favorisait, c'était leur ouvrir une porte plus large et plus commode sur le continent, et leur abandonner, de plus, le cours de la Vistule. Toutefois Napoléon, admettant le principe de la compensation, offrait en échange le pays d'Erfurt et la seigneurie de Blankenhayn.

A l'égard de ses propres griefs, l'Empereur se bornait à demander que la Russie rentrât franchement dans le système continental, avec la modification des *licences*, à l'exemple de la France, et que l'on pourvût aux intérêts des négocians français, blessés par le nouveau tarif des douanes Russes, en faisant un traité de commerce sur des bases équitables. A ces conditions, Napoléon offrait de s'engager à ne point favoriser le rétablissement de la Pologne.

Il n'était pas possible que la Russie fût tranquillisée par cette simple assurance, que d'ailleurs elle avait déjà reçue; trop d'indices, en confirmant ses justes appréhensions, la conduisaient naturellement à douter de la sincérité des nouvelles promesses dont on voulait qu'elle se contentât. Napoléon ne put donc pas concevoir l'espérance de persuader le cabinet de Saint-Pétersbourg; mais il dut compter sur l'effet de ses formidables préparatifs, et penser qu'en intimidant Alexandre, il le disposerait à saisir un prétexte pour éloigner l'époque de la rupture.

Dans cette confiance, le lendemain même de la signature du traité avec la Prusse, averti qu'il ne fallait plus attendre l'arrivée du prince de Nesselrode dont la mission était révoquée, Napoléon résolut d'écrire à l'empereur Alexandre, et de lui adresser directement les demandes et les offres qu'il jugeait convenables au succès de son dessein. Un aide de camp de ce souverain, le colonel Czernicheff, était alors à Paris, où il paraissait uniquement occupé de plaisirs; l'Empereur le chargea de porter sa lettre à Saint-Pétersbourg, et de la remettre lui-même entre les mains d'Alexandre. Le colonel partit le 25 février, emportant un état détaillé de l'effectif de l'armée française; il s'était procuré ce document en corrompant à prix d'argent un commis des bureaux de la guerre, qui paya de sa vie cette insigne trahison.

En même temps, et pour ajouter à l'effet de ses premières démonstrations, l'Empereur donna l'ordre à Davoust d'entrer sur le territoire prussien, en exécution du traité que Frédéric-Guillaume venait de souscrire; et de se porter, à la tête de son corps d'armée, de Hambourg sur la ligne de l'Oder.

Tout commençait alors à prendre en Allemagne et dans le grand-duché de Varsovie l'aspect le plus menaçant; et la Russie, de son côté, se montrait dans une attitude plus hostile de jour en jour. L'Autriche, quoique placée au centre de cette conflagration universelle, pouvait néanmoins rester neutre, et prête à offrir sa médiation armée aux puissances belligérantes, puisqu'aucune obligation contractée antérieurement ne la forçait de prendre un parti quelconque dans cette querelle. Mais il importait beaucoup à François II, tant que son gendre se maintiendrait l'arbitre de l'Europe, de l'entretenir dans l'opinion que leur alliance de famille était un gage sacré de paix et d'amitié entre leurs peuples, et ne garantissait pas moins l'inaltérable union de la politique de leurs gouvernemens. D'ailleurs toutes les probabilités étaient en faveur de la France; et si le fruit de la victoire devait être le rétablissement de la Pologne, l'Autriche, en laissant échapper l'occasion de faire avec sécurité preuve de dévouement envers Napoléon, courait le risque de perdre, sans espoir de compensation, ce qui lui restait de la Gallicie.

Ce fut donc volontairement que le cabinet de Vienne alla au devant d'une alliance offensive et défensive avec celui des Tuileries, et qu'il s'engagea, par le traité du 14 mars, à joindre aux forces de la France vingt-sept bataillons et sept régiments de cavalerie, formant un ensemble de trente mille hommes, avec soixante bouches à feu. Du reste, s'il restait encore quelques doutes sur la nature des sentimens qui décidèrent François II à cette transaction, et sur le projet fermement arrêté par Napoléon de rétablir la Pologne, ils se dissiperaient à la lecture de deux articles du traité particulier signé le même jour, et destinée à demeurer secrets; les voici :

« Article 4. Si, le cas arrivant, il entre dans
» les convenances de l'empereur d'Autriche de
» céder, pour être réunie *au royaume de Po-*
» *logne*, une partie de la Gallicie en échange
» des provinces illyriennes, S. M. l'Empereur
» des Français s'engage dès à présent à consentir
» à cet échange. »

« Art. 7. Dans le cas d'une heureuse issue de
» la guerre, S. M. l'Empereur des Français s'en-
» gage à procurer à S. M. l'Empereur d'Au-
» triche des indemnités et des *agrandissemens*
» *de territoire*, qui non-seulement compensent
» les sacrifices de sa dite Majesté, mais qui soient
» un monument de *l'union intime et durable*
» *qui existe entre les deux souverains* [1]. »

[1] C'est un fait digne de remarque que Napoléon,

D'après ce traité et celui qu'il avait précédemment conclu avec la Prusse, Napoléon, déjà fixé sur la nature et le nombre des contingens des autres puissances ses alliées, put évaluer avec exactitude les forces qu'il s'apprêtait à conduire contre la Russie, sans discontinuer la guerre d'Espagne, ni dégarnir l'Italie. Jamais,

qui puisa si long-temps sa force dans l'accord de ses idées avec celles des Français, ne craignit pas de s'allier avec la plupart des souverains de l'Europe par des traités qui les plaçaient en opposition de sentimens et d'intérêts avec leurs peuples. Alexandre, en poursuivant avec rigueur l'exécution du système continental, avait opprimé les classes nombreuses et influentes des nobles propriétaires et des négocians, auxquels les relations avec l'Angleterre et le commerce maritine étaient indispensables; le sénat dirigeant, les troupes de terre et de mer, les deux capitales, tout repoussait en Russie l'alliance des Français avec la condition de faire la guerre à la Grande-Bretagne. Par des raisons semblables, Louis Bonaparte s'était vu contraint de déposer le sceptre de la Hollande. Le roi de Prusse, dépouillé par Napoléon de l'héritage de gloire du grand Frédéric et d'une partie de ses domaines, excita une vive irritation dans le cœur de ses sujets de tous les rangs, en s'engageant à confondre les débris de son armée dans celles du vainqueur qui l'avait humiliée, et que les Prussiens abhorraient. Les Autrichiens, qui

dans aucun temps, armée d'invasion n'avait encore présenté en Europe une aussi grande masse de combattans. Elle se composait de treize corps :

Le premier, commandé par le maréchal Davoust, prince d'Eckmül, comptait cinq divisions, comprenant 81 bataillons français et 7 étrangers, espagnols, badois et wurtember-

conservaient un ressentiment amer des traités dictés par Napoléon dans leur capitale, deux fois envahie, avaient vu avec un profond dépit François II s'unir à ce souverain sans aïeux par un lien de famille qui blessait l'orgueil de l'aristocratie germanique : le traité de 1812 les révolta bien davantage encore. Joseph en Espagne, Murat à Naples, Jérôme en Westphalie, forcés d'être Français avant tout, ne purent jamais s'unir intimement aux pays qu'ils devaient gouverner.

Toutes ces alliances de Napoléon avec des rois qu'il isolait de leurs peuples, reposaient donc, par cela même, sur des fondemens ruineux. La république avait agi dans un sens opposé : l'esprit de ses traités, comme celui de ses lois, établissait, entre la France et les masses nationales en dehors, des liens de sympathie et des rapports d'intérêts. L'empereur, au contraire, dès que sa puissance ébranlée chancela, vit les peuples entraîner leurs rois loin de lui dans le sens des intérêts nationaux, ou rejeter les souverains qui refusèrent de les suivre.

geois; cavalerie, 12 escadrons français
et 4 polonais, en tout. 70,000

Deuxième corps. Maréchal Oudinot,
duc de Reggio : trois divisions; 33 bataillons français, 18 étrangers, portugais, suisses et croates; cavalerie, 20 escadrons français. 38,000

Troisième corps. Maréchal Ney :
trois divisions; 27 bataillons français,
21 étrangers, portugais, illyriens et
wurtembergeois; cavalerie, 12 escadrons français et 12 wurtembergeois. . 40,000

Quatrième corps. Les Italiens; prince
Eugène, vice-roi d'Italie. Ce corps ne
comptait que 8 régimens français et
2 bataillons espagnols. Tout le reste,
infanterie et cavalerie, était de troupes
italiennes; ses trois divisions présentaient ensemble. 45,000

Cinquième corps. Les Polonais, commandés par le prince Poniatowski. . 35,000

Sixième corps. Les Bavarois, sous
les ordres du général français Gouvion
Saint-Cyr. 24,000

A reporter. 252,000

Report. 252,000

Septième corps. Les Saxons; général français Reynier. 17,000

Huitième corps. Les Westphaliens, même force, commandés d'abord par le roi Jérôme, auquel succéda Junot, duc d'Abrantès. 17,000

Neuvième corps. Maréchal Victor, duc de Bellune : trois divisions; la première française, la seconde allemande, la troisième polonaise. 33,000

Dixième corps. Maréchal Macdonal, duc de Tarente : trois divisions; la première de Français et d'Allemands, les deux autres de Prussiens. 32,000

Onzième corps. Maréchal Augereau, duc de Castiglione : réserve de soixante mille hommes, formant 4 divisions composées de troupes de diverses nations, infanterie et cavalerie. 60,000

Douzième corps. La réserve de cavalerie, sous les ordres du roi de Naples, partagée en quatre corps principaux, commandés par les généraux Nansouty, Montbrun, Grouchy et Latour-

A reporter. 411,000

Report.......... 411,000

Maubourg, se composait de sept divisions de grosse cavalerie toute française, et de 4 divisions de cavalerie légère française et étrangère; en tout. . . . 38,000

Treizième corps. Les Autrichiens. Ce corps de 30,000 combattans, commandé par le prince Schwartzemberg, devait, d'après le traité du 14 mars, rester tout entier sous les ordres de ce général. . . 30,000

A ces forces déjà si considérables il faut ajouter la garde impériale, qui seule composait une armée de plus de quarante mille hommes, en trois divisions : une de vieille garde, sous les ordres du maréchal Lefèvre, duc de Dantzig, et deux de jeune garde sous ceux de Mortier, duc de Trévise. Bessières commandait la cavalerie. Ces troupes d'élite, presque toutes françaises, ne comptaient d'étrangers, dans leurs rangs, que la division de la Vistule, vieux corps d'infanterie polonaise, un régiment de grenadiers hollandais, et quelques escadrons de lanciers polonais et hollandais. 40,000

Total............ 519,000

A la vérité, une partie de ces forces immenses que présentaient les tableaux mis alors sous les yeux de l'empereur n'étaient pas encore réunies. Le 9e. corps, commandé par le maréchal Victor, ne put entrer en Russie que vers le mois de septembre; et l'organisation du 11e., sous les ordres du maréchal Augereau, laquelle ne se réalisa jamais entièrement, ne fut commencée à Berlin qu'après le passage du Niémen par le reste de l'armée. Mais enfin, d'après des renseignemens positifs et puisés à la meilleure source [1], on peut affirmer que quatre cent mille hommes au moins, guidés par les chefs les plus habiles et les plus braves de l'Europe, manœuvraient déjà, dans les premiers jours d'avril, pour se réunir sur les bords de la Vistule; et Napoléon devait les commander en personne! Il faut encore observer qu'afin de ne

---

[1] « Au moment du passage du Niémen, l'armée alliée » comptait environ quatre cent mille hommes; et, sur » ce nombre, trois cent vingt-cinq mille neuf cents seu- » lement étaient *présens sous les armes*; savoir : cent » cinquante-cinq mille quatre cents Français, et cent » soixante-dix mille cinq cents alliés. Il y avait neuf » cent quatre-vingt-quatre bouches à feu. » (*Lettre du général Gourgaud à l'auteur.*)

pas être contraint de détacher la moindre partie de ces troupes pour la sûreté du territoire de l'empire, au moment de s'engager dans une expédition aussi lointaine, l'Empereur venait d'appeler au service actif cent mille hommes de la garde nationale, et de leur confier la défense des places fortes et des côtes; tandis qu'un nombre égal de la même milice, organisé en second et troisième bans par un sénatus-consulte, se tenait prêt à prendre les armes au besoin.

C'est dans cette situation, également favorable à la paix et à la guerre, que Napoléon fit à l'Angleterre, le 17 avril, l'ouverture infructueuse dont il a été question précédemment. On a vu que le cabinet de Saint-James demandait qu'avant de traiter l'on convînt d'abord de replacer Ferdinand VII sur le trône d'Espagne, à l'exclusion de Joseph Bonaparte; et que l'empereur jugea que cette condition, qui portait atteinte à son honneur personnel, ne pouvait être admise sans préjudice pour l'État.

Au moment où cette négociation avortée expirait à sa naissance, le prince Kourakin, ambassadeur de Russie, reçut à Paris, le 24 avril, avec ordre de la signifier immédiatement, la réponse tardive aux propositions adressées depuis deux mois à l'empereur Alexandre, par la lettre particulière de Napoléon, de laquelle le colonel Czernicheff avait été chargé. Instruit de la marche de Davoust à travers les états de Frédéric-Guillaume, le cabinet de Saint-Pétersbourg exigeait qu'avant toute discussion sur les intérêts en litige, l'armée française évacuât immédiatement la Prusse entière, les places de l'Oder et la Poméranie suédoise, et ne conservât de toutes ses positions dans le Nord que la ville de Dantzig, dont la garnison devait être réduite. Alors seulement Alexandre consentait à traiter sur les bases suivantes : La Russie continuerait à exclure les Anglais de ses ports, mais elle y admettrait les neutres ; des licences seraient accordées aux bâtimens nationaux, comme en France ; un nouveau tarif des douanes favoriserait le commerce français, et l'on réglerait à l'amiable les indemnités dues au duc d'Oldembourg en échange de ses états envahis.

La forme et le fond de ce message étaient également offensans pour Napoléon, à qui l'honneur français, autant que la dignité de sa couronne, commandaient de rejeter les propositions hautaines de la Russie. En effet, le refus formel de traiter eût été moins injurieux que l'injonction inconcevable faite à l'armée française et à son glorieux chef de céder, sans combattre, deux cents lieues de terrain, et de reculer des bords de l'Oder et de la Vistule jusque derrière le Rhin, sans même qu'Alexandre, à qui nul triomphe antérieur ne donnait le droit de parler en vainqueur, s'engageât par un traité à payer d'un prix quelconque la honte d'une fuite aussi lâche. Ce langage provoquant laissait si peu de chances à la paix, que Napoléon dut concevoir le soupçon qu'il n'était pas la véritable expression des sentimens du souverain; et que le cabinet de Saint-Pétersbourg avait écrit cette note diplomatique sous la dictée des Anglais, dont l'influence se déclarait enfin dans le ministère russe, quoique leurs agens ne se montrassent pas encore à la cour d'Alexandre. Il se pouvait aussi que ce prince, en déguisant sous l'apparence d'une inébranlable fermeté la crainte qui l'agitait réellement, n'eût d'autre dessein que d'imposer à son tour à l'ennemi qui pensait l'effrayer.

Impatient de percer ce mystère, Napoléon envoya sur-le-champ à Pétersbourg le comte de Narbonne, son aide de camp, qui joignait à beaucoup de pénétration une longue expérience des cours. Cette démarche avait pour but ostensible de communiquer à l'empereur de Russie les pièces relatives aux ouvertures de paix faites au cabinet de Saint-James; mais la mission véritable de M. de Narbonne était de sonder les dispositions personnelles d'Alexandre, de lui renouveler directement les offres portées par Czernicheff, en s'efforçant de les faire agréer ; surtout de s'appliquer à connaître et à déjouer les intrigues contraires aux intérêts de la France.

Cependant le prince Kourakin, qui d'abord s'était borné à faire part du contenu de ses dépêches au duc de Bassano, insistait pour être admis à donner lui-même connaissance des intentions de son maître à l'Empereur. Napoléon ne le reçut que le 27 avril, deux jours après le départ du comte de Narbonne. Dans cette audience, l'ambassadeur russe protesta de nouveau que le plus grand désir d'Alexandre était de conserver la paix sur les bases *équitables et modérées* qu'il proposait, et au sujet desquelles il demandait une réponse prompte et catégorique. Napoléon parut croire à la sincérité de ces assurances, et renvoya Kourakin au duc de Bassano pour discuter les propositions, en lui donnant l'espoir que, dans un court délai, il pourrait rendre à son souverain un compte satisfaisant de l'accueil fait à ses offres. Toutefois l'Empereur recommanda au duc de prolonger indéfiniment cette discussion, et de continuer à entretenir des relations suivies avec le chancelier Romanzoff à Pétersbourg, afin de seconder la mission de M. de Narbonne, dans le succès de laquelle il plaçait sa plus grande espérance.

Mais la rigueur des ordres de Kourakin ne souffrait plus de retard; le 30 avril, après d'infructueuses tentatives pour revoir le ministre français, qui l'évitait, il prit le parti de lui adresser par écrit l'*ultimatum* qu'il n'avait encore communiqué que verbalement. Le prince terminait sa note officielle, en déclarant qu'il serait de son devoir de demander des passe-ports et de quitter Paris, s'il recevait la nouvelle du départ de l'ambassadeur français, de Saint-Pétersbourg. Cette lettre n'obtint qu'une réponse tardive et insignifiante, le 9 mai, le jour même où l'Empereur partait du palais de Saint-Cloud pour se rapprocher de son armée.

Déjà, pendant le cours d'avril, le premier et le troisième corps avaient passé l'Oder à Stettin et à Custrin, non loin de l'embouchure de ce fleuve; le sixième, le septième et le huitième, après l'avoir traversé du côté de Glogau, à vingt lieues au sud de Francfort, étaient entrés dans la Grande Pologne. L'armée d'Italie, quatrième corps, venue par la Bavière et la Saxe, occupait la Silésie; les Polonais se rassemblaient autour de Varsovie; les Autrichiens à Lemberg en Galicie; Oudinot, à la tête du deuxième corps, s'avançait sur l'Elbe. La garde impériale arriva en Lusace et en Silésie vers la fin du mois. Toutes ces forces s'arrêtèrent alors pendant deux semaines, qui furent employées à rafraîchir les troupes fatiguées par de longues marches d'hiver, et à compléter leur organisation et leurs approvisionnemens. Les mouvemens venaient de recommencer sur tous les points depuis quelques jours, quand l'Empereur arriva, le 16 mai, à Dresde, où il avait donné rendez-vous à la famille impériale d'Autriche.

Napoléon amenait avec lui l'impératrice Marie-Louise. Avertis de son approche, le roi et la reine de Saxe sortirent de leur capitale pour aller, au loin, à la rencontre de ces illustres hôtes. La reine de Westphalie, le grand-duc de Wurtzbourg, les princes régnans de Saxe-Weymar, de Cobourg, de Dessaw, se trouvaient déjà réunis à Dresde, lorsque le jour suivant l'empereur et l'impératrice d'Autriche y firent leur entrée. Le roi de Prusse, espérant que Napoléon traverserait Berlin, l'y avait attendu; mais informé, par un message amical de l'Empereur, de son arrivée en Saxe en suivant un chemin plus direct, Frédéric-Guillaume accourut aussitôt auprès de lui, avec le prince royal son fils; et bientôt les archiducs d'Autriche vinrent grossir cette cour de souverains qui se pressaient autour du roi des rois.

En effet, on vit à Dresde des courtisans couronnés, courbés à l'exemple de leurs propres flatteurs, devant le pouvoir qui dispensait les grâces et les récompenses, attendre, confondus dans la foule, que la porte de Napoléon leur fût ouverte, se disputer un regard, briguer la faveur d'un mot bienveillant et s'enorgueillir de l'avoir obtenu. Cette rivalité d'adulation alla si loin, que Napoléon fut plus d'une fois contraint de faire observer qu'il était convenable de s'occuper aussi de François II, le père de Marie-Louise. Toujours, soit dans ces fêtes et ces banquets somptueux que les souverains s'offraient à l'envi, soit lorsque l'on applaudissait au théâtre les chefs-d'œuvre de la scène française représentés par l'élite des acteurs de Paris, Napoléon fixait seul les regards, sa présence effaçait tout; non que tant de couronnes volontairement abaissées devant lui relevassent la splendeur de son diadème : la grandeur du héros éclatait plutôt dans cette brave et glorieuse armée, l'élite de l'Europe, véritable famille au milieu de laquelle il se retrouvait avec un sentiment plus profond de sa force. C'est par cet appareil militaire, et nullement par la pompe éblouissante de vingt cours rassemblées pour former la sienne, que Napoléon parut si imposant à Dresde. Sa puissance s'éleva réellement alors au plus haut degré où il lui ait été donné d'atteindre.

Toutefois les fêtes de Dresde avaient un but sérieux qui se rapportait à ses grands desseins. Alexandre, il est vrai, pouvait douter qu'une affection sincère présidât à cette réunion, si intime en apparence, des rois et des princes alliés de Napoléon; mais leur présence et surtout leur attitude dans son palais prouvaient du moins l'extrême ascendant qu'il exerçait sur eux. Et plus le joug semblait devoir leur être à charge, plus leur empressement à se concilier les bonnes grâces de celui qui l'imposait, témoignait hautement qu'ils renonçaient à l'espoir de s'en affranchir. Il était donc probable que cet aveu de l'irrésistible supériorité de leur dominateur, fait avec tant de solennité par tous ces maîtres du continent, ne serait pas sans influence sur l'esprit d'Alexandre.

Ce prince, parti de sa capitale le 22 avril, était venu s'établir au centre de ses armées, à Wilna. Informé de cette circonstance en arrivant à Dresde, Napoléon fit donner l'ordre au général Lauriston, son ambassadeur en Russie, de quitter sans délai Saint-Pétersbourg, et de suivre en Lithuanie l'empereur Alexandre, auquel il présenterait les dernières notes remises à Paris par le prince Kourakin; le général devait ajouter que Napoléon se refusait à croire que l'empereur de Russie eût autorisé son ambassadeur à se porter à une semblable extrémité.

Lauriston ne put exécuter cet ordre : Alexandre lui fit défendre de venir le joindre au milieu de l'armée russe. Cependant les événemens se pressaient, et chaque jour Napoléon attendait des nouvelles de la mission du comte de Narbonne, qui arriva enfin à Dresde le 28 mai, porteur d'une réponse définitive. Admis à Wilna en présence d'Alexandre, il l'avait trouvé dans l'inébranlable résolution de ne rien écouter, de n'entendre à aucun arrangement, avant que l'armée française n'eût rétrogradé jusqu'au Rhin; sans ce préliminaire, condition *sine quâ non* de son consentement à négocier, tout espoir de paix était perdu : les Russes acceptaient la guerre.

Napoléon n'hésita plus à recourir à la voie des armes; le soulèvement des Polonais devenait une nécessité de sa position; entraîné par la force des circonstances, il se vit donc contraint de leur offrir prématurément la liberté en échange des efforts qu'il attendait d'eux. Mais, pour que le succès couronnât cette entreprise, d'immenses sacrifices étaient nécessaires; dans toutes les provinces de l'ancienne Pologne, ils devaient se montrer à la fois animés d'un même esprit, et résolus à reconquérir leur existence politique les armes à la main. Il fallait animer d'une ardeur nouvelle le feu du patriotisme qui brûlait dans tous les cœurs, exciter au plus haut degré l'énergie, l'enthousiasme d'un peuple entier, obtenir un grand élan national et savoir le diriger. L'Empereur chargea de cette mission difficile M. de Pradt, archevêque de Malines, qui unissait à beaucoup d'habileté une éloquence pleine de verve et de chaleur.

Napoléon admit ce prélat dans le secret d'une partie de ses desseins : il lui confia son projet de poursuivre l'ennemi jusqu'à Moskou, et d'y dicter la paix après une ou deux batailles; l'Empereur ajouta que si plus d'une campagne était nécessaire pour atteindre le but qu'il se proposait, il laisserait aux Polonais cinquante mille hommes et cinquante millions, afin de les aider à terminer eux-mêmes l'ouvrage de leur régénération. A la suite de cette audience de congé, l'archevêque partit pour Varsovie, revêtu du caractère d'ambassadeur.

Pendant le séjour de Napoléon à Dresde, l'armée s'était rapidement approchée de la Vistule. Davoust, à la fin du mois de mai, se trouvait à Elbing, ayant à sa gauche Macdonald et les Prussiens vers Kœnigsberg; à sa droite, Oudinot à Marienwerder, et Ney, plus loin, à Thorn. La garde impériale, à quelques marches en arrière, se dirigeait sur cette place. Les Italiens et les Bavarois occupaient les environs de Plock; les Polonais ceux de Varsovie; les Saxons et les Westphaliens s'étendaient de cette ville à Pulawa. Ainsi répartis le long du fleuve depuis Dantzig jusqu'auprès de Lublin, où elles se liaient au corps autrichien, qui en formait l'extrême droite en avant de Lemberg, les troupes françaises et alliées présentaient des masses à peu près égales sur toute la longueur de la frontière occidentale de l'empire russe; en sorte que les ennemis, encore incertains sur le véritable point d'attaque, occupaient une ligne à peu près parallèle à la nôtre, en dedans de leurs limites, et demeuraient forcément immobiles, n'osant encore se concentrer nulle part.

Telle était la situation respective des deux armées, lorsque Napoléon partit de Dresde le 29 mai pour aller se mettre à la tête de la sienne. Quelques heures après son départ, un envoyé de Bernadotte y apporta sa réponse aux dernières ouvertures faites au cabinet de Stockholm : le prince de Suède demandait, pour prix de son alliance, la Norwège et un subside de plusieurs millions. Ces propositions, que l'Empereur ne reçut qu'à Posen, quelques jours après, excitèrent vivement son indignation. En effet il ne pouvait, sans une insigne déloyauté, concourir à déposséder de la Norwége son fidèle allié le roi de Danemarck ; et lorsqu'en marchant sur le Niémen, il ouvrait aux Suédois le chemin de la Finlande, ne dut-il pas être révolté de l'avidité de Bernadotte, qui mendiait un secours d'argent, au lieu de s'élancer pour ressaisir cette province enlevée par les Russes à sa nouvelle patrie? Napoléon rejeta donc ce marché honteux, qui d'ailleurs ne lui promettait qu'un allié peu sûr; et il dut ainsi renoncer à l'espoir d'une diversion dans le Nord, dont il s'était flatté de tirer de grands avantages.

L'époque du départ de Dresde fut encore marquée par un événement de la même nature, et dont les suites devaient être encore plus funestes à Napoléon. Le 28 mai, les plénipotentiaires de la Porte-Ottomane signèrent à Bucharest, sous l'influence de l'Angleterre et de la Suède, un traité de paix avec la Russie, qui, délivrant Alexandre des inquiétudes qu'il conservait encore à l'égard du Divan, devait mettre bientôt à sa disposition le reste de l'armée de Moldavie, encore forte de près de cinquante mille hommes. Les Turcs cédèrent à la Russie la Bessarabie, avec les places d'Ismaël et de Kilia, et la partie de la Moldavie à la gauche du Pruth. Ils consentaient à ces sacrifices, au moment même où l'agression des Français contre le colosse russe, leur offrait l'occasion la plus favorable qui se fût encore présentée, de venger leurs longues injures et de reconquérir la Crimée, soit par la guerre, ou seulement par une attitude hostile prolongée pendant quelques mois!

Ainsi la défection de Bernadotte, et l'imbécillité de Mahmoud, aveugles l'un et l'autre sur les véritables intérêts de leurs peuples, concoururent également à traverser les desseins de Napoléon; et, près de pénétrer en Russie, avec le dessein de porter la guerre jusqu'au cœur de cette immense monarchie, il se vit enlever à la fois, aux deux extrémités de sa ligne d'opérations, les appuis indispensables au succès d'une si vaste entreprise.

CHAPITRE IV.

Force et emplacement des troupes russes à l'ouverture de la campagne. — Plan de Napoléon. — Ses premières dispositions. — Passage du Niémen. — Occupation de Wilna. — Retraite des Russes sur tous les points.

(Mois de Juin et premiers jours de Juillet 1812.)

Au moment où l'empereur Alexandre quitta sa capitale, vers la fin d'avril, les forces russes rassemblées sur la frontière occidentale de l'empire étaient divisées en deux armées : l'une, dite première de l'Ouest, sous les ordres de Barclai de Tolly et forte de cent cinquante mille hommes, avait son quartier général à Wilna; l'autre, nommée la seconde de l'Ouest, ne comptait que soixante-dix mille combattans; le prince Bagration, qui la commandait, occupait Gitomir, à cent vingt-cinq lieues au sud-est de Wilna, non loin des bords du Dniéper, à la hauteur de Kiow. Le rassemblement des Autrichiens en Gallicie détermina bientôt ce général à se rapprocher de la ligne du Bug; il reçut alors l'ordre de porter son quartier général à Lutzk, à vingt lieues de Lemberg au nord, à quinze de Waldimir à l'est.

Les six corps de la première armée de l'Ouest s'étendaient derrière le Niémen et défendaient cette ligne, de Irborg, proche de Tilsitt, jusqu'à Grodno. Ceux de la seconde, opposés aux frontières d'Autriche et à la partie méridionale du duché de Varsovie, observaient le cours du Bug, de Lutzk à Briesk-Litowski. Entre ces deux armées, Platoff avec huit mille Cosaques réguliers avait pris position à Bialistock; en arrière, à plus de quatre-vingts lieues, une armée de réserve se formait à Mozir sur le Pripet.

A l'extrême droite des Russes aux bords de la Baltique, la garnison de Riga, chargée de couvrir une des routes de Pétersbourg, s'élevait à trente-cinq mille hommes. Un camp fortement retranché défendait de ce côté le cours de la Dwina à Drissa, et offrait un point de retraite à l'armée de Barclai de Tolly. L'on construisit aussi une tête de pont très-forte à Borisow, sur la Bérézina, afin de garder le principal passage de cette rivière, sur la route de Moskou, par Minsk et Smolensk. Pendant que ces travaux s'achevaient, l'empereur Alexandre faisait établir d'immenses magasins et de nombreux parcs d'artillerie derrière sa première ligne de défense; on y forma, de plus, de nouvelles divisions, ainsi que de grandes quantités de dépôts d'infanterie et de cavalerie, qui devaient alimenter les corps en activité.

Instruit de toutes ces dispositions, en arrivant de Dresde à Thorn, dans les premiers jours de juin, Napoléon était fondé à croire que les Russes n'avaient adopté cette fois, contre leur habitude, ce système de lignes étendues et morcelées, que pour la facilité des subsistances; et qu'ils se hâteraient de se concentrer aussitôt que le mouvement général de l'armée française serait plus décidé; toutefois, ce fut d'après la connaissance de la situation actuelle de l'ennemi, qu'il partagea dès lors ses forces en trois grandes divisions principales. La plus considérable, sous ses ordres immédiats, formant une masse de cent soixante mille hommes environ, devait agir contre Barclaï de Tolly, culbuter et percer la première armée de l'Ouest, au centre de sa ligne. La seconde grande division, formée des 5e., 6e. et 7e. corps avec la cavalerie de Latour-Maubourg, présentait un ensemble de cinquante mille combattans; elle fut dirigée, sous les ordres du roi de Westphalie, sur Bagration, à la droite de l'Empereur.

La troisième, commandée par le prince Eugène, vice-roi d'Italie, et composée des 4e., 5e. et 6e. corps, et de la cavalerie de Grouchy, fut destinée à se jeter entre les deux armées russes, afin de s'opposer à leur jonction; elle était forte de cinquante-cinq mille hommes.

Outre ces trois masses, les Autrichiens s'avançaient par la rive gauche du Bug, pour soutenir l'attaque du roi de Westphalie à l'extrême droite de l'armée française; tandis qu'à son extrême gauche, Macdonald, avec trente mille hommes, devait marcher sur Riga, menaçant la Courlande et la Livonie, dans la direction de Pétersbourg [1].

[1] Par cette évaluation approximative des forces alliées à l'époque du passage du Niémen, les 24 et 29 juin, et qui montaient ensemble à trois cent vingt-cinq mille

Ces mesures générales arrêtées, l'Empereur partit de Thorn le 6 juin. Le passage de la Vistule et les premières marches des divers corps au delà de ce fleuve ayant mis à découvert une partie des desseins de Napoléon, Alexandre donna aussitôt l'ordre à Bagration de se rapprocher de la première armée de l'Ouest et de se porter de Lutzk à Proujani et à Wilkowisk. La seconde armée russe défendait ainsi l'entrée du territoire à l'endroit où le Niémen et le Bug, après s'être rapprochés à une distance de trente lieues, se détournent, l'un au nord et l'autre du côté du sud, et laissent entre eux le passage libre vers les provinces méridionales de l'empire.

Une troisième armée russe fut alors formée, et remplaça la seconde dans la position de Lutzk qu'elle venait d'abandonner. Le général Tormasoff prit le commandement de ce nouveau corps, qui reçut le nom d'armée de réserve : quelques relations en portent la force à cinquante mille combattans, selon le calcul du général Gourgaud; on voit que l'effectif des corps, tel qu'il était présenté par les tableaux du ministre de la guerre au mois d'avril, était loin d'être au complet.

hommes; il est douteux qu'elle ait été aussi nombreuse.

Bientôt pourtant les troupes françaises, en continuant de s'avancer, indiquèrent plus précisément l'intention de Napoléon de porter son effort principal vers le bas Niémen ; aussitôt de nouveaux changemens se firent remarquer dans la position des ennemis : le corps du général Doctorof, d'abord séparé de la première armée pour renforcer la seconde, fut de nouveau réuni à Barclai de Tolly et vint se poster à Lida, tandis que les Cosaques de Platoff prenaient position en avant de Grodno.

Ainsi les Russes persistaient dans la faute de ne pas se concentrer ; leur ligne, moins étendue, à la vérité, l'était encore beaucoup trop, et leurs forces restaient morcelées. Au moment où Napoléon accourait prêt à fondre sur eux, au lieu de se presser pour soutenir avec moins de désavantage ce choc terrible, ils s'obstinaient à rêver des plans d'opérations offensives, quand ils avaient déjà cessé d'être maîtres de leurs mouvemens. Bagration était d'avis d'envahir le grand-duché de Varsovie, et d'établir le théâtre de la guerre entre la Vistule et le Niémen. Barclai de Tolly voulait agir entre le Niémen et la Dwina, en s'appuyant sur le camp retranché de Drissa, tandis que Bagration et Tormasoff attaqueraient les flancs de l'armée française. Enfin l'amiral Tchitchakoff, qui commandait en Moldavie, s'offrait à faire une grande diversion en Italie, où il pénétrerait par l'Illyrie, après avoir traversé la Servie et suivi la vallée du Danube.

Cependant Napoléon, dont le plan était fermement arrêté, s'avançait à grands pas vers le Niémen; empressé de profiter de la faute capitale des Russes, et de culbuter l'armée de Barclai avant que Bagration pût venir à son secours, il fit choix du point saillant de Kowno pour traverser le fleuve, et courir de là sur Wilna, qui n'en est séparé que par une distance de dix-huit lieues. Arrivé le 12 juin à Kœnigsberg, tandis que les troupes poursuivaient au delà leurs marches rapides, l'Empereur se livra tout entier pendant quelques jours à l'administration de son immense armée, et ne parut plus occupé que des subsistances et des moyens de les transporter jusqu'aux lieux de consommation, ainsi que les objets nécessaires aux hôpitaux et aux ambulances. Il affecta plus de quatre mille voitures de toute espèce à ces services, et trois mille autres à ceux du génie et de l'artillerie; des approvisionnemens considérables en vivres et en munitions furent embarqués, sous ses yeux, à Kœnigsberg, sur la Prégel, ou envoyés à Labiau pour être conduits de ce point, par mer et par terre, au Niémen, qu'ils devaient remonter jusqu'à Kowno. Là, les embarcations pouvaient être dirigées, par la Wilia, sur la place importante de Wilna, destinée à être le centre de grandes opérations.

De Kœnigsberg à Gumbinem, où il arriva le 19 juin, l'Empereur trouva sur son passage les corps commandés par les maréchaux Davoust, Oudinot et Ney, ainsi que ceux de cavalerie de Montbrun et de Nansouty; tous ensemble, avec la garde impériale, formaient la masse de cent soixante mille hommes qui devaient marcher sous ses ordres immédiats.

L'Empereur passa successivement la revue de ces troupes, dont il parcourait tous les rangs, inspectant avec soin les moindres détails qui concernaient le bien-être du soldat. Il remarquait les vétérans, leur rappelait les combats où ils s'étaient distingués sous ses yeux; plusieurs furent alors promus à des grades supérieurs, d'autres recevaient de sa main la décoration de la Légion-d'Honneur. Ces récompenses, accordées, comme en famille, à d'anciens et nobles services, excitaient jusqu'à l'enthousiasme l'amour des vieux guerriers, et enflammait le courage des jeunes, auxquels il ne témoignait pas moins d'intérêt. La présence et les paroles de Napoléon, toujours si puissantes sur le cœur des soldats, n'avaient pas encore produit un effet plus énergique : jamais plus belle armée ne montra tant d'ardeur et d'impatience de combattre.

C'est à Gumbinem que l'Empereur reçut les dernières dépêches de son ambassadeur à Pétersbourg ; le général Lauriston l'instruisait du refus fait par Alexandre à sa demande d'aller rejoindre ce souverain à Wilna. Toute communication se trouvait ainsi rompue entre les deux cours ; il fallait donc s'en remettre au sort des combats pour décider de cette querelle inconciliable. Napoléon transporta aussitôt son quartier général à Wilkoviski, à deux marches du Niémen, et là il dicta, sous le nom de proclamation à son armée, le manifeste par lequel il déclarait la guerre avant de franchir la frontière de l'empire de Russie.

On remarqua, dans sa proclamation, cette

phrase menaçante : « La Russie est entraînée par la fatalité; ses destins doivent s'accomplir! » Un sort funeste voulut que la prophétie retombât sur celui qui l'avait prononcée; et cependant, qui n'eût pas alors partagé les sentimens qui l'inspirèrent à Napoléon? Avant de s'engager dans cette grande entreprise, il en avait aperçu, calculé tous les obstacles; les observations, les conseils, qu'on ne lui avait pas épargnés, ne pouvaient être allés plus loin que ses propres réflexions, puisqu'il résista si long-temps. Mais, au point où il était arrivé, si l'on considère la situation des ennemis qu'il allait combattre, en comparant les forces de l'agression à celles de la résistance, la composition des deux armées et les talens de leurs chefs respectifs, il faut bien avouer que ce n'est pas alors qu'on fut en droit de lui reprocher un excès de confiance en lui-même.

Vainement des écrivains passionnés et d'une mauvaise foi trop évidente, ont affirmé que les Russes avaient formé le dessein d'attirer Napoléon jusque dans le cœur de leur empire, en opérant une savante retraite dont les marches étaient arrêtées d'avance; que ce fut par suite d'un plan profondément combiné qu'ils dévastèrent le pays à mesure qu'ils l'abandonnaient à l'armée d'invasion ; et que, comptant sur les rigueurs de leur terrible climat, ils savaient que l'hiver, leur plus puissant allié, ferait seul justice de la témérité de l'agresseur. Tout démontre, au contraire, qu'Alexandre avait le projet de défendre la ligne du Niémen ; sans alléguer d'autres preuves, il suffit de rappeler la circonstance des approvisionnemens rassemblés à si grands frais à Wilna et en Samogitie, et ces immenses magasins que les Russes furent contraints de brûler ou de détruire dans l'impossibilité de les emporter, tant leur fuite fut imprévue.

Non, Napoléon n'a pas été dupe d'un stratagème ; aucun piége ne lui fut tendu. La position des Russes était mauvaise, son habileté tira d'abord de leurs fautes le parti le plus avantageux ; il dut croire à un succès prompt et décisif. Alexandre avait le plus grand intérêt à ne pas laisser envahir les provinces de la Pologne, dont la conquête était l'objet de la guerre ; son intention fut certainement de livrer une bataille pour la disputer ; mais en le prévenant par d'habiles manœuvres, rapidement exécutées, Napoléon avait mis toutes les chances heureuses de son côté.

En supposant que, malgré tant d'avantages, il eût perdu dans la Lithuanie une première bataille, quelque coûteuse qu'elle lui eût été, il devait lui rester au moins deux cent mille hommes prêts à en livrer une seconde, et il en avait soixante mille au moins qui s'avançaient derrière lui pour réparer ses pertes. Enfin, il partait appuyé d'abord sur la Vistule et ses forteresses, Dantzick, Graudents, Thorn, Modlin; et en seconde ligne sur l'Oder et ses places. Que de raisons pour compter sur un beau résultat!

Ce fut donc sous les plus favorables auspices que s'effectua le passage du Niémen. Après avoir disposé l'armée, non loin de ses bords, dans l'ordre qu'elle devait observer en le traversant, l'Empereur partit de Wilkoviski pour se rendre aux avant-postes de la cavalerie; Murat les avait poussés jusque devant Kowno pendant la nuit du 22 juin, la moins longue de l'année, et qui, dans ces contrées septentrionales, est encore plus courte qu'à la latitude de notre France. Il faisait déjà jour lorsque l'Empereur y arriva le 23 juin à deux heures du matin; se couvrant aussitôt de la capote et du bonnet de police de l'un des chevau-légers de sa garde, il parcourut la rive gauche du fleuve, accompagné par le général du génie Haxo, afin de reconnaître le point le plus favorable à l'établissement des ponts, d'après la position des ennemis sur le bord opposé.

Confirmé dans son premier choix par cette reconnaissance, Napoléon fit donner l'ordre au général Eblé de jeter trois ponts entre Kowno et Eketani, aux approches de la nuit; et, pour en protéger la construction, le général Morand fut transporté sur la rive droite avec trois compagnies de voltigeurs. Les ponts étaient achevés à onze heures du soir. Au point du jour, le 24, le premier corps avait déjà passé, et Davoust le déployait autour de Kowno. La cavalerie du général Pajol entra sans résistance dans cette ville, avec un bataillon d'infanterie : les Russes l'avaient abandonnée ; on n'y trouva que des Cosaques, dont une grande partie fut taillée en pièces; le reste prit la fuite.

Le 25 au soir, la première grande division de l'armée était toute au delà du Niémen, qui reçoit, devant Kowno, les eaux de la Wilia; dès la veille, l'Empereur avait fait établir un pont sur cette rivière, afin d'en commander les deux rives; Oudinot reçut l'ordre de la traverser, et de poursuivre, dans la direction de Keitany, une division russe du corps de Bagavont, qui venait de quitter la ville à l'approche des Français. Napoléon, avec les autres corps, et précédé par la cavalerie sous les ordres de Murat, se porta sur Wilna, par Jimory. Le soir du 27, on l'avertit que les Russes, en position à Rikonty, montraient le dessein de défendre la capitale de la Lithuanie : aussitôt il courut aux avant-postes, espérant une bataille, et fit sur-le-champ ses dispositions; mais on reconnut au jour que les ennemis avaient disparu.

Pendant la nuit, Barclai de Tolly, rentré précipitamment dans Wilna, centre de la ligne d'opérations de son armée et le dépôt général de ses approvisionnemens, s'était hâté d'incendier ses magasins de vivres, de fourrages et d'habillemens; de faire détruire ou jeter dans la Wilia des quantités considérables d'armes et de munitions. Les Russes, passant ensuite la rivière, rompirent derrière eux le pont en bois, et se retirèrent à marches forcées vers le nord, par Niemenckzin sur Swentziani, en se rapprochant du camp retranché de Drissa, derrière la Dwina, dont l'empereur Alexandre s'était hâté de se rapprocher à la première nouvelle du passage du Niémen.

Napoléon entra le 28 juin à midi dans Wilna, au milieu des acclamations des Polonais ivres de joie, et qui le saluaient du nom de libérateur de leur patrie. Il ordonna de réparer à l'instant même le pont de bois; les habitans se mirent avec ardeur à cet ouvrage, en même temps que les ouvriers de l'armée en établissaient un second sur des pontons, à peu de distance de celui-là; trois heures après l'arrivée des Français, l'un et l'autre étaient achevés, et Murat, à la tête de la cavalerie, se précipita sur les traces de Barclai de Tolly par la route de Niémenckzin.

Dans sa marche rapide sur Wilna, Napoléon avait laissé à quelques journées derrière lui le vice-roi d'Italie, qui n'arriva que le 29 juin devant le Niémen; il le traversa aussitôt près de Piloni, à cinq lieues au-dessus de Kowno; cette armée vint dans les premiers jours de juillet prendre position à Novoï-Troki, à une grande journée de Wilna, au sud, afin de fermer le chemin de cette ville à la deuxième armée russe, si elle s'avançait de ce côté pour se réunir à Barclai de Tolly.

Déjà Bagration, informé de la retraite de la première armée de l'Ouest sur la Dwina, avait reçu l'ordre de manœuvrer pour opérer sa jonction avec elle, et de renoncer à ses projets d'invasion dans le duché de Varsovie. Il s'apprêtait à obéir lorsque le roi de Westphalie, chassant devant lui les Cosaques de Platoff, passa le Niémen à Grodno, le 29, et les rejeta sur Lida en les séparant de Bagration, qui de Volkosvisk se retira promptement à Novogrodeck. De cette ville, qu'il atteignit le 1er. juillet, il se dirigea vers le nord et passa le Niémen à Nicolaew, afin de se réunir à Platoff, et de marcher ensuite ensemble sur la Wilia, par Smorgoni, pour gagner le camp retranché de Drissa, en passant devant le front de l'armée française. Mais les Cosaques de Platoff, se repliant brusquement sur Bagration, lui donnèrent avis qu'ils venaient de se heurter à Troby contre la cavalerie de Grouchy, et à Vologin contre les avant-postes de Davoust; en effet le maréchal, parti de Wilna aussitôt après l'occupation de cette ville, marchait à grandes journées sur Minsk, et couvrait déjà une partie du pays en avant de Smorgoni avec deux divisions d'infanterie et sa cavalerie soutenue par celle de Grouchy. Les

Russes durent croire que le premier corps, dont les cinq divisions étaient présumées fortes de soixante-dix mille hommes, marchait tout entier sur les pas de Davoust; et Platoff, trompé, fit partager son erreur à Bagration.

Ce général voulut alors tenter de passer par Minsk; mais, reconnaissant bientôt l'impossibilité d'y prévenir les troupes du maréchal Davoust, et redoutant l'événement d'une bataille contre des forces qu'il jugeait trop considérables, tandis que le roi de Westphalie, déjà parvenu à Novogrodeck, le menaçait sur ses derrières, il prit le parti d'opérer sa retraite vers l'est, par Neswige, en marchant à Bobrouisk sur la Bérézina.

Tout avait donc réussi à la droite de Napoléon; pendant que la seconde armée russe fuyait, laissant le corps de Doctoroff derrière elle, cerné et compromis, les Autrichiens, commandés par Schwartzemberg, ayant traversé le Bug à Drogieskin, s'étaient avancés jusqu'à Proujani; ils coupaient ainsi, des deux autres armées ennemies, celle de réserve sous les ordres de Tormasoff à Lutzk.

A la gauche des Français, le succès n'était pas moins complet. Le jour même où l'Empereur passait le Niémen à Kowno, Macdonald le traversait à Tilsitt; et, se portant à Rossiéna sur la route de Riga par Mittau, il déborda en quelques marches l'extrême droite des Russes. Oudinot, parti de Kowno à la poursuite de Bagavout, ayant perdu ses traces à Keidani, tourna vers Wilkomir, à l'est, rencontra, le 28 juin, en avant de cette ville, à Deweltovo, le corps de Wittgenstein, de l'armée de Barclai de Tolly; il le battit et le poursuivit jusqu'au delà de Wilkomir, que les Russes ne firent que traverser, et dont ils n'eurent pas le temps de détruire les ponts. Ils avaient mis le feu aux magasins, mais les Français parvinrent à éteindre l'incendie et à sauver une partie des approvisionnemens. Peu de jours après, le maréchal Ney, détaché du même côté par l'Empereur, occupa Swirtzinti; et les deux maréchaux menaçaient ainsi le flanc de Barclai de Tolly à Swintziani, vers lequel s'avançait aussi le roi de Naples, par Niémenczin, avec trois divisions du premier corps et une nombreuse cavalerie.

On voit que, dès l'ouverture de la campagne, le plan de l'Empereur avait complétement réussi sur tous les points : les premières lignes de défense des ennemis venaient d'être envahies, leurs magasins pris ou détruits ; les trois armées russes se trouvaient coupées, mises en fuite, et forcées de suivre dans leur retraite des lignes divergentes qui tendaient à les séparer de plus en plus les unes des autres; ces avantages équivalaient à ceux qu'aurait produits le gain d'une bataille.

CHAPITRE V.

Séjour de l'Empereur à Wilna. — Arrivée d'un parlementaire russe au quartier impérial de Napoléon. — Manœuvre de l'aile droite de l'armée française pour cerner Bagration. — Retraite de Barclai de Tolly dans le camp retranché de Drissa. — Napoléon reçoit, à Wilna, la grande députation de la diète polonaise de Varsovie.

(Du 28 Juin au 16 Juillet.)

Depuis le passage du Niémen jusqu'à Wilna, la marche de Napoléon fut si prompte, que les convois destinés à l'approvisionnement de l'armée ne purent le suivre; et le nombre des troupes qui se succédèrent durant plusieurs jours sur les mêmes chemins était trop considérable pour que les moyens de transports pussent suffire à tant de besoins. Le pays, naturellement pauvre, épuisé d'ailleurs par le long séjour des armées russes, offrait moins de ressources à mesure que l'on avançait; et les soldats, soit imprévoyance ou lassitude, s'étaient la plupart débarrassés promptement des vivres dont on les avait chargés pour une longue traite. La disette commença donc bientôt à se faire sentir; le vin manquait absolument; l'excès de la fatigue et les maladies retenaient déjà en arrière un grand nombre d'hommes que le besoin forçait de marauder dans les villages et les habitations, à de grandes distances des deux côtés de la route.

Ces désordres, inévitables à la suite des mouvemens rapides d'une aussi grande masse, furent bientôt aggravés par un accident trop fréquent sous ce ciel rigoureux. Le temps, d'une chaleur excessive depuis quelques semaines, tourna subitement au froid, par l'effet d'un violent orage qui se déclara le 29 juin; un vent impétueux du nord couvrit de nuages épais la contrée entière; et, pendant trois jours consécutifs, des torrens d'une pluie glaciale, dévastant la campagne, rompirent entièrement les chemins déjà très-mauvais, parfois même à peine tracés dans cette province à travers les bois et les marécages. Excédés de lassitude et réduits, faute de fourrages et de grains, à vivre de seigles encore verts, les chevaux périrent en si grand nombre, qu'il fallut abandonner cent pièces de canon et cinq cents caissons. Le défaut de vivres et d'abris multipliant alors les malades, on compta bientôt près de trente mille traîneurs entre Kowno et Wilna.

Mais, grâce aux soins prévoyans de Napoléon, ses troupes ne tardèrent pas à recevoir, par la Wilia, les approvisionnemens embarqués sur le Niémen; d'autres convois de subsistances et de munitions, expédiés par mer de Dantzig, suivirent bientôt la même direction et ramenèrent l'abondance au centre de l'armée. L'Empereur établit à Wilna de vastes magasins, des hôpitaux pour six mille malades, des manutentions, des parcs de réserves; en même temps, pour protéger ce grand entrepôt, il fit élever un camp retranché sur la rive droite de la Wilia, et convertir, de l'autre côté de la rivière, l'antique palais des Jagellons en une forte citadelle.

Un gouvernement provisoire fut chargé de l'administration générale de la Lithuanie; l'Empereur le composa de sept membres choisis parmi les familles polonaises les plus distinguées; il régla l'organisation civile et militaire de cette province par plusieurs décrets successifs. Chaque arrondissement eut un conseil supérieur de trois nobles Lithuaniens; chaque commune, sa municipalité; un commissaire impérial français, ayant sous ses ordres des auditeurs au conseil d'État, entra en communication avec ces autorités locales pour tout ce qui concernait le service de l'armée. On forma des compagnies de gendarmerie afin de maintenir l'ordre dans les campagnes, d'arrêter les vagabonds et les malfaiteurs. La population polonaise, appelée aux armes, vint aussitôt avec empressement remplir les cadres de six régimens d'infanterie et de cinq de cavalerie, décrétés par le gouvernement national; et l'élite de la jeune noblesse s'offrit à servir auprès de Napoléon comme garde d'honneur.

Du camp de Drissa, où il s'était retiré, Alexandre, considérant avec effroi l'effet des premières manœuvres de l'armée d'invasion, se résolut à faire une démarche tardive pour obtenir la paix qu'il avait jusqu'alors si obstinément refusée. Peu de jours après l'occupation de Wilna, un parlementaire se présenta aux avant-postes français et fut amené au quartier général. L'envoyé de l'empereur de Russie était son aide de camp et son ministre de la police, Balaschoff, connu pour son dévouement au parti anglais, qui dominait alors les conseils de ce prince: un tel choix ne présageait rien de favorable à la paix, et la nature du message était en effet bien loin de pouvoir amener ce résultat : Alexandre consentait à traiter, mais toujours avec la condition inadmissible que les armées françaises commenceraient par reculer, seulement ce n'était plus au delà du Rhin, mais derrière le Niémen, qu'elles devaient aller reprendre sans délai leurs cantonnemens.

Cette proposition excita le courroux de Napoléon. Il y vit trop clairement le dessein de sauver l'armée de Bagration et le corps des Cosaques de Platoff, cernés et dans une situation qui semblait alors désespérée ; celui du général Doctoroff, composé de quinze mille hommes, était également compromis; les Russes, en exigeant que ces forces leur fussent immédiatement rendues sans coup férir, n'offraient aucune garantie de leurs desseins pacifiques; la démarche d'Alexandre se bornait donc à la demande de recommencer la partie avec tous ses avantages. Napoléon fit observer que rien ne s'opposait à ce qu'on ouvrît immédiatement les négociations à Wilna, dans la situation où la guerre avait placé les armées en présence ; et que la retraite immédiate des Français serait la première conséquence du traité de paix. Il insista pour que cet arrangement fût adopté ; mais Balaschoff, forcé par des ordres rigoureux de se renfermer dans les termes précis de son message, refusa de se charger de celui de l'Empereur, et partit sur-le-champ.

Il paraît qu'à son retour à Drissa, cet envoyé fit un rapport exagéré de quelques expressions emportées, échappées à Napoléon dans les premiers mouvemens de son indignation, et qui pouvaient être interprétées à injure contre la personne d'Alexandre ; en sorte que cette tentative malheureuse n'eut d'autre résultat que d'aigrir les esprits de part et d'autre, et d'ajouter à l'animosité particulière de l'empereur de Russie.

Toutefois des circonstances imprévues firent avorter le projet de Napoléon d'anéantir ou de prendre les corps ennemis qu'il avait lieu de croire enveloppés de toutes parts à sa droite. Celui de Doctoroff échappa le premier à la poursuite des troupes françaises. Ce général ignorait encore l'occupation de Wilna, lorsque, d'après un ordre de Barclai de Tolly, opérant sa retraite de Lida sur cette ville, il rencontra près de Solisniki, à moitié chemin, la cavalerie légère de Bordesoul; tournant alors à droite, il courut à Ozmiana, sur la route de Wilna à Minsk; mais, au moment où il entrait dans ce bourg par une porte, le général Pajol y pénétrait par une autre. Ce passage encore fermé aux Russes, ils se dirigèrent plus à droite sur Smorgoni, où ils eurent enfin le bonheur de prévenir la tête des colonnes de Davoust, qui s'avançait de ce côté; puis, traversant la Wilia près de Danusow, ils prirent leur direction droit au nord, pour rejoindre Barclai de Tolly à Swentziani, par Swir.

Dans cette marche audacieuse, Doctoroff passait alors devant tout le front de l'armée française; l'Empereur, informé de sa manœuvre, détacha contre lui deux divisions de cavalerie et une d'infanterie, qui commencèrent à le presser de manière à le forcer au sacrifice d'une partie de ses bagages, afin d'éviter, par une course plus vive, de tomber entre les mains des Français. Il ne s'en fallut que de quelques heures, à Swir, que le général russe ne fût atteint par la cavalerie de Nansouty; toutefois, abandonnant alors le reste de ses équipages et une partie de son arrière-garde, Doctoroff parvint, à force de vitesse, à se tirer de ce dernier danger; et, le jour suivant, il atteignit enfin, aux environs de Swentziani, les avant-postes de Barclaï de Tolly.

On a vu que Bagration, moins heureux, devancé à Minsk par Davoust tandis que Jérôme le poursuivait et que les Autrichiens le coupaient de l'armée de Tormasoff, s'était vu forcé de se replier sur Neswige, et de diriger sa retraite vers Bobrouisk. L'Empereur avait calculé que Jérôme pouvait facilement prévenir les Russes à Neswige, et y arriver le 7 juillet; mais soit défaut de talens ou d'activité, soit que, suivant l'excuse qu'il allégua, la difficulté des routes eût retardé sa marche, ce prince n'y parvint que le 13, après avoir laissé à Bagration le temps de s'y reposer trois jours, et de rallier à lui les corps de Platoff et de Dorokoff. Dans cette situation, il était encore permis à Napoléon d'espérer que Davoust, arrivé le 8 à Minsk, pourrait, par une marche rapide, prévenir les Russes à Glusk, et leur barrer le chemin de Bobrouisk, en même temps que Jérôme, réparant le temps perdu, viendrait les attaquer par derrière.

Aucune de ces espérances ne se réalisa. Davoust cru devoir attendre à Minsk des nouvelles certaines sur la marche de Bagration, qui semblait alors venir à lui par Kaidanoff, afin de se frayer un passage vers le camp retranché de Drissa, rendez-vous général des armées russes. Si le maréchal eût amené de Wilna les cinq divisions du premier corps, au lieu de deux seulement avec lesquelles l'Empereur l'avait détaché de ce côté, il aurait pu, laissant une partie de ces forces pour défendre la position de Minsk, tomber perpendiculairement sur les flancs de Bagration à Glusk; et si Jérôme eût secondé ce mouvement, c'en était fait de l'aile gauche des Russes; mais Davoust était comparativement trop faible, et d'ailleurs il ne fut instruit de la retraite des ennemis par Neswige, que plusieurs jours après son arrivée à Minsk, d'où il ne repartit que le 13 juillet.

Mécontent de la mollesse de Jérôme, l'Empereur donna l'ordre à Davoust de prendre le commandement général des troupes sous le commandement de ce prince, et de gagner Mohilew en toute hâte, afin de devancer du moins les Russes sur le Dniéper, puisqu'il n'avait pu leur couper le chemin de la Bérézina. Du point où ils se trouvaient alors rejetés dans le sud, ils avaient quatre marches de plus que le maréchal pour atteindre, à Mohilew, ce passage, le plus important du fleuve, et s'ouvrir par là le chemin de Smolensk.

Par malheur, toute l'habileté de Davoust ne put réparer complétement le mal produit, d'abord par le retard des Westphaliens, ensuite par la faute qu'il commit lui-même en s'arrêtant cinq jours entiers à Minsk. Bagration parvint à le devancer à Smolensk, où sa réunion à Barclai de Tolly décida du sort de la campagne. Les écrivains qui ont blâmé le séjour prolongé de l'Empereur à Wilna durant dix-huit jours, voient dans cette circonstance, qu'ils nomment sa plus grande faute militaire, la source de ce malheur d'où naquirent tous les autres. Ils prétendent que, s'il eût alors déployé l'ardeur et l'activité de ses belles années, il aurait pu, en courant d'abord au devant de Bagration avec de grandes forces, envelopper et écraser entièrement cette armée ; ou bien que, s'il eût préféré agir contre Barclai de Tolly, il aurait obtenu des avantages non moins décisifs de ce côté, en s'y portant immédiatement après son entrée à Wilna, avec la garde impériale et le premier corps tout entier : forces immenses qui, ajoutées à celle d'Oudinot, de Ney et des corps de cavalerie de réserve déjà lancés à la poursuite de la première armée russe, devaient inévitablement l'anéantir.

On peut objecter à ces réflexions, que le mauvais temps et les chemins rompus, après un long orage, ayant empêché le vice-roi de venir assez tôt prendre position au sud de Wilna, ce point central se trouvait sans défense contre Bagration pendant les premiers jours de l'arrivée de l'Empereur. Il faut encore observer que sa présence était nécessaire dans cette ville, d'abord pour y rallier les troupes en retard, veiller à la subsistance de l'armée entière, et assurer ses communications; ensuite pour attendre que le résultat des manœuvres ordonnées partout simultanément autour de lui, permît de juger de quel côté le plus grand effort était nécessaire.

Barclai, déjà rejoint par le corps de Doctoroff, était resté jusqu'au 3 juillet à Swentziani. On se rappelle que Wittgenstein, qui formait sa droite à Wilkomir, avait été battu et rejeté sur la Dwina par Oudinot ; le général en chef ne tarda pas à opérer sa retraite dans la même direction. Le roi de Naples, qui, soutenu à droite par le maréchal Ney, et à gauche par Oudinot, suivait pas à pas les Russes, avec deux corps de cavalerie de réserve et trois divisions de celui de Davoust, eut d'abord avec l'arrière-garde ennemie quelques engagemens de peu d'importance. Le 5, à Widzy, une action plus longue et plus disputée, dans laquelle la supériorité de notre artillerie lui donna l'avantage, décida les Russes à précipiter leur mouvement vers Drouina, où ils passèrent le fleuve ; et le 10, arrivée devant le camp retranché de Drissa, l'armée de Barclai s'y enferma tout entière, à l'exception du corps de Wittgenstein, destiné à renforcer la garnison de Dunabourg, où il entra le 13 juillet.

Le roi de Naples s'arrêta aussitôt à Opsa, et rappela près de lui Oudinot, qui avait suivi les mouvemens de Wittgenstein ; il réunit également autour de son quartier général le corps de Ney et la cavalerie des généraux Montbrun et Nansouty ; observant l'ennemi dans cette position, il y attendit les ordres de l'Empereur.

8

Alors seulement Napoléon put connaître l'effet entier de ses premières manœuvres, et former un nouveau plan d'opérations d'après leur résultat général. A sa droite, Davoust continuait de se porter sur Mohilew, où il devait précéder Bagration. Quant à Jérôme, en recevant la décision de son frère qui le plaçait sous les ordres du maréchal, il ne prit conseil que de son orgueil blessé, et quitta sur-le-champ l'armée. Le départ imprévu, et malheureusement tardif, de ce jeune homme, incapable de commander, ajouta encore aux désordres que sa présence avait causés. Les trois corps d'armée, restant tout à coup sans chef et sans direction, s'arrêtèrent de nouveau. L'Empereur détacha de cette grande division les Saxons sous les ordres de Reynier, et les fit rétrograder pour renforcer à Slonim le corps de Schwartzemberg opposé à l'armée de Tormasoff. Junot, duc d'Abrantès, remplaça le roi de Westphalie dans le reste de son commandement; mais il se trouvait alors trop séparé de Davoust pour le seconder avec tout le fruit que l'on était d'abord en droit d'attendre de la puissante coopération des forces placées sous les ordres de Jérôme.

Rien ne retenait plus désormais Napoléon

à Wilna, qui avait cessé d'être le centre des manœuvres de son armée. L'occupation du camp de Drissa était une nouvelle faute des ennemis, de laquelle il espérait tirer un grand avantage. Le but de Barclaï semblait être de couvrir Pétersbourg en défendant une des routes qui conduisent à cette capitale ; mais sa manœuvre laissait libres toutes celles de Moskou, et rendait impossible sa jonction avec la deuxième armée ; l'Empereur résolut de porter à Polotzk, sur le chemin de Witepsk, une grande masse de forces, qui pouvaient de là prendre à revers le camp retranché, tandis que Murat, Ney et Oudinot, l'attaquant de front et sur les flancs, contraindraient Barclaï à sortir de cette position : alors il eût été facile de rejeter les Russes dans la Courlande, où se trouvait Macdonald, et de les forcer à livrer bataille, adossés à la mer, avec un nouvel ennemi sur les bras.

Ce plan adopté, le vice-roi d'Italie, qui avait déjà pris avec toutes ses troupes le chemin d'Osmiana, fut dirigé par Smorgoni et Vileika sur Glubokoé ; la garde impériale s'y rendit par Swentziani. Les Bavarois, sous les ordres de Gouvion-Saint-Cyr, avaient franchi les derniers le Niémen; à peine arrivés à Wilna, l'Empereur les passa en revue, et les fit partir immédiatement pour aller prendre position aux environs de la même petite ville de Glubokoé, rendez-vous général du corps à la tête duquel il allait agir du côté de Polotzk.

Tandis que ces mouvemens achevaient de s'accomplir, du 14 au 16 juillet, Napoléon reçut à Wilna la députation de la diète du grand-duché de Varsovie, laquelle, se constituant en confédération de la Pologne, avait déclaré, dès le 28 juin, le rétablissement de ce royaume. Le sénateur Wibeski, chargé de porter la parole, adressa, dans un discours plein de hautes considérations politiques, cette phrase remarquable à Napoléon : « *Dites, Sire, que le royaume de Pologne existe, et ce décret sera pour le monde, équivalent à la réalité.* » Tant de précipitation ne pouvait convenir aux vues de l'Empereur; trancher dès le commencement de la campagne une question de cette importance, c'était risquer de perdre le fruit d'une victoire, en rendant la paix impossible. Le soulèvement simultané de toutes les anciennes provinces du royaume, un grand élan national, suffisaient à l'accomplissement des desseins actuels de l'Empereur, et de ses projets futurs à l'égard du peuple polonais; mais, dans l'état présent des affaires, en déclarant que *la Pologne existait*, il n'eût proclamé qu'une fiction, et compromis trop d'intérêts à la fois.

De leur côté, les Polonais, pour entreprendre de secouer un joug aussi pesant que celui de l'empire de Russie, avaient besoin de la certitude d'un grand appui : plus tard, si leurs efforts généreux n'étaient pas couronnés de succès, on pouvait les leur imputer à crime : l'élan d'un grand peuple vers la liberté n'eût plus été qu'une révolte punissable du dernier supplice. Or, le souvenir des massacres de Praga vivait encore parmi cette génération; elle savait trop combien la vengeance des Russes est terrible. Les Polonais attendaient donc de Napoléon des assurances positives, des paroles en rapport avec les idées ardentes, les résolutions énergiques que leur avait inspirées son ambassadeur ; mais le langage de l'Empereur ne fut que prudent et modéré ; il n'offrit que des espérances : rien de tout cela ne répondait aux sentimens des Polonais, leur enthousiasme expira sur-le-champ.

Certes, jamais il n'eut l'intention de les sacrifier, l'absurdité de ce reproche est évidente; en effet, son dessein de les affranchir ne peut être mis en doute, puisque leur existence comme nation indépendante était utile à ses projets de domination en Allemagne. Mais, tandis qu'à cet égard toutes ses idées se rapportaient à l'avantage de l'empire français, les Polonais n'avaient pour but unique que la conquête de leur liberté, et le temps n'était pas encore venu où ces deux intérêts devaient se confondre et marcher de front. En 1812, l'ardeur impatiente de ces peuples opprimés les emportait trop avant; Napoléon, au contraire, ne pouvait sous ce rapport avancer qu'avec circonspection, afin de ménager l'Autriche et de ne pas pousser à bout les Russes. Le défaut de concert fut préjudiciable alors à deux causes qui, plus tard, auraient pu se prêter un mutuel secours, garant d'un double succès.

CHAPITRE VI.

L'empereur Alexandre ordonne l'évacuation du camp retranché de Drissa, et la retraite de l'armée de Barclai par Witepsk. — Il court à Moskou, où ses proclamations enflamment les esprits; puis à Pétersbourg, où il annonce la paix avec l'Angleterre et la Turquie. — Les Russes se déterminent à poursuivre la guerre au prix des plus grands sacrifices.

Le camp retranché de Drissa, dans lequel l'empereur Alexandre et l'armée de Barclai venaient de se retirer, avait coûté plus d'une année de travaux et des sommes considérables; c'était une accumulation d'ouvrages, tous fort bien exécutés, mais disposés sans art sur un emplacement mal choisi, et dont l'ensemble révélait l'extrême ignorance des ingénieurs russes [1]. Cette vaste construction, qui présentait une foule de côtés faibles, n'aurait pu soutenir une attaque régulière; et d'ailleurs de quelle utilité pouvait être un point de résistance isolé, contre des armées nombreuses, accoutumées à franchir des lignes tout entières de forteresses, en se bornant à laisser devant chacune d'elles des forces suffisantes pour en bloquer les garnisons? Le camp de Drissa eût-il présenté un front inattaquable, ce qui n'était pas, ses ouvrages, pris à revers, devenaient inutiles à la défense; placé à cinq lieues de droite et de gauche, des deux routes de Pétersbourg qui, partant de Druina et de Polotzk, vont se réunir à Sebeje, il ne défendait ni l'une ni l'autre.

Toutefois, ce chef-d'œuvre d'ineptie ayant été déclaré depuis long-temps le boulevart le plus sûr de l'empire moscovite, Alexandre crut devoir annoncer à ses peuples, comme un avantage important, l'arrivée de la première armée de l'Ouest à Drissa. L'ordre suivant fut

---

[1] L'officier français chargé de la démolition de ce camp dit dans son rapport : « Il est étonnant que les » ingénieurs russes aient pu commettre d'aussi grosses » balourdises. »

publié le jour anniversaire de la bataille de Pultava [1].

« Guerriers russes !

» Vous avez enfin atteint le but vers lequel
» vos regards étaient tournés. Lorsque l'ennemi
» osa franchir les limites de notre empire, vous
» étiez sur les frontières, disposés à les dé-
» fendre ; mais, jusqu'à ce que l'entière réunion
» de nos troupes pût être effectuée, il fallut ar-
» rêter votre courage intrépide et se retirer dans
» cette position. Nous sommes venus ici pour
» rassembler et concentrer nos forces. Nos cal-
» culs ont été heureux : la totalité de la pre-
» mière armée est en ce lieu.

» Soldats ! le champ est ouvert à votre valeur,
» si noblement docile à se modérer, si ardente

---

[1] Afin d'éviter toute confusion, l'on ne se servira, dans le cours de ce récit, que du calendrier grégorien, en usage dans le monde chrétien entier, à l'exception de la Russie. Pour avoir la date des pièces officielles publiées par les Russes, il faut retrancher douze jours des dates indiquées dans cet ouvrage : la proclamation ci-dessus, rapportée au 9 juillet, portait donc celle du 27 juin.

» à maintenir la réputation que votre nom s'est
» acquise. Vous allez cueillir des lauriers dignes
» de vous-mêmes et de vos ancêtres. Ce jour,
» autrefois signalé par la bataille de Pul-
» tava, doit vous rappeler les exploits de vos
» pères; le souvenir de leur valeur, l'éclat de
» leur renommée, vous engagent à surpasser
» l'une et l'autre par la gloire de vos actions!
» Les ennemis de votre pays connaissent déjà
» la valeur de vos bras. *Allez donc*, dans l'es-
» prit de vos ancêtres, et anéantissez l'ennemi
» qui ose attaquer *votre religion* et votre hon-
» neur jusque dans vos foyers, au milieu de vos
» femmes et de vos enfans.

» Dieu, temoin de la justice de notre cause,
» sanctifiera vos bras par la bénédiction divine. »

On ne peut blâmer Alexandre d'avoir voulu donner à la guerre un caractère religieux : il parlait à des hommes incultes et grossièrement superstitieux, sur lesquels on est toujours assuré d'agir par ce moyen, et dont on essaierait vainement de remuer les masses à l'aide d'autres idées. Il est encore tout simple que, connaissant leur intelligence bornée, l'empereur de Russie se soit flatté qu'ils accueilleraient non-seulement sans dérision, mais avec respect, ces paroles singulières adressées à une armée en pleine retraite : *Allez donc*, et anéantissez, etc.; mais l'histoire doit flétrir une autre proclamation adressée au nom des Russes à l'armée française, et répandue à la même époque avec profusion dans les rangs de nos soldats; cet écrit les excitait à la haine de leur chef, et les provoquait à la désertion en leur promettant le bonheur et la paix en Russie. Une tentative aussi ridicule n'excita que le dégoût et le mépris.

Quoi qu'il en soit, Alexandre ne pouvait plus se déguiser que les tableaux de son ministre de la guerre ne lui eussent présenté jusqu'alors un effectif très-exagéré de ses forces réelles; contraint de reconnaître en même temps la grande supériorité de celles de Napoléon, il ordonna, par un ukase daté de Drissa, une nouvelle levée de cinq hommes sur cinq cents; mais cet effort ne suffisait plus, dans la situation critique des affaires de l'empire russe, et il fallait renoncer à l'espérance de voir Bagration rejoindre la grande armée, si elle persistait à rester derrière la Dwina. Bientôt la marche de la garde impériale française et des troupes du vice-roi vers Polotzk achevèrent d'éclairer

Alexandre sur le danger de sa situation; il résolut donc de faire évacuer le camp retranché de Drissa. Wittgenstein reçut l'ordre de venir de Dunabourg s'y rallier en toute hâte à Barclai; Alexandre en partit le 17 juillet; et, le lendemain, l'armée entière commença son mouvement de retraite à marches forcées sur Witepsk, afin d'y prévenir les Français qui manœuvraient pour lui couper, en avant de ce point, la route de Moskou et les provinces méridionales de l'empire. C'était de ce côté que se trouvaient Bagration, Tormasoff, et, plus au sud encore, l'armée de Moldavie; si Barclai parvenait à gagner Napoléon de vitesse, en atteignant Smolensk avant lui, il pouvait encore opérer sa jonction avec ces corps, dont il avait été séparé par nos premiers mouvemens, et opposer aux Français une masse de forces capable de leur disputer le passage vers la capitale de la Moskovie.

Arrivé le 18 à Polotzk, l'empereur Alexandre, déterminé à recourir à des moyens extraordinaires pour combattre sans désavantage un ennemi trop puissant, crut devoir enfin dévoiler la vérité à ses peuples, et faire un appel à leur patriotisme. De grands sacrifices étaient nécessaires, et il devenait indispensable d'avouer de grands dangers, afin de provoquer un élan général. C'était donc au centre de vie de ses vastes états qu'il devait frapper pour émouvoir tout le corps social à la fois; non pas à Pétersbourg, cité nouvelle plus européenne que russe, mais à la véritable capitale de l'empire, à Moskou, dont les vieilles mœurs continuaient, depuis Pierre le Grand, à résister à tous les efforts de la civilisation moderne, et où restait encore profondément empreint l'antique caractère national, qui se composait de fanatisme religieux et monarchique, autant que de haine pour tout ce qui est étranger et nouveau.

La présence du souverain ne pouvait manquer, en de pareilles circonstances, de faire une forte impression sur l'esprit des Moskowites; aussi se détermina-t-il à se rendre dans leur ville; mais, avant de paraître au milieu d'eux, il leur adressa cette proclamation véhémente, propre à les disposer à l'entendre avec encore plus de faveur :

« A NOTRE ANCIENNE VILLE ET CAPITALE
» DE MOSKOU.

» L'ennemi, avec une perfidie sans pareille et
» des forces égales à son ambition démesurée,
» est entré dans les frontières de la Russie.
» *Son dessein est de ruiner notre pays.* Les
» armées russes brûlent du désir de se jeter sur
» ces bataillons, et de punir par leur destruc-
» tion leur perfide invasion; mais notre ten-
» dresse paternelle pour nos fidèles sujets ne
» peut pas leur permettre un sacrifice aussi dés-
» espéré. Nous ne pouvons pas souffrir que nos
» braves sujets soient sacrifiés sur les autels de
» ce Moloch. Pleinement informés des mau-
» vaises intentions de notre ennemi, et des
» grands moyens qu'il a préparés pour l'exécu-
» tion de ses projets, nous n'hésitons pas à dé-
» clarer à notre peuple le danger où se trouve
» l'empire. La nécessité commande la réunion
» de nouvelles forces dans l'intérieur pour sou-
» tenir celles qui sont en présence de l'ennemi.
» Pour assembler ces nouvelles armées, nous
» nous adressons à l'ancienne capitale de nos
» ancêtres, à la ville de Moskou.... *L'existence*
» *de notre nom dans le tableau des nations*

» *est menacée. L'ennemi dénonce la destruc-*
» *tion de la Russie. La sûreté de notre sainte*
» *Église, le salut du trône des Czars, l'indé-*
» *pendance de l'ancien empire moskovite, tout*
» *annonce hautement que l'objet de cet appel*
» *doit être reçu par nos fidèles sujets comme*
» *une loi sacrée.....* Puissent les cœurs de notre
» noblesse et ceux des autres ordres de l'État
» propager l'esprit de cette *sainte guerre qui*
» *est bénie de Dieu, et combattre sous la ban-*
» *nière de cette sainte Église!* »

Alexandre publia en même temps un second écrit adressé à *la grande nation*, et dont le style emphatique était surtout propre à flatter le goût des Moskowites, et à irriter leurs passions dévotement haineuses. Quelques fragmens de ce manifeste, en achevant de donner à connaître la nature des idées les plus propres à faire impression sur le peuple russe, au moment d'un grand péril, serviront à juger de l'état de sa civilisation à cette époque:

« La Russie a invoqué la protection de Dieu,
» elle oppose aux machinations de son ennemi
» une armée forte en courage et ardente à chas-

» ser de son territoire cette *race de sauterelles*
» *qui brûlent la terre, et que la terre repous-*
» *sera, la trouvant trop pesante pour son sein*
» *outragé.* Nous appelons *toutes nos commu-*
» *nautés religieuses* à coopérer avec nous à
» une levée générale contre le tyran universel...
» Saint synode, et vous, membres de notre
» Église, vous avez dans tous les temps appelé,
» par votre intercession, sur notre empire, la
» protection divine! Peuple russe, ce n'est pas
» la première fois que tu as arraché les dents de
» la tête du lion... Unissez-vous, *portez la croix*
» *dans vos cœurs et le fer dans vos mains, et*
» *jamais la force humaine ne pourra préva-*
» *loir contre vous!* »

Le despotisme n'a partout qu'un langage; en Russie comme en Espagne, comme en Turquie, toujours il abrutit l'homme jusqu'à la stupidité; il ne lui reste plus de prise sur les âmes que par le fanatisme. Ce moyen servit alors les desseins d'Alexandre; à peine arrivé à Moskou, peu de jours après ses proclamations, il trouva le peuple de cette capitale et ceux des provinces à l'entour, soulevés à la voix des popes, et prêt à courir aux armes pour la défense *de la reli-*

gion ; car ils étaient parvenus à persuader à ces demi-sauvages que les armées françaises venaient relever les idoles du paganisme. Par les soins de Rostopchin, gouverneur général, la noblesse et le corps des marchands avaient été rassemblés séparément; le souverain se montra dans ces deux réunions, où sa présence excita l'enthousiasme; les deputés votèrent à l'unanimité une levée de quatre-vingt mille hommes dans le seul gouvernement de Moskou, et 1,500,000 roubles (plus de six millions de francs) pour les équiper et les armer.

A Pensa, la noblesse prit l'engagement de fournir un régiment d'infanterie et deux mille cinq cents bœufs; à Novogorod, elle souscrivit pour dix mille hommes, et le commerce pour deux cent mille doubles ; la même ardeur éclata bientôt dans les gouvernemens plus éloignés, et tout semblait annoncer qu'une armée de cinq cent mille combattans allait sortir de la terre avant peu de mois, ainsi que des trésors inépuisables pour la solder; l'empereur accepta tous ces sacrifices, mais sans négliger la prompte exécution de l'ukase de Polotzk, qui ordonnait la levée d'une recrue par cent hommes. Cette ressource était en effet plus assurée ; car, des soldats votés par le peuple des villes, un petit nombre seulement parut tard aux armées ; et, quant à l'argent, l'ardeur du premier enthousiasme s'étant bientôt refroidie, les sommes promises ne furent perçues qu'avec lenteur et difficulté; mais le gouvernement recourut à des mesures coërcitives pour recueillir le montant de ces dons volontaires, qui n'étaient pas encore entièrement soldés en 1814.

Du reste, le synode de Moskou, répondant aux paroles du souverain en écho fidèle, publia une espèce de manifeste religieux en faveur de la croisade contre les Français infidèles ; et le clergé, dans cette crise, où il déclarait mensongèrement que la religion était si fort intéressée, se borna, pour payer sa dette à l'État, de faire avec la plus grande solennité l'hommage d'une sainte relique à l'empereur. A cette occasion, le métropolitain Platon lui adressa un long discours qui fut répandu dans tout l'empire par la voie de l'impression, et dont il suffira d'extraire le passage suivant pour en faire connaître l'esprit :

« La ville de Moskou, la première capitale
» de l'Empire, la nouvelle Jérusalem, reçoit
» son Christ comme une mère dans les bras de

» ses fils zélés, et, à travers le brouillard qui
» s'élève, prévoyant la gloire brillante de sa
» puissance, elle chante dans ses transports :
» Hosanna! béni soit celui qui arrive! Que l'ar-
» rogant, l'effronté Goliath apporte des limites
» de la France l'effroi mortel aux confins de la
» Russie, *la pacifique religion, cette fronde du*
» *David russe*, abattra soudain la tête de son
» sanguinaire orgueil! »

Peu de jours après, Alexandre fit assembler la milice de Moskou et lui confia la garde de la relique, offrande du clergé moskovite, au milieu d'une cérémonie pompeuse qui acheva d'enflammer le zèle fanatique du peuple, et à la suite de laquelle il partit pour Saint-Pétersbourg.

Là, l'empereur s'abstint de parler aux sentimens; il s'adressa aux intérêts pour remuer plus fortement les habitans de cette cité commerçante et des provinces maritimes qui l'avoisinent; la paix avec l'Angleterre était à peine conclue, Alexandre la fit publier avant même qu'elle fût ratifiée par le cabinet de Saint-James, et ordonna que tous les ports de son Empire fussent immédiatement ouverts aux vaisseaux de la Grande-Bretagne. Jusqu'alors le traité de Bucharest, consenti par le grand-visir le 29 mai, et qui mettait fin à la guerre de Turquie, n'avait pas encore reçu la sanction de la Porte-Ottomane; mais enfin le sultan Mahmoud venait de le signer. Cet événement, d'une si grande importance dans l'état actuel des affaires, fut annoncé à Pétersbourg en même temps que la paix avec l'Angleterre. Des transports de joie accueillirent ces heureuses nouvelles dans la seconde capitale de l'empire : aussi ne se montra-t-elle pas moins que Moskou, prodigue de dons et de promesses.

Redoublant alors d'activité, l'empereur de Russie courut sans délai aux confins de la Finlande, où il avait donné rendez-vous à Bernadotte, dans la ville d'Abo; lord Cathcart, ambassadeur d'Angleterre, fut seul admis à leur conférence, qui eut pour résultat la détermination du cabinet de Stockholm d'agir offensivement contre la France. Il paraît que c'est d'Abo, et à cette époque, que partit la lettre par laquelle le général Moreau fut invité à revenir des États-Unis prendre le commandement d'une armée destinée à combattre sa patrie. On raconte que, dans cette entrevue, le puissant autocrate de toutes les Russies eut l'art d'intéresser vivement au succès de sa démarche la vanité du roi parvenu ; il le serra, dit-on, dans ses bras, voulut le décorer de sa main de tous les ordres de son empire, en pierreries magnifiques, et l'enivra d'orgueil par l'apparence d'une confiance sans bornes dans ses talens militaires et politiques. Mais, soit que les faiblesses d'un esprit étroit, ou les ressentimens trop profonds d'une injure personnelle aient inspiré Bernadotte à Abo, il faut toujours avouer que ses résolutions ne furent alors ni suédoises ni françaises.

Désormais sans inquiétude du côté de la Suède, Alexandre rappela aussitôt ses troupes de la Finlande ; de retour à Pétersbourg, il ordonna encore une levée de deux hommes par cent sur toutes les terres des seigneurs dont les priviléges exemptaient leurs vassaux des lois générales du recrutement ; et, pour donner l'exemple, il soumit à l'effet de cet ukase les domaines particuliers de la couronne.

Ainsi, par des moyens divers, un même mouvement fut en peu de jours imprimé à la population entière du vaste empire d'Alexandre ; le fanatisme religieux et le patriotisme moskovite, répondant simultanément à son appel, concoururent à inspirer l'horreur d'un ennemi qui s'avançait, disait-on, pour renverser les autels, changer le culte, dévaster le territoire et anéantir l'antique puissance des czars; les propriétaires et les marchands, délivrés du joug insupportable du système continental, applaudirent avec transport à la réconciliation du pays avec les Anglais et les Suédois : enfin, tous les Russes soulevés, unis plus étroitement à leur souverain, s'armèrent à l'envi, déterminés à sacrifier leurs biens, à s'immoler eux-mêmes à de si chers intérêts, et la guerre devint nationale.

CHAPITRE VII.

Retraite de Barclai de Drissa sur Witepsk. — Napoléon se met à sa poursuite. — Les Russes le devancent à Witepsk. — Combats d'Ostrowno. — Barclai range son armée en bataille derrière la Lutchissa. — Tout se dispose pour une affaire générale. — Les Russes décampent pendant la nuit. — Napoléon suspend la marche de son armée.

(Du 16 Juin au 28 Juillet.)

Parti de Wilna le 16 juillet au soir, Napoléon arriva le 18 à Glubokoé ; le corps du vice-roi d'Italie et celui de Gouvion-Saint-Cyr occupaient les environs de cette ville. On a vu que Barclai, après avoir rappelé Wittgenstein de Dunabourg, évacuait ce jour-là-même le camp retranché de Drissa ; l'Empereur ne reçut que le lendemain la nouvelle de cette retraite, dont la précipitation dut le surprendre; car les derniers rapports du roi de Naples faisaient présumer, au contraire, que le général russe se disposait à reprendre l'offensive : en effet, l'avant-garde de Murat, qui, le 14, avait coupé et pris à Druia cinq cents Cosaques, venait d'être attaquée à son tour, mais ce n'était qu'une échauffourée sans importance. Dans sa marche de Dunabourg à Drissa, par la rive droite de la Dwina, Wittgenstein, ayant observé les positions de notre cavalerie et fait jeter un pont sur la rivière durant la nuit du 14 au 15, avait surpris et culbuté la division Sébastiani, puis repassé le fleuve, emmenant deux cents prisonniers.

Cependant Napoléon, informé du départ de Barclai et de la route qu'il suivait, poussa sur-le-champ dans la direction de Witepsk, la garde impériale à Ouchatz, et le vice-roi à Kamen. Oudinot fut chargé de s'emparer du camp abandonné, de le faire démolir, et de marcher, sans autre délai, sur les traces de Barclai par la rive droite de la Dwina; en même temps le roi de Naples se portait vivement sur Polotzk, en remontant la rive gauche avec le maréchal Ney et les trois divisions du premier corps; il était précédé par les deux réserves de cavalerie sous les ordres de Nansouty et de Montbrun; le premier se présenta le 19 à Rudina, le second traversa le fleuve le 20 à Disna; mais, en dépit de tant de rapidité, il fallut renoncer à devancer les Russes, qui déjà se trouvaient à Polotzk, et entrèrent le 24 à Witepsk.

Là, passant la Dwina, Barclai suspendit sa marche de retraite pour se donner le temps de rallier à lui le corps de Doctoroff, qui formait son arrière-garde sur la route de Polotzk; quant à Wittgenstein, il l'avait détaché pour couvrir Pétersbourg et observer Macdonald qui menaçait Riga. Au delà de Witepsk, le chemin de Smolensk court au Sud-Est, et celui de Wilna, par lequel s'avançait alors le gros de l'armée française, se dirige au Sud-Ouest, après avoir suivi le cours du fleuve jusqu'à Ostrowno, à cinq lieues de la ville; plus à l'Ouest, à une distance égale, est Besenkowiczi.

C'est sur cette dernière route, au lieu où la petite rivière de Lutchissa la traverse pour aller se jeter dans la Dwina, que le général russe, montrant la résolution de défendre Witepsk, vint prendre position à une lieue de la ville;

et de ce point il fit avancer, jusqu'au delà d'Ostrowno, un corps d'observation de quinze mille hommes commandés par le général Ostermann.

Pendant que ce mouvement s'opérait, le vice-roi, parvenu à Besenkowiczi, en chassa une partie du corps de Doctoroff, qui, de la route de Polotzk, s'était avancé jusque-là en reconnaissance; les Russes s'empressèrent de repasser la rivière et de brûler le pont derrière eux; le prince Eugène donna l'ordre de le rétablir sur-le-champ, afin de poursuivre l'ennemi qui avait pris position à quelque distance de l'autre côté. Ce travail n'était pas encore achevé lorsque l'Empereur arriva vers le milieu du jour, avec toute la garde[1]; mais déjà le prince avait fait jeter quelques compagnies de voltigeurs sur la rive droite, à l'aide d'un bac, et un régiment

---

[1] On lit dans l'ouvrage de M. de Ségur, que tous les corps partis du Niémen, à des époques et par des routes différentes, arrivèrent, le même jour et à la même heure, à Besenkowiczi. Le fait est très inexact : ce jour-là, le 24 juillet, Gouvion-Saint-Cyr, avec le 6e. corps, était à Ouchatz, à quinze lieues en arrière; Oudinot, avec le 2e. corps, vers Dunabourg; Davoust, avec une partie du 1er., sur le Dniéper; Poniatowski, avec les

bavarois de cavalerie légère, ayant découvert un gué, venait de passer aussi la rivière. Dès que le pont fut terminé, l'Empereur courut se mettre à la tête des Bavarois; et, impatient de juger par lui-même la position de l'ennemi, il s'avança dans la plaine, suivi de cette faible escorte, à deux lieues de la Dwina : l'arrière-garde de Doctoroff s'était repliée sur le gros de sa troupe, et la direction que suivait ce corps indiquait clairement que l'armée russe avait déjà dépassé ce point; l'Empereur reconnut qu'elle devait être à Witepsk. Retournant donc aussitôt à Besenkowiczi, il disposa tout pour suivre de près l'ennemi.

Le 25, les corps d'armée commandés par l'Empereur en personne, et parmi lesquels celui d'Eugène remplaçait le corps d'Oudinot resté en arrière pour observer Wittgenstein, marchèrent tous sur Witepsk par Ostrowno. Mu-

---

Polonais, sur la Bérésina; les Westphaliens, plus en arrière encore; Grenier et les Saxons, Schwartzemberg et les Autrichiens, Macdonald et les Prussiens, se trouvaient à 50, 60, ou 80 lieues de Besenkowiczi, où arrivèrent successivement, les 23 et 24 juillet, trois divisions du 1er. corps, celui de Ney; l'armée d'Italie, la garde impériale, et les réserves de cavalerie

rat commandait l'avant-garde; la division Bruyères, qui marchait en tête, rencontra les premiers postes de l'ennemi à Dolgaria, non loin d'Ostrowno, les culbuta et s'empara de sept canons: le roi de Naples, survenant alors avec la division Saint-Germain et deux bataillons du 8ᵉ. léger, trouva bientôt devant lui le corps d'Ostermann appuyé sur un bois, et qui, profitant de sa grande supériorité numérique, menaçait de l'envelopper. Une vive canonnade s'engagea sur-le-champ, et la cavalerie française, chargeant impétueusement à droite et à gauche à la fois, avait déjà déconcerté la manœuvre des Russes, lorsque la division Delzons, se montrant sur leur droite près de la Dwina, les força de battre en retraite par la grande route de Witepsk, avec une perte de cinq cents morts, de six cents prisonniers et de huit canons.

Pendant la nuit, Barclai avait remplacé à l'extrême avant-garde, par des troupes fraîches sous les ordres de Konownitzin, celles du général Ostermann, qui formèrent la seconde ligne; l'ensemble de ces forces s'élevait à vingt-huit mille hommes, que Murat trouva, le lendemain 26, fortement retranchés derrière un ravin à Kukowiaczi, et couverts par une nombreuse artillerie; l'engagement fut long et meurtrier; nos troupes, plusieurs fois repoussées, recommencèrent l'attaque avec une nouvelle vigueur; après quelques heures d'un combat vivement disputé, et cédant à l'effort d'une charge générale, les Russes plièrent à la fois sur tous les points, et se jetèrent dans les bois épais contre lesquels ils étaient adossés, et que traverse la grande route.

Napoléon, attiré par le bruit de la canonnade, accourait aux avant-postes; il se montra au moment où les ennemis disparaissaient derrière le rideau de ces bois, dont la profondeur était immense; les généraux français inclinaient à croire que l'armée de Barclai se trouvait tout entière au delà, en position; mais l'Empereur, ne partageant pas cet avis, pensa que les ennemis n'engageaient ainsi leur arrière-garde que pour retarder sa marche et masquer leur mouvement de retraite; il fit donc fouiller à l'instant même ce terrain boisé et coupé de ravins, d'où nos tirailleurs chassèrent, non sans peine, ceux des Russes qui disputaient le terrain pied à pied; la forêt nettoyée, la cavalerie la traversa au grand trot; le reste de l'armée suivit, et le soir du 26 Murat et Eugène établirent leur quartier-général en avant des bois, dans un château, près de Dobrieka, village au delà duquel leurs troupes bivaquèrent; l'Empereur passa la nuit à Kukowinczi.

Les Russes perdirent, de leur aveu, dans ces deux journées, deux mille cinq cents hommes tués, au nombre desquels se trouva le général Akouloff, mille prisonniers et quinze canons. De notre côté, l'on compta treize cents hommes hors de combat, tant morts que blessés, et peu de prisonniers. L'action venait de finir lorsque le général Roussel, qui s'y était particulièrement distingué, fut tué dans l'obscurité par une balle qui lui brisa le crâne; on ne put découvrir de quelle main partit le coup.

Déjà l'armée française était en vue de Witepsk, qu'elle découvrait à gauche à moins de deux lieues. Barclai, resté dans sa position, derrière la Lutchissa, avait, sur la rive gauche de cette petite rivière, une nombreuse avant-garde couverte par un profond ravin, la droite appuyée sur la Dwina, la gauche à de grands bois. Le 27 au matin, les Français, en continuant leur mouvement, vinrent se déployer devant cette ligne, et, peu d'heures après, la supériorité de notre artillerie força les ennemis à se replier sur leur corps principal. Ils avaient rompu le pont jeté sur le ravin; le général Broussier, dont la division était chargée de soutenir la cavalerie légère, fit réparer ce pont, et détacha au delà deux compagnies de voltigeurs du 9e., qui s'avancèrent avec intrépidité et facilitèrent le passage du 16e. de chasseurs à cheval. Ce régiment, guidé par le général Piré, s'élança aussitôt sur l'ennemi, afin de nettoyer le terrain et de faire place à la cavalerie qui le suivait; mais il trouva devant lui celle des Russes en force très-supérieure et soutenue par une batterie de douze pièces. Les chasseurs, chargés à leur tour, furent rejetés sur les voltigeurs du 9e. qu'ils avaient dépassés, et dans leur mouvement de retraite laissèrent isolée sur le champ de bataille cette poignée de fantassins.

Enveloppée par une masse énorme de cavalerie russe, la petite troupe disparut au même instant à tous les yeux, sous des tourbillons de poussière; on la crut anéantie. Mais le général Broussier, achevant en ce moment de franchir le ravin avec sa division, marchait droit à l'ennemi, tandis que le vice-roi faisait avancer d'un autre point la division Delzons. A la vue de ce double mouvement, les Russes prirent la fuite, découvrant les deux cents voltigeurs; serrés en masse, ces braves jeunes gens continuaient un feu vif et nourri qui jonchait la terre, autour d'eux, de chevaux et d'hommes abattus sous leurs coups à bout pourtant; ils s'étaient fait ainsi un rempart, à l'abri duquel ils avaient bravé les efforts de cette multitude innombrable d'ennemis dont la masse semblait devoir les écraser. Cette résistance héroïque, qui fixa l'attention d'une partie de l'armée, fut remarquée par Napoléon; il envoya féliciter ces braves de leur rare vaillance, et fit inscrire leurs noms qu'il voulut connaître; ceux des deux capitaines étaient Gaillard et Savari; officiers et soldats, tous furent décorés de l'étoile de la Légion-d'Honneur.

Une attaque générale sur le front de l'ennemi ayant obtenu le succès que Napoléon en attendait, les forces russes détachées en avant de la Lutchissa rejoignirent Barclai derrière cette petite rivière qui le couvrait, et dont les rives escarpées étaient défendues par une artillerie formidable. Son armée, formée sur deux lignes, s'appuyait à droite sur la Dwina, à gauche sur le village de Kozantzi. Le soir du 27, les Russes et les Français en présence n'étaient plus séparés que par la Lutchissa. On put croire alors que Napoléon était enfin près d'atteindre le but de ses vœux les plus ardens, et qu'une affaire générale allait non-seulement décider du sort de la campagne, mais fixer les destinées de l'Europe.

La victoire en effet ne pouvait être douteuse; il avait sur le terrain au moins cent vingt mille hommes de troupes d'élite, que guidaient sous ses ordres Ney, Eugène, Murat, et qui comptaient dans leurs rangs une foule d'autres généraux aussi braves et non moins habiles. Barclai, ayant détaché Wittgenstein pour couvrir Pétersbourg et l'opposer à Macdonald et à Oudinot, ne pouvait opposer aux Français que quatre-vingt mille combattans découragés par une longue retraite. Si l'Empereur parvenait à écraser ou à disperser cette armée principale, tandis que celle de Bagration était rejetée dans le Sud et poursuivie par Davoust, Alexandre devait être forcé de signer la paix; et si, pour l'obtenir plus prompte avec un traité plus offensif contre l'Angleterre, il fallait ajourner l'affranchissement de la Pologne, Napoléon, plus puissant encore par une nouvelle victoire, ne pouvait-il pas se flatter de couvrir de sa protection tutélaire les Polonais, trop compromis envers Alexandre par leurs efforts prématurés pour secouer le joug de la Russie !

Plein de ces espérances, l'Empereur éprouva une vive satisfaction à la vue des dernières manœuvres de Barclai, qui annonçaient de plus en plus le dessein évident de livrer bataille le jour suivant; il reconnut lui-même les positions des Russes qui couvraient une lieue de terrain. Ces soins et celui de régler son plan d'attaque d'après cette reconnaissance occupèrent le reste de la journée. La nuit venue, l'armée bivaqua en ordre de bataille, et les feux des ennemis, en dessinant leurs lignes, le confirmèrent dans l'opinion qu'ils s'y maintenaient sans rien changer aux dispositions qu'il avait observées.

Tranquille sur l'issue du grand événement qui se préparait, Napoléon attendit avec calme que le jour reparût... Mais à peine ses premières lueurs eurent-elles éclairé le camp des Russes, qu'on reconnut qu'il était évacué. Là où, peu d'heures auparant, on voyait encore une puissante armée s'agiter en se préparant au combat, élever des batteries, des retranchemens, les fortifier, faire manœuvrer une immense artillerie, il ne restait plus rien que les débris informes d'un camp irrégulier, mal assis, où tout accusait le désordre et la mauvaise tenue des troupes qui venaient de l'abandonner. A la faveur de l'obscurité, quatre-vingt mille hommes avaient disparu dans le plus grand silence. Il ne resta pas un seul soldat derrière eux; et, dans les environs, on ne découvrit aucun paysan que l'on pût interroger sur la direction de la retraite de Barclai.

Toute l'armée passa aussitôt la petite rivière de la Lutchissa sur plusieurs points. En approchant de Witepsk, l'Empereur vit venir à lui une députation des habitans de la ville qui lui en apportaient les clefs; mais ils ignoraient la marche de l'armée russe. Trois routes se présentaient alors à Napoléon, l'une au Nord-Est qui, passant par Suraje, tourne ensuite au Nord et mène à Pétersbourg; une autre au Sud conduit à Mohilew; la troisième se dirige droit sur Smolensk au Sud-Est par Babinowiczi. Il paraissait probable que les Russes avaient pris ce dernier chemin pour se rapprocher de Bagration. L'Empereur ordonna donc au maréchal

Ney de les suivre de ce côté, et il le fit appuyer par le vice-roi; tandis que Murat, lancé vers le Nord dans la direction de Suraje, éclairait l'armée à sa gauche à la tête de la cavalerie de réserve.

Peu d'heures après, informé que le roi de Naples venait de rencontrer et de charger les Cosaques de l'arrière-garde ennemie sur la route de Suraje, l'Empereur sortit de Witepsk avec la garde dans l'espoir d'atteindre les Russes; et rappelant le vice-roi qui marchait sur les pas de Ney, il lui donna l'ordre de faire volte-face et de suivre ceux de Murat. La nuit survint avant que cette poursuite eût obtenu les résultats que l'Empereur en avait espérés; et, d'après les rapports qui lui parvinrent de tous les côtés, ne doutant plus que les Russes ne fussent en pleine retraite, il rentra dans Witepsk avec la garde.

Après de si longues marches que l'excès de la chaleur et les privations de tous genres contribuaient à rendre plus pénibles encore, l'Empereur jugea que quelques jours de repos étaient nécessaires à l'armée; elle entra aussitôt en quartiers de rafraîchissement. Le vice-roi avec le quatrième corps s'établit à Suraje; le maréchal Ney à Liosna, sur la route de Smolensk; à une distance égale de l'un et de l'autre, Murat occupa Lianowiczi. Disposées ainsi, dans un ordre également favorable à la facilité des subsistance et à la défense générale, les troupes purent se délasser de leurs fatigues et s'approvisionner de vivres avant de s'engager à la poursuite d'un ennemi qui dévastait le pays en fuyant; et Napoléon, pour régler sa marche ultérieure, attendit de nouveaux rapports sur l'issue des manœuvres des autres corps de l'armée qu'il avait devancés de si loin par la rapidité de ses mouvemens.

CHAPITRE VIII.

Manœuvres des deux armées russes pendant leur mouvement simultané de retraite. — Combat de Mohilew. — Jonction de Barclaï et de Bagration à Smolensk le 3 août.

Tandis qu'en précipitant sa retraite, la première armée russe échappait à la poursuite de Napoléon, sur la route de Polotzk à Witepsk, Bagration, à la même époque, se croyant poursuivi de près par Junot et Poniatowski, avait traversé la Bérézina, au fort de Bobrouisk, et gagnait à marches forcées le Dniéper, qu'il espérait atteindre avant Davoust; mais le maréchal, parti de Minsk le 13 juillet, et suivant une ligne plus droite que celle des Russes, dut arriver à Mohilew avant eux; il avait laissé à Minsk un régiment d'infanterie, et deux autres à Bérésino, sous les ordres du général Pajol; ses forces étaient encore diminuées par l'éloignement de la cavalerie de réserve de Grouchy, qui se portait sur Witepsk par Borisow; il ne restait donc à Davoust que cinq régimens d'infanterie, les cuirassiers du général Valence, et la brigade légère de Bordesoul, formant ensemble un corps de dix mille hommes environ, lorsqu'il entra le 20 juillet à Mohilew.

Ce jour-là même, à dix lieues au-dessous de cette ville, Bagration arrivait aussi sur les bords du Dniéper, qu'il fit immédiatement traverser à gué, près de Staroï-Bichow, par les Cosaques du général Platoff, auquel il prescrivit de courir à Smolensk, afin d'établir sur ce point sa communication avec Barclaï. Après le départ de Platoff, l'armée de Bagration s'élevait encore à quarante mille combattans, avec beaucoup d'artillerie, de caissons et d'équipages; il comptait sur le pont de Mohilew pour passer le Dniéper à la tête de cette masse nombreuse et pesante; aussi, le lendemain 21, en remontant le cours du fleuve par la rive droite, continua-t-il son mouvement vers cette ville, où il ignorait encore que les Français l'eussent devancé.

De son côté, Davoust, sans nouvelles de Poniatowski ni de Junot, restés l'un et l'autre en arrière, détacha, le 22 au matin, de Mohilew, le 3e. régiment de chasseurs à cheval, en reconnaissance sur la route par laquelle s'avançaient, à son insu, les quarante mille Russes. En débouchant d'un grand bois à trois lieues de la ville, non loin du village de Nowoselki, l'avant-garde de ce régiment se heurta contre celle de l'armée de Bagration : la surprise fut égale de part et d'autre ; les Russes, en forces très-supérieures, chargèrent brusquement, et culbutèrent les chasseurs, dont un escadron fut enlevé, et le reste rejeté en désordre dans le bois ; vivement poursuivis au delà par les Cosaques, les chasseurs regagnèrent Mohilew au galop ; mais le maréchal, sorti de la ville avec son état-major, et suivi par un régiment de ligne, recueillit les fuyards, les rallia, et fit tirer sur les Cosaques quelques coups de canon, qui les forcèrent à prendre la fuite à leur tour.

Tandis que Davoust, avec ce régiment d'infanterie et les débris de celui des chasseurs, ramenait les Cosaques jusqu'à l'entrée de la forêt, près du village de Saltaika, sa petite armée accourait tout entière de Mohilew pour le soutenir ; il en disposa environ la moitié devant le front des Russes, le long d'un ravin profond qui traverse la route au delà de Saltaïka, et couvre également, à une demi-lieue à droite, le moulin d'Atowka. Le maréchal fit aussitôt rompre les ponts du ravin, qu'il garnit d'artillerie, et créneler les maisons du village, ainsi que celles du moulin. Le cours du Dniéper couvrait sa gauche; mais, à droite, de grands bois s'étendaient à deux lieues sur une ligne parallèle à la route; il était à présumer qu'à l'abri de cet épais rideau qui couvrait ses mouvemens, Bagration ferait filer des forces considérables du côté de la ville, dans l'espoir d'en fermer le chemin aux Français, et de leur couper la retraite. Davoust, prévoyant cette manœuvre, plaça donc en échelons, devant les principaux débouchés de ces bois, la plus grande partie de ses troupes, dont la ligne se prolongeait de la sorte jusqu'auprès de Mohilew, sous les murs duquel il laissa en réserve un régiment d'infanterie.

Ces dispositions étaient achevées le 23 au point du jour, lorsque Bagration, qui s'était avancé pendant la nuit, parut devant le ravin avec toute son armée, composée de vingt-cinq mille hommes d'infanterie, dix mille de cavalerie et cinq mille Cosaques; négligeant de faire aucune diversion à la droite des Français, il montrait la résolution de s'ouvrir le passage, en les culbutant sur leur front, contre lequel il portait la masse entière de ses forces: repoussé d'abord du côté de Saltaika, il fit attaquer avec plus de vigueur le moulin d'Atowka, et ses efforts obtinrent cette fois quelque succès; les maisons crénelées en avant du ravin ayant été emportées, malgré la résistance opiniâtre de deux bataillons chargés de la défense de ce poste, les Français reculèrent.

Déjà les Russes, protégés par le feu de leurs canons, commençaient à passer le ravin, lorsque Davoust leur opposa deux nouveaux bataillons et de l'artillerie. Ce secours, quoique si peu proportionné à la masse des assaillans, suffit cependant pour les arrêter; et bientôt les ennemis se virent contraints de céder tout le terrain qu'ils venaient de gagner.

Rejetés en arrière avec de grandes pertes, et chassés de position en position devant le moulin, ils retournèrent à la charge vers leur droite, en faisant sur le front des Français, près de Saltaika, une seconde attaque qui n'eut pas une meilleure issue que la première. Présentant ainsi successivement la tête de leurs épaisses colonnes aux coups d'une artillerie nombreuse et bien servie, les Russes perdirent beaucoup de monde sans aucun résultat. Quelques autres tentatives partielles achevèrent d'épuiser leurs forces, en prolongeant ce combat désavantageux pour eux; et, dans le cours de l'après-midi, leurs efforts s'étaient ralentis sur tous les points. A la vue de cette indécision, et tranquille désormais à l'égard de sa droite, que Bagration ne songeait pas à tourner, le maréchal réunit toutes ses forces, et prit une attitude offensive; ses premiers mouvemens décidèrent la retraite de l'ennemi. Bagration, se couvrant de sa cavalerie, regagna le village de Nowo-Selki, derrière lequel il rangea en ordre de bataille son armée réduite à moins de trente-six mille hommes.

Les Français étaient encore moins nombreux de deux tiers, et le combat avait duré dix heures; Davoust jugea donc qu'il ne devait pas, en se montrant à découvert dans la plaine, révéler aux ennemis sa faiblesse relative, et tenter l'événement d'une bataille rangée, à la suite d'une si rude journée; aussi s'abstint-il de poursuivre les Russes au delà du bois, et il reprit ses positions derrière le ravin.

Il paraît, d'après le rapport de Bagration, qu'il ignorait absolument les véritables forces des Français, ayant toujours cru que, depuis Wilna, Davoust marchait avec les cinq divisions de son corps, estimé de soixante à soixante-dix mille hommes. De plus, vaguement informé de l'approche du général Claparède, qui amenait d'Espagne la légion de la Vistule, et de la marche du général Pajol, que le maréchal s'était empressé de rappeler de Bérésino, Bagration prit ces troupes pour les 5ᵉ. et 8ᵉ. corps d'armée, commandés, l'un par Poniatowski, l'autre par le duc d'Abrantès. Il est certain, du moins, qu'on lit dans les relations adressées à l'empereur Alexandre, qu'attaqués par le corps entier de Davoust au moulin d'Atowka, les Russes l'avaient déjà culbuté, lorsque l'arrivée d'un puissant renfort d'infanterie et de cavalerie rendit aux Français quelqu'avantage ; or, ce *puissant renfort* consistait en deux bataillons du 61ᵉ. régiment d'infanterie, dont la brillante valeur intimida les ennemis au point de produire à leurs yeux l'étonnante illusion qui décida le succès de la journée. Les généraux Claparède et Pajol ne rejoignirent le maréchal qu'après le combat ; et Junot ainsi que Poniatowski étaient alors fort loin en arrière.

Quoi qu'il en soit de ces motifs allégués par Bagration, il montra dans cette rencontre une grande ignorance de l'art de la guerre, en négligeant de tourner la droite des Français à la faveur d'un rideau de bois qui pouvait favoriser cette manœuvre décisive ; la mollesse et la mauvaise disposition de la plupart de ses attaques ne trahirent pas moins ce jour-là le défaut d'habileté de ce général.

Durant la nuit qui suivit ce combat, il rétrograda sur Staroï-Bichow, où, traversant le Dniéper le 26, à l'aide d'un pont qu'il avait ordonné d'y construire à la hâte, il se porta le même jour à Propoisk sur le Soge ; continuant de là son mouvement sur Smolensk, à marches forcées, il arriva le 29 juillet à Mstislaw, hors de la portée de Davoust, qui était demeuré à Mohilew ; par conséquent rien ne s'opposait plus à la jonction des deux armées russes.

Immédiatement après le combat de Mohilew, Bagration ayant expédié un de ses aides de camp à Barclai, pour l'informer de cet événement et de la marche qu'il allait suivre, la nouvelle en était parvenue au camp de la première armée devant Witepsk, la nuit du 27 au 28. Barclai, ainsi que l'avait conjecturé Napoléon, s'était réellement proposé de l'attendre derrière la Lutchissa; mais il ne se hasardait à livrer une bataille dont l'issue lui paraissait si douteuse, que pour ne pas renoncer entièrement à l'espoir de se réunir à la deuxième armée russe, qu'il croyait en marche pour venir à lui par la route d'Orcha. La dépêche de Bagration le détermina aussitôt à courir au devant de ce général; et il profita de la nuit, ainsi que nous l'avons vu au chapitre précédent, pour opérer sa retraite en trois colonnes sur Porieczié, afin de se rabattre ensuite sur Smolensk.

Ce mouvement, exécuté avec une grande rapidité, le sauva d'une perte certaine, et la résolution que prit l'Empereur de suspendre à Vitepsk la marche de l'armée française, acheva d'assurer le succès du dessein de Barclai, qui réunit ses forces entières à Porieczié, le même jour où Bagration arrivait avec toutes les siennes à Mstislaw. Ils se trouvaient alors à quinze lieues environ de Smolensk, l'un au Nord, et l'autre au Sud de cette ville, où

Platoff était déjà parvenu, et qu'occupait le général Wittzingerode avec quatorze bataillons et huit escadrons. La communication des deux armées russes se trouva donc établie dès le 29 juillet; et le 3 août leur jonction fut consommée sous les murs de Smolensk.

CHAPITRE IX.

Opérations des deux ailes de l'armée française pendant la marche du corps central de Wilna sur Witepsk. — Force et emplacement des troupes à l'époque du séjour de Napoléon à Witepsk.

Juillet et Août 1812.

A L'OUVERTURE de la campagne, Napoléon avait lieu de croire qu'en refoulant le centre des armées russes dans l'intérieur de l'empire, il forcerait les ailes à suivre ce mouvement de retraite. A l'égard de celle que commandait Tormasoff en Volhynie, il fondait cet espoir sur la faiblesse présumée de ce corps que, d'après des rapports inexacts, on supposait composé seulement de vingt mille combattans. D'ailleurs, bien loin de craindre que la Porte-

Ottomane ne ratifiât le traité désavantageux de Bucharest, l'Empereur avait reçu des nouvelles d'une nature rassurante, et d'après lesquelles il ne doutait pas que les Turcs ne rentrassent bientôt en campagne. Ces renseignemens étaient tous trompeurs ; Tormasoff commandait une armée de plus de quarante mille hommes, que devait bientôt porter au double sa réunion à celle de Moldavie, devenue disponible par la paix avec la Turquie.

Avant d'être informé de ces circonstances, Napoléon, jugeant que les Saxons commandés par Reynier suffiraient pour observer les Russes en Volhynie, avait donné l'ordre à ce corps, déjà parvenu à Neswige, sous les ordres du roi de Westphalie, de rétrograder jusqu'à Slonim ; Reynier devait remplacer dans cette ville le prince de Schwartzemberg, auquel l'Empereur commanda d'aller se joindre par Minsk au maréchal Davoust avec ses trente mille Autrichiens. En conséquence, arrivé à Slonim le 19 juillet, le général français poursuivit sa marche vers le Sud, envoyant devant lui deux brigades chargées de relever les postes autrichiens dans les villes de Briesck-Litowski, de Kobrin et de Pinsk, sur la ligne de la Pina et la Muschawest, rivières qui marquent de ce côté les limites de la Volhynie.

Tormasoff, instruit de la retraite des Autrichiens, prit alors l'offensive; et menaçant sur plusieurs points à la fois le front des Saxons, qui n'opposaient nulle part assez de résistance pour l'arrêter, il les fit repousser, par une partie de ses troupes, de Pinsk et de Briesck-Litowski, en même temps que lui-même, à la tête de trente mille hommes, attaquait sous les murs de Kobrin la brigade du général Klingel, qui n'en avait que trois mille. Malgré cette grande infériorité de nombre, les Saxons firent une belle défense; pressés de toutes parts, forcés de se mettre à l'abri derrière les murs d'un couvent, ils y opposèrent pendant neuf heures consécutives une résistance opiniâtre aux efforts des Russes; mais, après avoir perdu plus du tiers de son monde, le général Klingel se vit contraint de mettre bas les armes, et se rendit avec près de deux mille hommes, livrant aux Russes quatre drapeaux et huit canons.

A la nouvelle de cet échec, Reynier, qui se trouvait alors à Chomsk à dix lieues en arrière, adressa des messages réitérés à Schwartzemberg en l'appelant à son secours, et rétrograda sans délai sur Slonim, afin de se rallier aux Autrichiens, avec les restes de son corps trop affaibli pour tenir seul la campagne. Schwartzemberg, qui, prévenu depuis quelque temps de la force réelle et de l'attitude menaçante de Tormasoff, en avait donné l'avis à Napoléon, venait précisément de recevoir du quartier impérial l'ordre de prendre le commandement de toute la droite de l'armée, et de demeurer dans le gouvernement de Grodno, afin d'y surveiller les Russes en Volhynie.

Mais déjà Tormasoff, ayant dépassé les limites de cette province à Kobrin, se trouvait à Prujany, d'où, marchant sur Wolkovisk, il se plaça entre les Autrichiens et la Vistule, coupant leurs communications avec le grand-duché de Varsovie, dont il menaçait la capitale. Schwartzemberg courut à lui de Slonim par la route de Kosow, au Sud, tandis que Reynier se dirigeait à grands pas à l'Ouest pour couper aux Russes le chemin de Wolkowisk. Ce double mouvement força les ennemis à rétrograder sur Prujany; et Tormazoff, continuant de là son mouvement de retraite, alla prendre en arrière de cette ville, sur la route de Kobrin, une position très-avantageuse, qu'avec un peu d'art il aurait pu rendre inexpugnable.

L'armée austro-saxonne arriva le 11 août devant le camp des Russes, qu'elle investit aussitôt; et Schwartzemberg convoqua un conseil de guerre, afin de concerter un plan d'attaque. Reynier, auquel une première reconnaissance avait d'abord révélé les fautes commises par Tormasoff et les côtés vulnérables de la défense, proposa un projet qui fut unanimement adopté. Tous les militaires et les ennemis eux-mêmes ont rendu justice au mérite de la conception du général français, dont le résultat devait être de forcer Tormasoff dans ses retranchemens, où son armée entière ne pouvait plus éviter une destruction totale, qu'en se rendant à discrétion; mais plusieurs fautes dans l'exécution en rendirent le succès moins complet.

Premièrement, une diversion projetée sur les derrières de l'ennemi, au lieu d'être préparée à la faveur de l'obscurité, ne fut commencée qu'au grand jour, et Tormasoff, découvrant sans peine les desseins de l'agresseur, put manœuvrer de manière à les faire avorter; en second lieu, Reynier, après avoir obtenu de grands avantages vers la fin de la journée, fut dans l'impossibilité de les poursuivre, faute d'avoir assez d'infanterie, tandis que Schwartzemberg en occupait inutilement une quantité beaucoup trop considérable pour la sûreté des positions qu'il gardait.

Aussi le combat dura-t-il tout le jour avec des succès divers; il fut très-acharné et coûta de part et d'autre de grandes pertes; toutefois, à l'approche de la nuit, une double attaque, faite simultanément par les Autrichiens et les Saxons, eut pour résultat d'emporter un plateau que les Russes défendaient en désespérés; forcés de fuir, ils se voyaient menacés d'être rejetés sur un marais profond et sans espoir de retraite, lorsque l'obscurité, qui mit un terme à cette lutte sanglante, permit à Tormasoff d'échapper au danger en abandonnant à la hâte le champ de bataille.

Poursuivis le lendemain sur la route de Kobrin, les Russes passèrent la Muchawest devant cette ville, mais sans avoir le temps de détruire le pont derrière eux. L'armée austro-saxonne continua de les suivre l'épée dans les reins sur la route de Kowel, avec tant d'ardeur, que leur retraite devint bientôt une fuite rapide, dans le désordre de laquelle ils furent obligés d'abandonner à Ratno leurs équipages et une partie de leur artillerie. Quelques jours après, les Russes étaient retirés derrière le Styr, où ils ne tardèrent pas à être informés de l'approche de l'amiral Tchitchakoff qui s'avançait des rives du Danube, à la tête de l'armée de Moldavie pour se joindre à celle de réserve. A la réception de cette importante nouvelle, Schwartzemberg, arrivé à Turisk, sur la route de Kowel à Wladimir, s'arrêta et prit position entre ces deux villes.

Le mouvement offensif de Tormasoff, quand il s'était avancé de Kobrin sur Wolkowisk par Prujany, avait excité dans Varsovie les plus vives inquiétudes, et l'effroi s'était propagé en peu de jours à une grande distance. Le général Loison, gouverneur de Kœnigsberg, croyant d'après de nombreux rapports que les Russes, déjà maîtres de Bialystock, marchaient sur Varsovie, partit des bords de la Baltique avec dix mille hommes et s'avança jusqu'à Rustembourg. Là, instruit de la retraite de Tormasoff en Volhynie, il retourna sur ses pas. Mais à cette époque, l'Empereur, afin de pourvoir à la sûreté de ces provinces, faisait rapprocher du Niémen le neuvième corps, commandé par le maréchal Victor, duc de Bellune, qui occupait avec trente-trois mille hommes la ligne de la Vistule. En même temps, le maréchal Augereau, qui achevait à Berlin l'organisation du 11e. corps dont faisait partie la division Loison à Kœnigsberg, reçut l'ordre de disposer ses troupes sur la ligne de l'Oder, et de diriger immédiatement sur la Vistule une seconde division commandée par le général Durutte.

Telle était la situation des affaires à l'aile droite, où commençait à se faire sentir l'influence désastreuse de la paix de Bucharest; et pourtant il était tellement difficile d'admettre qu'elle serait ratifiée par la Porte-Ottomane, que l'on ne peut adresser à Napoléon le reproche de n'avoir pas fait entrer dans ses calculs la probabilité de cet événement. Le sultan reconnut plus tard l'énorme faute dans laquelle il fut entraîné par la perfidie du grand visir; il fit décapiter ce ministre infidèle, ainsi que les princes Moruzzi, agens, comme lui, de cette intrigue anglaise; mais le mal accompli n'en eut pas moins ses funestes conséquences, aussi fatales à la Turquie elle-même qu'à l'armée française.

Ce qui se passait alors à la gauche de l'Empereur n'offrait pas un aspect plus satisfaisant; Macdonald, parti de Tilsitt en même temps que Napoléon de Wilna, et arrivé en peu de jours à Rossiena, avait continué son mouvement en Courlande, dans la direction de Riga. Trois divisions le précédaient, marchant, l'une au centre sur Swaglia, la seconde à sa gauche sur Tetz, la troisième en descendant le cours de l'Aa sur Poniewige; elles étaient chargées de s'emparer de ces villes avant que les Russes surpris n'eussent eu le temps de détruire leurs magasins en fuyant. Les deux premiers détachemens, commandés par des généraux prussiens, manquèrent leur expédition; depuis, les écrivains de cette nation ont déclaré que leurs compatriotes ne se portèrent en avant qu'avec une lenteur calculée de manière à faire avorter le projet du maréchal; et ils leur ont fait un mérite de cette perfidie.

Quant à la troisième division, composée aussi, en grande partie, de Prussiens, mais commandée par le général français Ricard, son entreprise réussit à souhait; elle s'empara d'un magasin de trente mille quintaux de farine à Poniewige, où elle fit en outre cent soixante prisonniers.

De ce point, le général Ricard, continuant à suivre le cours de l'Aa jusqu'à Bauske, y traversa cette rivière et se porta vers sa droite sur la Dwina. Le maréchal Macdonald s'était avancé de ce côté avec la division française de son corps d'armée. Ricard le rejoignit à Jacobstadt.

Pendant ce mouvement, les Prussiens s'étaient rapprochés de Riga. Le gouverneur de cette ville en fit aussitôt brûler les superbes faubourgs; et, pour défendre les approches de la place, il détacha une partie de sa garnison en avant jusqu'à Dalenkirchen, et à sa droite à Schlook; mais, après quelques affaires insignifiantes, il fut contraint de se renfermer dans les murs de Riga où les Prussiens le resserrèrent, occupant Schlook et Bauske, ainsi que Mittau, qui devint le quartier général d'Yorck. Des deux parts on demeura quelques semaines dans cette situation respective.

Le maréchal Macdonald s'établit à Jacobstadt, et détacha le général Ricard sur Dunabourg, pour reconnaître cette place, aux fortifications de laquelle les Russes travaillaient depuis deux ans; elle semblait devoir arrêter long-temps le 10⁰. corps; et Napoléon, jugeant que la ville ne pouvait être emportée qu'après de grands efforts, avait donné l'ordre de tirer de l'arsenal de Magdebourg un équipage complet de siége, composé de plus de cent bouches à feu, et qui déjà venait d'arriver à l'embouchure du Niémen; aussi le général Ricard éprouva-t-il la plus vive surprise, lorsqu'en approchant de cette forteresse il apprit que l'ennemi venait de l'abandonner; les Français l'occupèrent donc sans résistance, et y trouvèrent une nombreuse artillerie, ainsi qu'un immense approvisionnement de munitions.

Macdonald porta son quartier général à Dunabourg le 2 août, et fit travailler sur-le-champ à en raser les fortifications; cette ville occupée, les Français se trouvaient maîtres de tout le cours de la Dwina, depuis Witepsk jusqu'aux environs de Riga, sur une ligne de plus de quatre-vingts lieues, et le 10e. corps entra en communication avec le 2e. commandé par Oudinot, que l'Empereur avait détaché de Disna contre le corps de Wittgenstein.

Ce général russe, chargé par Barclaï de couvrir la route de Saint-Pétersbourg, s'était placé aux environs de Drouina, et s'y trouvait encore au moment où Macdonald, à sa gauche, s'emparait de Jacobstadt, en même temps que

Oudinot, à sa gauche, marchait sur Polotzk, où il arriva vers les derniers jours de juillet. Ces manœuvres isolées parurent à Wittgenstein l'effet d'une combinaison des deux maréchaux, dont le projet lui semblait être de se porter à la fois, par des routes opposées, à Lintzin, où ils le couperaient de Saint-Pétersbourg, et le rejetteraient sur la Dwina, dont le général Gouvion-Saint-Cyr, resté à Ouchatz, pouvait défendre les passages avec le 6e. corps; c'est alors que, vivement alarmé, le général russe avait rappelé à lui la garnison de Dunabourg, afin de renforcer son corps d'armée, qui s'éleva, par cette réunion, à plus de trente mille combattans; rétrogradant alors par la route qui, de Drouina, mène à Sebèje, il s'arrêta, le 29 juillet, à peu près à moitié chemin, au lieu nommé Osweia.

Là, informé que le maréchal Oudinot, parti la veille de Polotzk, marchait aussi sur Sebèje, Wittgenstein tint conseil avec les généraux sous ses ordres; et, d'après un avis unanime, on résolut de se porter au devant du 2e. corps et de l'attaquer avant que sa réunion avec le 10e. ne mît à la fois en péril, et l'armée russe, et la capitale, dont les chemins resteraient ouverts aux deux maréchaux après la jonction de leurs forces. Cette détermination prise, les Russes, tournant immédiatement au Sud-Est, vinrent concentrer toutes leurs forces le soir même à Pesaki, distant de quatre lieues d'Osweia; et, le lendemain 30, ils se dirigèrent droit à l'Est, par Jakubowo, sur la petite rivière de Nidiska, qu'ils se proposaient de franchir devant Kliastika, village que traverse la route de Polotzk à Sebèje, et où Wittgenstein espérait barrer le passage à Oudinot.

Tandis que les Russes s'avançaient vers la rive droite de la rivière, en suivant une ligne perpendiculaire à son cours, Oudinot, la remontant par la rive gauche, venait d'arriver au village de Kliastiska le matin du 30 juillet; le maréchal ignorait encore la position de Wittgenstein, et marchait avec précaution : ayant traversé à gué, au point du jour, la Drissa près du village de Siwoszina, il y avait laissé la division Merle, forte de dix mille hommes, afin de garder ce passage; la division du général Verdier et les cuirassiers de Doumerc étaient également restés en arrière. Une moitié tout au plus du corps d'armée se trouvait donc auprès du maréchal lorsqu'il reçut l'avis de l'approche de l'ennemi sur sa gauche; suspendant alors sa marche, il détacha aussitôt de ce côté le général Legrand avec trois régimens.

A quatre heures du soir, les Français, ayant dépassé le village de Jakubowo, rencontrèrent la tête de colonne d'une division russe commandée par le général Koulnief; l'engagement commença sur-le-champ. Wittgenstein et Oudinot, accourus au bruit de la canonnade, firent de part et d'autre soutenir leur avant-garde : mais les Russes avaient le double avantage du nombre et de la position; car les Français étaient engagés dans un défilé qui ne leur permettait ni de se déployer entièrement, ni de faire usage de toute leur artillerie; en sorte que les ennemis, plus libres de leurs mouvemens, purent mettre en batterie cinquante pièces de canon contre douze seulement que leur opposa le maréchal. Toutefois il soutint, sans plier, ce premier combat jusqu'à dix heures du soir, et se maintint dans la position de Jakubowo.

Résolu d'emporter à tout prix le village et le château dans lequel les Français s'étaient fortifiés durant la nuit, Wittgenstein recommença l'attaque dès que le jour reparut. Malgré le courage qu'ils déployèrent, les ennemis n'avaient encore réussi, vers deux heures de l'après-midi, qu'à repousser nos troupes jusque sur le château, où elles se défendirent avec vigueur; le maréchal, prenant alors l'offensive, renversa deux fois la première ligne des Russes sur leur réserve. Cet échec, loin de les décourager, sembla les animer d'une nouvelle ardeur. Wittgenstein, rassemblant toutes ses forces, se reporta en avant avec onze régimens, soutenus par plus de quarante bouches à feu. Ces forces se précipitèrent à la fois sur le centre des Français qui soutinrent ce choc terrible, non-seulement sans en être ébranlés, mais avec tant de résolution et de fermeté, que l'ennemi, déconcerté par cette résistance inattendue, éprouva un moment d'hésitation, dont Oudinot sut habilement profiter pour les contraindre à reculer encore une fois.

Néanmoins, trop inférieur en nombre et adossé à un défilé par lequel sa retraite eût été désastreuse, s'il eût fallu l'opérer précipitamment à la suite d'un échec, le maréchal jugea convenable de la commencer tandis que sa contenance imposait encore aux ennemis. L'armée se retira donc avec lenteur et en bon ordre, évacuant successivement toutes ses positions jusqu'à la Nisiska, qu'elle traversa devant

Kliatiska, un peu après le coucher du soleil; là, sous la protection de fortes batteries qui arrêtèrent la poursuite des Russes, les troupes françaises, reformées sur la grande route de Polotzk, rétrogradèrent de quatre lieues sans éprouver aucune perte; il était nuit lorsqu'elles arrivèrent à Siwoszina, au gué de la Drissa, où elles se rallièrent à la division Merle.

Oudinot repassa immédiatement la rivière et alla prendre position avec toute son armée devant le village de Obocarzina; ayant ainsi, à tout événement, une retraite assurée sur Polozk, à quatre lieues derrière lui, il attendit l'ennemi de pied ferme.

Pendant la nuit du 31 juillet au 1er. août, l'avant-garde russe, toujours commandée par Koulnief, arriva devant la Drissa, la trouva sans défense et la traversa sur-le-champ à gué, persuadé que les Français, en pleine retraite, couraient se jeter dans Polotzk. Koulnief, croyant se précipiter sur leur arrière-garde en désordre, vint donner tête baissée, avec deux divisions, au milieu de l'armée française rangée en bataille. Le jour commençait à paraître: Oudinot fit charger vivement les Russes; surpris, ils firent cependant une belle défense;

mais, accablés par le nombre, culbutés et rejetés en désordre sur la rive droite de la Drissa, ils laissèrent sur le champ de bataille plus de mille morts, et abandonnèrent au vainqueur quatorze canons et treize caissons. Le général Koulnief fut tué dans ce combat, qui coûta de plus à l'ennemi deux mille prisonniers.

Averti de la déroute de son avant-garde, Wittgenstein s'avança bientôt avec le gros de son armée pour recueillir les débris de ce corps que Verdier poursuivait, à la tête de sa division, par-delà la Drissa : n'écoutant que son ardeur et imitant à cet égard la faute de Koulnief, le général français faillit subir le même sort; il ne tarda pas en effet à se trouver à son tour en présence de forces supérieures qui le rejetèrent de l'autre côté de la rivière, non sans avoir éprouvé de grandes pertes.

A la suite de ces trois jours de combat, Oudinot rentra dans Polotzk, qu'il acheva de mettre en état de défense. Wittgenstein, dangereusement blessé à la tête dans le dernier engagement, ne crut pas pouvoir l'y attaquer avec succès; d'ailleurs, toujours préoccupé de l'idée que Macdonald manœuvrait de son côté pour le couper de Pétersbourg, il se hâta de rétrograder aussi, et alla reprendre sa position d'Osweia, sur la route de Sebèje à Druia.

L'Empereur, ayant reçu à Witepsk le rapport de ces événemens, ordonna au général Gouvion-Saint-Cyr de se porter d'Ouchatz à Polotzk, afin de renforcer le corps du maréchal Oudinot. Cette manœuvre opérée, le mouvement des armées françaises se trouva suspendu partout à la fois.

Davoust, après le combat de Mohilew, avait remonté le cours du Dniéper jusqu'à Orcha, d'où, traversant ce fleuve, il s'était avancé à dix lieues au delà de cette ville, sur la rive gauche, jusqu'à Dombrowna. Les trois divisions dont il avait été séparé depuis Wilna venaient de l'y rejoindre; le 1er. corps se trouvait ainsi réuni tout entier sous les ordres de ce maréchal.

Le 2e. corps, à la même époque, occupait, comme on vient de le voir, la ville de Polotzk; le maréchal Ney, avec le 3e., les environs de Liosna sur la route de Witepsk à Smolensk; et le vice-roi d'Italie, 4e. corps, ceux de Suraje, de Velitchie, et de Janowiczi, au Nord-Est et à l'Est de Witepsk.

Poniatowski, à la tête des Polonais formant le 5e. corps, avait remplacé Davoust à Mohilew.

Le 6e., les Bavarois sous les ordres de Gouvion-Saint-Cyr, venaient de se joindre à Oudinot à Polotzk.

Le 7e., réuni aux Autrichiens et sous les ordres de Schwartzemberg, observait Tormasoff, à Wladimir en Volhynie.

Junot, avec les Westphaliens, à Orcha sur le Dniéper, remplaçait le roi Jérôme à la tête du 8e. corps.

Le 9e., commandé par le maréchal Victor, couvrait la ligne de la Vistule.

Le 10e., commandé par Macdonald, celle de la Dwina, depuis Dunabourg jusqu'à Riga;

Et le 11e., formant la réserve, était réparti dans les places de l'Oder, sous les ordres du maréchal Augereau, qui avait son quartier général à Stettin

Placé en avant-garde au delà du corps de Ney, sur le chemin de Smolensk, le roi de Naples campait avec la cavalerie de réserve à Roudnia, ayant des postes avancés à Inkowo.

Enfin, Napoléon, entouré de la garde impériale, à Vitepsk, surveillait toutes les parties de cette immense armée, dont le front se développait sur une ligne de trois cents lieues. Suivant partout à la fois les mouvemens de l'ennemi, il traçait d'avance, d'après leurs manœuvres, le plan de celles qu'il s'apprêtait à opérer. Constamment appliqué, il mettait à profit chaque instant des jours de repos qu'il accordait à ses troupes; à cheval avant le lever du soleil, on le voyait passer des revues, visiter les hôpitaux, où sa présence consolait et ranimait les guerriers malades ou blessés; rentré dans son cabinet, il dictait des ordres pour tous les chefs de corps, et descendait aux moindres détails de l'administration militaire, en même temps qu'il dirigeait, de son camp, le gouvernement de l'Empire. Le duc de Bassano, resté à Wilna, lui transmettait, plusieurs fois chaque semaine, le portefeuille des ministres, que des auditeurs au conseil d'État lui apportaient de Paris; l'Empereur ne renvoyait ce travail approuvé ou modifié, qu'après en avoir pris une connaissance approfondie. Le duc était également son intermédiaire pour les communications avec les envoyés des puissances de l'Europe, qui l'avaient suivi jusqu'à Wilna, et qui étaient demeurés dans cette ville.

Ces soins multipliés remplissaient les journées de Napoléon, et employaient aussi une partie des heures de la nuit; mais, encore dans la force de l'âge, et doué d'une constitution vigoureuse qu'aucun genre d'excès n'avait altérée, il portait légèrement le poids de tant de travaux; et son infatigable activité suffisait à tout.

LIVRE SECOND.

CHAPITRE PREMIER.

Marche de l'armée française sur Smolensk. — Prise de cette ville.

Peu de jours après leur réunion à Smolensk, Barclai et Bagration assemblèrent en conseil de guerre les principaux chefs de leurs armées, au premier rang desquels figurait le grand-duc Constantin, commandant la garde impériale russe. Le colonel Toll, quartier-maître général [1] de la première armée, ouvrit un avis où l'on put reconnaître que déjà les Russes, à l'exemple de Mithridate, tirant de leurs défaites

[1] Grade correspondant à celui de chef d'état-major général dans l'armée française.

une utile instruction, apprenaient de leurs vainqueurs l'art de les combattre avec avantage. Toll fit observer que les forces de l'Empereur, disséminées depuis Welitchie, au Nord, jusqu'à Mohilew, au Sud, présentaient un front de quarante-cinq lieues d'étendue, ayant leur centre à Roudnia, à dix lieues au plus de Smolensk, où les Russes se trouvaient réunis au nombre de cent-vingt mille combattans; ainsi, tandis que les Français ne pouvaient se concentrer sur un point quelconque de leur ligne sans employer au moins trois ou quatre jours, il ne fallait aux Russes qu'une journée et demie de marche pour jeter la masse entière de leurs forces au centre de celle des Français, les séparer, et agir ensuite avec tous les avantages de la concentration et de l'ensemble, contre les parties isolées de cette armée coupée en deux.

Hautement appuyé par le grand-duc Constantin, le projet du colonel Toll fut adopté à l'unanimité dans le conseil, et tout se disposa pour l'exécution. Barclai, général en chef, partagea la totalité de ses troupes en trois grandes divisions; la première armée, de soixante-dix-sept mille hommes, sous ses ordres immédiats, forma les colonnes de centre et de droite qui se portèrent, le 7 août, par la grande route de Witepsk, l'une à Prika-Widra, l'autre, plus au Nord, à Kasplia; la colonne de gauche, composée du corps de Bagration, forte de trente-cinq mille hommes, descendit le cours du Dniéper, le même jour, jusqu'à la petite ville de Katana : le général Neweroskoï, avec six mille fantassins et douze cents chevaux, flanquait le corps de Bagration à l'extrême gauche, en suivant au delà du Dniéper la route de Krasnoï; il avait ordre d'observer les corps de Poniatowski et de Davoust, sur la rive gauche du fleuve.

Disposées de cette manière, les trois principales colonnes russes devaient se réunir le 8 août en avant de Roudnia, formant alors une masse compacte de cent quatorze mille combattans; les Cosaques de Platoff, chargés de culbuter à Inkowo l'avant-garde de Murat, commandée par Sébastiani, arrivèrent, pendant la nuit du 7 au 8, près du petit village de Melowo-Betolo. Les Russes se trouvaient alors placés sur les véritables limites de leur empire; ayant abandonné à l'armée d'invasion la totalité du territoire de l'ancienne Pologne, dont la population, animée contre eux d'une haine toujours vivante au fond des cœurs, s'était montrée disposée à favoriser la conquête; il leur restait désormais à défendre leurs propres foyers.

En effet, les Français venaient de suspendre un moment leur marche à l'entrée du plateau le plus élevé de cette partie de l'Europe septentrionale, dont les montagnes et les forêts recèlent les sources des plus grands fleuves de la Russie. Là, le Dniéper et la Dwina, cessant de couler sur des lignes parallèles à vingt lieues l'un de l'autre, se détournent brusquement, le premier au Sud, à partir d'Orcha, la seconde vers le Nord, depuis Witepsk; et, en se séparant, semblent ouvrir les portes de la Moskovie. La marche rétrograde des Russes pendant près de cent lieues, depuis les bords du Niémen, les avait rapprochés de leurs ressources, et la vive excitation donnée derrière eux à la masse populaire par les prêtres et les nobles, à la voix du souverain, commençait à porter des fruits: les recrues abondaient dans les dépôts de réserve; des corps se formaient à la hâte; on épuisait à dessein, de subsistances et de moyens de transport, les contrées où la guerre pouvait se porter en avant de Moskou; et l'on rassemblait au loin de grands approvisionnemens hors de la portée des Français.

En attendant, le fanatisme et la superstition, s'exaltant de plus en plus à l'approche du danger, agitaient les esprits, et remplissaient les cœurs de haine et d'ardeur de vengeance ; tout se préparait enfin pour la lutte acharnée d'une nation contre une armée. C'était une autre Espagne que les Français allaient trouver devant eux ; mais celle des Pyrénées abondait en vignes, en oliviers, en froment ; de nombreux troupeaux s'y rencontraient partout ; elle offrait de toutes parts de grandes villes et de riches villages sous un ciel constamment serein ; bien plus, les Français pouvaient compter sur un parti dans la Péninsule, où le despotisme royal et monacal avait des ennemis disposés à nous accueillir ; et la religion catholique, commune aux deux peuples, était, en dépit des moines, un moyen de rapprochement et de conciliation, autant que le langage et les mœurs, qui, malgré leurs différences sous beaucoup de rapports, avaient pourtant une grande analogie.

La Russie, au contraire, pauvre et presque dénuée de vivres et d'abris sur le théâtre actuel de la guerre, se défendait contre l'invasion par ses déserts affreux, ses bois impénétrables, des marécages insalubres, un climat rigoureux, offensif; et la fureur sacrée d'un peuple abusé sur les intentions des agresseurs, s'apprêtait, au nom de la religion, à effacer devant eux jusqu'à la dernière trace d'une civilisation imparfaite, dans l'espoir d'arrêter leurs pas. Enfin, une armée nombreuse, irritée de ses pertes, et qui d'ailleurs, pleine de courage, avait toujours opposé la résistance la plus opiniâtre à la valeur française, accourait, soutenue par la nation entière, se placer comme sur le seuil de l'empire pour en repousser l'ennemi.

A toutes ces chances de succès dans une guerre défensive, il faut ajouter, en faveur des Russes, la diminution de l'armée française, et l'affaiblissement progressif qu'elle ne pourrait manquer d'éprouver à mesure qu'elle pénétrerait davantage au cœur de la Russie; en même temps que croîtrait pour elle la difficulté de se renforcer.

Aussitôt qu'arrivé à Witepsk, Napoléon eut arrêté autour de lui le mouvement des troupes, son premier soin fut de demander à tous les chefs des corps d'armée un recensement exact de leurs forces; les feuilles d'appel du 3 août offrirent le résultat suivant :

Garde impériale.	24,600
A l'aile gauche, Eugène avec les Italiens, *quatrième corps*.	30,445
Au centre, Ney, *troisième corps*. . . .	22,282
A droite, Davoust, *premier corps*. . .	60,171
———— Junot, *huitième corps*. . . .	14,000
Extrême droite, Poniatowski, *cinquième corps*.	22,738
Avant-garde, Murat, *cavalerie de réserve*.	19,472
[1] Total. . . .	193,708

Il s'en fallait pourtant de beaucoup que cette armée de cent quatre-vingt-treize mille com-

---

[1] Si l'on rapproche le résultat de ce tableau de celui qui porte à cinq cent dix-neuf mille hommes le total de l'armée d'invasion à l'époque de l'ouverture de la campagne, il faut observer 1°. que l'auteur, en se conformant au chiffre des relations antérieurement publiées et répétées partout, a eu le soin de faire observer que ces états présentaient évidemment un effectif exagéré; 2°. qu'il manque ici le dénombrement des 2e., 6e., 7e., 8e., 9e., 10e. et 13e. corps, employés sur d'autres points; et que le 11e. n'était pas encore entré en Russie.

battans répondit à l'idée de force que l'on s'en pourrait former, en la considérant seulement sous le rapport du nombre. Les efforts de Napoléon avaient été vains pour compléter l'organisation du service des subsistances dans ce pays dévasté; et le défaut de transports ne permettait pas d'y faire arriver les immenses approvisionnemens amassés sur les lignes de la Vistule et du Niémen, desquels une partie seulement était parvenue jusqu'à Wilna. Les règlemens de l'Empereur prescrivaient à la vérité d'établir, pour chaque corps d'armée, un grand magasin central, où devaient puiser d'autres magasins principaux par division, destinés à répandre à leur tour l'abondance dans les régimens; les corps avaient en outre reçu l'ordre de réunir des parcs de bestiaux et de les faire suivre : mais tous ces projets, si bien conçus, ne purent être exécutés. Les vivres manquèrent bientôt dans les lieux où l'armée fut cantonnée; il fallait aller les chercher au loin avec de forts détachemens, qui trouvaient partout des Cosaques en nombre supérieur, ou fuyant devant eux après avoir détruit ce qu'ils ne pouvaient enlever.

Cette petite guerre emporta beaucoup de

monde, et presque tous les hommes que le besoin poussait à marauder isolément, étaient massacrés par les paysans. La privation du pain, surtout du vin et de toute autre liqueur fermentée, l'usage immodéré de la viande, de la farine de seigle et d'une eau marécageuse, causèrent des dysenteries et des fièvres; les malades encombraient les hôpitaux, où se faisait sentir plus cruellement encore la pénurie qui résultait du défaut des transports; les médicamens, les cordiaux, le linge, les officiers de santé eux-mêmes étaient restés en arrière; trop de choses manquaient à la fois; et les maux de tant d'infortunés, s'augmentant encore par leur rapprochement, prenaient un caractère épidémique : presque tous périssaient.

Les ennemis, instruits de ces résultats inévitables de la position de l'Empereur, fondaient d'autant plus d'espoir sur l'effet de leur système de dévastation, que la récolte de l'année précédente avait été mauvaise, et que la nouvelle n'était pas encore mûre. Toutes ces circonstances paraissaient donc favorables aux desseins de Barclai, alors qu'il s'avançait, de Witepsk, sur le centre des Français; mais, en se livrant à l'espoir de les surprendre, il oubliait, dans ses combinaisons, de tenir compte des ressources inépuisables du génie de leur chef.

Toutefois, arrivé le 7 août au soir à Prika-Widra, soit que de faux rapports l'eussent induit en erreur, ou qu'au moment de s'attaquer à un si puissant adversaire, le sentiment de son incapacité eût égaré son jugement, le général russe changea tout à coup de projet : se persuadant que les principales forces de Napoléon se trouvaient entre Witepsk et Porieczié, il se retira brusquement, le matin du 8, avant le jour, de Prika-Widra, et alla prendre position au village de Stabna, sur la grande route de de Porieczié à Smolensk.

Dans la rapidité de ce mouvement rétrograde de quatre lieues, et quoiqu'il eût songé à rappeler à lui Bagration, dont le corps formait son aile gauche à Katana, Barclai oublia complètement de contremander la marche de sa propre avant-garde. En sorte que Platoff, ayant reçu, le 7 au soir, l'ordre d'attaquer la cavalerie française, s'élança le 8, au point du jour, à la tête de ses Cosaques sur la division Sébastiani, à Inkowo. Les Français, surpris, soutinrent d'abord le choc, sans trop de désavantage; mais bientôt Palhen, ignorant aussi-bien que Platoff la contre-marche de Barclaï, vint appuyer avec sa cavalerie régulière le mouvement des Cosaques; Sébastiani, pliant alors sous le poids de forces trop supérieures, se retira sur Roudnia, laissant au pouvoir des Russes quelques canons et cinq cents prisonniers, outre une compagnie d'infanterie légère enlevée au commencement de l'action. Pahlen et Platoff, s'apercevant enfin qu'ils n'étaient pas soutenus, rétrogradèrent de leur côté.

Cependant, à peine retourné à Stabna, Barclaï, d'après une foule d'avis contradictoires auxquels il accorda successivement la même confiance, se porta tour à tour au Nord et au Sud, vers Porieczié et vers Smolensk; puis de la route de Porieczié à celle de Roudnia; il fit ainsi manœuvrer tous ses corps d'armée dans les sens les plus opposés, sur un espace de huit à dix lieues, jusqu'à ce qu'enfin, revenu à sa première idée et faisant de nouveau front à l'armée française, qu'il croyait encore à Witepsk, il s'arrêta, le 14 août, derrière le lac de Kasplia, étendant sa ligne, de Wolokowaia, sur le chemin de Smolensk, à Roudnia. A la vue de ces mouvemens sans but, et dont l'extravagance révélait le trouble d'un vieillard agité par la crainte, Bagration, qui était venu le remplacer à Prika-Widra dès le 9, crut devoir cesser de prendre les ordres d'un étranger dont il ne considérait ni la personne ni les talens; il rétrograda sur Smolensk avec tout son corps d'armée.

Tandis que la discorde éclatait ainsi entre les généraux ennemis, et que Barclai consumait ses forces en manœuvres inutiles, Napoléon exécutait ce que les Russes eux-mêmes ont appelé *le plus beau mouvement qu'il ait fait de toute la campagne.* Averti, par le combat d'Inkowo, que les ennemis venaient à lui pour l'attaquer à Witepsk, et s'étendaient à leur droite, il résolut de porter rapidement toutes ses forces à leur gauche sur la grande route de Smolensk au delà du Dniéper; puis, de marcher droit à cette ville, de l'enlever, d'y repasser le fleuve, et de courir ensuite sur les armées russes prises à dos. L'effet de cette combinaison devait être de les pousser au Nord vers Weliki-Louki et Torapetz; ainsi coupées des provinces méridionales de l'empire et placées entre les cent-quatre-vingt mille hommes de Napoléon, d'un côté, et les corps du maréchal Oudinot, de Saint-Cyr et de Macdonald, de l'autre côté, elles eussent été forcées de livrer bataille, afin de défendre Pétersbourg. Une bataille était en effet l'objet des vœux les plus ardens de l'Empereur; et si, pour couvrir Moskou, Barclai et Bagration accouraient au contraire au devant de lui par Smolensk, ce but si désiré n'en eût été que plus tôt rempli.

Tous les corps de l'armée française, ayant reçu l'ordre de se charger de vivres pour quinze jours, commencèrent à s'ébranler le 10 août, et tandis que, de l'extrême gauche au delà de Suraje, les troupes se dirigeaient à grandes marches sur le Dniéper, vers Rassasna et Koumino, où des ponts avaient été construits, Davoust, à la droite au delà du fleuve, marchait de Dombrowna sur Krasnoï, par Liadi; Junot le suivait avec les Westphaliens en partant d'Orcha, et Poniatowski flanquait ces deux corps à l'extrême droite, en s'avançant de Mohilew à Romanovo à la tête des Polonais.

Parti de Witepsk le 13 août, Napoléon arriva le jour suivant à Rassasna, où la garde était déjà réunie; le soir du 14, l'armée entière avait passé le Dniéper. Le corps du maréchal Ney marchait le premier; le 15, une de ses divisions rencontra près de Krasnoï l'avant-garde de Newerofkoï que Bagration avait détaché de ce côté avec sept mille hommes; les Russes, rejetés dans la ville, essayèrent de se reformer au delà; mais, à l'aspect des forces imposantes qui s'avançaient prêtes à les envelopper, ils battirent en retraite.

Le roi de Naples, courant à leur poursuite avec la cavalerie de réserve, chargea impétueusement les douze cents chevaux de Newerofkoï, qui prirent la fuite en désordre; mais alors le général russe forma son infanterie en un carré plein, qui, résistant par sa masse à tous les efforts de Murat pour l'écraser, continua de se retirer lentement par la route de Smolensk. A la nuit tombante, les Russes, ayant dépassé le village de Korytnia, n'étaient plus qu'à cinq lieues de la ville; Murat cessa de les poursuivre. Cette retraite, qui fait honneur à Newerofkoï, lui coûta de grandes pertes : il laissa derrière lui douze cents morts, huit cents prisonniers; presque tous ses canons, et leurs caissons remplis de munitions, tombèrent au pouvoir des Français. Le roi de Naples fit aussitôt charger les pièces et tirer aux dépens des Russes cent un coups en l'honneur de Napoléon, dont la fête se célébrait ce jour-là même dans toute la

France ; cette salve instruisit l'Empereur de l'avantage remporté par son avant-garde. L'armée accueillit comme un augure favorable cet hommage, offert si à propos à son glorieux chef, des trophées conquis sur l'ennemi.

Cependant Barclai, s'opiniâtrant à l'exécution de son projet d'attaque contre les Français à Witepsk, avait rappelé Bagration de Smolensk ; ce général était revenu prendre sa première position à Katana, le 14, lorsqu'informé du grand mouvement de l'armée française, il en donna sur-le-champ l'avis à Barclai; et, sans attendre les dispositions de ce chef inhabile, il rétrograda de nouveau sur Smolensk, après avoir envoyé devant lui une division forte de seize mille hommes. Le général Raefskoï, qui la commandait, partit avec l'ordre de se porter rapidement à cette ville, et de la traverser pour courir de là, sur l'autre rive du fleuve, au secours de Newerofkoï; les deux corps se rencontrèrent non loin de Smolensk, et revinrent ensemble, dans la matinée du 16, prendre position devant la place.

Quelques heures après, le corps du maréchal Ney parut le premier en vue de la forteresse, par la route de Krasnoï; les autres ne tardèrent pas à se montrer et à s'étendre devant l'enceinte qui présentait un développement de près de deux lieues, sous une forme semi-circulaire dont le point saillant regardait le Sud. Située sur le versant des hauteurs de la rive gauche du Dniéper, la ville était en partie couverte par quatre faubourgs: deux en avant au Midi, les deux autres, à l'Est et à l'Ouest, proche de la rive du fleuve, et tous quatre séparés du corps de la place par un fossé sec, au delà duquel régnaient un chemin couvert et un glacis; mais ce fossé peu profond n'était pas flanqué, et le chemin, sans communication avec l'intérieur de la ville ne, pouvait servir à la défense. A l'Ouest, en face de la route de Krasnoï, s'élevait le *bastion royal*, dont les dehors offraient l'apparence d'une forte citadelle; depuis, on n'y reconnut qu'un misérable ouvrage en terre, de forme irrégulière, destiné seulement à masquer une large brèche à la muraille, tombée de vétusté; il eût été facile de gravir ce bastion mal fait et sans solidité, c'était le côté faible de la place.

Néanmoins, cette vaste enceinte, qui semblait pouvoir contenir quatre-vingt mille habitans, quoiqu'elle n'en renfermât pas au delà de douze mille; ces trente tours rondes ou quarrées, d'inégales dimensions, qui s'élevaient au-dessus d'une muraille crénelée de vingt-cinq pieds de hauteur et garnie d'artillerie; tout cet ensemble, enfin, imposait au premier coup d'œil. Des troupes, dont on ignorait la force, occupaient les faubourgs mis en état de défense; d'autres se montraient entre les crénaux des remparts, et sur les tours. Aussi l'Empereur, jugeant la place à l'abri d'un coup de main, déploya-t-il son armée à l'entour, hors de la portée du canon : Ney, à gauche devant le bastion royal ; Davoust, ensuite, occupant le centre; puis les Polonais, avec le prince Poniatowski ; Murat, plus loin, à l'extrême droite, à la tête de la cavalerie. L'Empereur établit son quartier général derrière Davoust, au village de Iwanowskoï, autour duquel se rangea la garde.

Eugène était placé en réserve avec les Italiens, sur la route de Krasnoï; le 8e. corps, par suite d'un faux mouvement, restait en arrière, et n'arriva qu'après la prise de la ville.

C'est dans cette position que Napoléon attendit, pendant toute la journée du 16, l'effet des mouvemens de l'ennemi, qui commençait à montrer ses épaisses colonnes de l'autre côté du fleuve. Là, un cinquième faubourg, nommé la Basse-Ville, communique avec Smolensk par un pont, auquel viennent aboutir trois routes: celle de Pétersbourg, qui descend du Nord; celle de Moskou, le long du Dniéper, dont elle suit le cours à l'Est pendant une lieue et demie; enfin le chemin de Witepsk, au Nord-Ouest. Les troupes que l'on apercevait alors sur les hauteurs qui commandent la basse ville étaient celles de Bagration. Ce général, accouru sur les pas de Raefskoï, fit entrer aussitôt une division de grenadiers dans la ville, pour en assurer la défense.

Barclai s'était aussi mis en mouvement dès qu'il avait appris que les Français s'avançaient sur Smolensk par la rive gauche du Dniéper; il supposait à Napoléon le dessein de négliger l'attaque de cette ville et de se porter plus loin, à l'Est, par Ielnia, sur la grande route de Moskou, afin de le couper de cette capitale; mais, quoique cette crainte l'agitât vivement, sa marche, toujours lente et circonspecte, ne lui permit d'arriver que fort tard, dans la soirée du 16, devant le faubourg septentrional de Smolensk, et il dirigea aussitôt Bagration, avec toute la seconde armée, sur Dorogobouge, à vingt lieues à l'Est, afin de fermer aux Français ce passage du Dniéper, sur la route de Moskou. En conséquence, les corps de Raefskoï et de Newerofkoï, qui appartenaient au corps de Bagration, sortirent de la place, et furent remplacés par ceux de Doctoroff et de Konownitsin, sous les ordres de Barclaï.

Ces mouvemens, exécutés pendant la nuit du 16 au 17, échappèrent à Napoléon; mais, le lendemain au jour, l'accroissement sensible des troupes chargées de la défense des faubourgs ainsi que des remparts, la masse de celles que l'on découvrait au delà du fleuve, sur les hauteurs, enfin de nouveaux ponts de bateaux construits près du faubourg oriental, tout semblait promettre que les deux armées russes réunies se préparaient à traverser le Dniéper à Smolensk, et à venir présenter la bataille aux Français sous les murs de cette ville, réputée le boulevart de l'empire, et que Barclaï avait ordre de défendre à tout prix.

Dans cet espoir, dont il aimait à se flatter, Napoléon demeura immobile pendant la matinée du 17; tout s'était borné jusqu'alors à repousser les avant-postes ennemis dans les faubourgs au moment de l'investissement de la place; depuis ce moment, la citadelle continuait à tirer quelques coups de canon sur le troisième corps, du côté de la route de Krasnoï, et la fusillade des tirailleurs se soutenait sur tous les points en avant de la ligne; mais déjà une grande partie de la journée du 17 s'était écoulée, et rien n'annonçait que l'ennemi se disposât à prendre l'offensive. Napoléon se détermina donc à donner l'ordre de l'attaque. A deux heures après midi, Poniatowski se rapprocha du Dniéper, à l'extrême droite, devant le faubourg de Raczenka, où il établit une batterie de soixante pièces destinées à détuire les ponts de bateaux, afin d'intercepter les communications de Barclai avec la place. Bientôt la canonnade s'engagea sur toute la ligne; les quatre faubourgs, assaillis à la fois, furent emportés à cinq heures; et les troupes qui les défendaient rejetées dans le chemin couvert.

Dès que la batterie de Poniatowski avait commencé à tirer sur les ponts, Barclai s'était hâté d'en faire établir plusieurs sur l'autre rive, dont le feu supérieur força bientôt les Français à changer la position de la leur; la communication se trouvant alors assurée, quatre nouvelles divisions entrèrent dans la ville, afin de soutenir celles de Doctoroff et de Konownitsin, qui venaient de perdre beaucoup de monde à la défense des faubourgs. Leurs troupes, réfugiées dans le chemin couvert, s'y trouvèrent sans abri contre les coups de deux batteries d'enfilade, établies par le général Sorbier; foudroyées dans cet étroit passage, elles furent détruites en grande partie; le reste se retira précipitamment derrière les murailles de la place, que battaient en brèche, sur trois points différens, de nombreuses pièces du calibre de 12; en même temps que des obus lancés sur les tours et sur les remparts forçaient les ennemis d'en abandonner la défense.

La nuit, qui ne ralentit pas la vivacité de ces feux, favorisa l'approche de deux compagnies de mineurs, qui commencèrent à saper le pied de la muraille. Ces travaux, ainsi que les coups des batteries de brèches, auraient eu de prompts et d'heureux résultats contre les tours, la plupart délabrées, et dont l'épaisseur n'excédait pas trois ou quatre pieds, tandis que les remparts en avaient plus de dix-huit à leur base. Toutefois les assaillans, dont l'ardeur s'exaltait par la résistance, pouvaient, d'un moment à l'autre, découvrir les côtés faibles de la place, surtout l'ouverture que cachait la prétendue citadelle; et Barclaï, justement alarmé, résolut de profiter de l'obscurité pour rappeler à lui ses six divisions qu'un séjour plus long-temps prolongé dans Smolensk, exposait à une perte inévitable.

Vers minuit, la plus grande partie de ces troupes avaient repassé le Dniéper par les ponts de bateaux qu'elles replièrent ensuite; une heure après, le général Korff, resté le dernier, retira des remparts les postes qui s'y montraient encore et continuaient de tirailler pour masquer la retraite. Les soldats, répandus dans la ville, mirent alors le feu partout, et en sortirent à leur tour par le pont sur pilotis, que Barclaï ordonna de détruire après le passage de l'arrière-garde.

L'incendie fit des progrès rapides dans cette ville construite en bois. L'armée vit d'abord avec étonnement se dessiner sur un ciel brillant, les créneaux élevés qui couronnaient les sombres murailles autour desquelles le camp était assis; peu après, des torrens de flammes s'élançant de toutes parts surmontèrent les tours des remparts, jetant une vive clarté sur les nombreux clochers des églises. Cet imposant et terrible spectale dura le reste de la nuit; au point du jour, quelques Polonais, voyant les murs de la place dégarnis de sentinelles, y pénètrent en l'escaladant du côté oriental, et rapportèrent qu'elle était évacuée. Les portes ayant été forcées à l'instant même, les grenadiers et les chasseurs à pied de la garde entrèrent aussitôt dans Smolensk.

On crut d'abord que la ville était déserte, car le petit nombre d'habitans qui n'avaient pu fuir, s'étaient réfugiés dans les églises, où ils se tenaient enfermés; les rues, jonchées de cadavres, offraient l'aspect le plus horrible; une multitude de blessés, abandonnés dans les maisons à demi consumées, réclamaient à grands cris des secours; ils leur furent prodigués. Mais, en dépit des efforts de la troupe pour arrêter les ravages de l'incendie pendant le cours de la journée, il fut impossible de le maîtriser; on ne parvint à l'éteindre que le lendemain; il avait dévoré la plus grande partie des habitations.

La conquête de ces ruines sanglantes coûta aux Français mille hommes tués et six mille blessés; le nombre des morts s'éleva du côté des Russes à plus de quatre mille, et ils eurent huit mille blessés, dont deux mille restèrent en notre pouvoir. Une si grande différence à l'avantage des Français paraît étonnante au premier coup d'œil, puisqu'ils combattaient à découvert, tandis que les ennemis étaient protégés par les murailles de la ville; mais il faut se rappeler que, le premier jour, les Russes s'obstinèrent à défendre les approches de la place, et se maintinrent ensuite dans les faubourgs, qu'on leur enleva le lendemain de vive force; ce fut dans ces luttes inutiles qu'ils perdirent le plus de monde.

CHAPITRE II.

Combat de Valontina-Gora.

Pendant toute la journée du 18 août, Barclai, resté en observation sur les hauteurs qui dominent la basse ville de Smolensk, défendit avec opiniâtreté le passage du Dniéper; le feu de ses nombreuses batteries et la mousqueterie de la division de Korff, qui occupait les maisons du quai, retardèrent jusqu'à la nuit la construction de deux ponts de bateaux, que Ney avait reçu l'ordre de faire établir à l'extrémité occidentale de la ville, devant le faubourg de Krasnoï. En vain le maréchal détacha une brigade de cavalerie légère, qui, après avoir traversé le Dniéper à gué, chargea les tirailleurs, afin de nettoyer d'ennemis cette partie de la rive droite; la brigade, repoussée par des forces supérieures, fut rejetée dans le fleuve, et regagna le camp français, non sans avoir éprouvé de grandes pertes.

A l'autre extrémité de la ville, la division Morand faisait également, depuis le matin, d'inutiles efforts pour protéger les travaux des pontonniers; mais enfin, vers cinq heures de l'après-midi, ses troupes, ayant formé plusieurs radeaux et réuni quelques embarcations, atteignirent l'autre bord, malgré la résistance des soldats de Korff, qu'elles délogèrent des maisons du quai; la division entière, ayant achevé de passer, s'établit derrière les débris d'une ancienne tête de pont, où elle se fortifia.

Barclai, renonçant alors à défendre plus long-temps la basse ville, y fit mettre le feu, et commença son mouvement de retraite. Il avait dessein de rejoindre Bagration par la route de Moskou, et lui avait prescrit de laisser une arrière-garde de quatre régimens de Cosaques, sous les ordres de Karpow, en arrière de Walontina-Gora, sur ce chemin, à deux lieues environ de Smolensk; mais, pour arriver à cet endroit, Barclai se trouvait forcé de suivre, en le remontant, le cours du Dniéper dont l'autre rive était occupée par les Français; voulant donc éviter ce danger et dérober sa marche à Napoléon, il résolut de gagner la grande route de Moskou, en faisant un circuit de cinq lieues, par un chemin de traverse qui aboutissait au village de Loubino, au delà de Walontina-Gora.

Ce plan arrêté, le général en chef, jugeant que son armée aurait peine à filer tout entière, dans l'espace d'une nuit, par ces sentiers étroits, confia le commandement de la moitié de ses forces et de toute son artillerie de réserve à Doctoroff, auquel il prescrivit de faire un détour quatre fois plus considérable, en décrivant un arc de cercle par Stabna, au Nord, puis, par Zikolino, Soutchwa et Prouditché à l'Est; enfin, de ce village, il dut se rabattre au Sud-Est pour retomber sur la route de Moskou près de Solowievo, petite ville qui a un pont sur le Dniéper, à dix lieues de Smolensk.

Par l'effet de cette disposition, quatre des corps d'armée de Barclai ne purent prendre aucune part aux affaires de la journée, non plus que les Cosaques de Platoff, détachés du coté de Porieczié, pour surveiller avec Vitzengerode les corps français qu'il supposait restés à Witepsk. Bagration, parti la veille, attendait le général en chef à Solowievo, et n'avait laissé sur la route de Moskou, en exécution de ses ordres, qu'une arrière-garde de Cosaques, postée entre Loubino et Walontina-Gora.

Doctoroff ayant commencé son grand mouvement circulaire à sept heures du soir, Barclai se mit en marche quelque temps après, à la tête de la colonne de droite composée des corps de Bagavout et d'Ostermann, et de la cavalerie d'Ouwaroff. Suivant d'abord le grand chemin de Pétersbourg au Nord pendant une lieue, il s'engagea près du village de Kratoskinio, à la nuit close, dans une traverse coupée de ravins, difficile surtout pour l'artillerie et les bagages; ce sentier le conduisit vers l'Est au hameau de Poloniewo; là, il descendit au Sud-Est à travers plus d'obstacles encore jusqu'à Garbounowo, où la division Touczkoff n'arriva qu'au jour naissant; cette tête de colonne n'avait fait, en huit heures, que trois lieues depuis son départ de Smolensk; et il lui en restait encore une et demie à franchir, à travers un pays marécageux, pour atteindre la grande route à Loubino.

Au milieu de tant de difficultés qui retardaient sa marche beaucoup plus qu'il ne l'avait calculé, Barclaï craignit avec raison que, de Smolensk, les Français, s'avançant par une ligne directe à travers Walontina-Gora, ne le prévinssent à Loubino, après avoir écrasé les Cosaques de Karpow. Il jugea donc convenable de détacher en avant une division commandée par le major Touczkoff, frère du général, et lui prescrivit d'aller renforcer Karpoff dans la position de Walontina. Vers quatre heures du matin, le premier corps russe avait dépassé Garbounowo, celui de Bagavout y arrivait, et Ostermann restait à une lieue plus loin au delà de Poloniewo, ayant pour arrière-garde la division de Korff, partie la dernière de Smolensk.

Telle était la disposition dans laquelle l'imprudente manœuvre de Barclaï avait placé les Russes, lorsque les premières lueurs du jour éclairèrent enfin la marche de Ney sortant de Smolensk à la tête de son corps d'armée; les ponts de bateaux venaient à peine d'être achevés. Suivi par la cavalerie du roi de Naples, le maréchal se dirigea entre les deux routes de Pétersbourg et de Moskou, droit sur Garbounowo. Lorsqu'il y arriva, la première division de Bagavout filait déjà sur Joukowo; la seconde, commandée par le prince Eugène de Wurtemberg, s'apprêtait à suivre. Ney la fit charger à l'instant et occupa le village. Barclai, se voyant ainsi coupé du corps d'Ostermann, ordonna au prince de Wurtemberg de reprendre Garbounowo. Il y eut alors un engagement assez vif, et les Russes coururent le risque d'être écrasés; mais de puissans renforts envoyés par Barclai dégagèrent le prince et facilitèrent sa retraite par Joukowo, après deux heures de combat. Ney, croyant n'avoir eu affaire qu'à l'arrière-garde des Russes, et les voyant manœuvrer pour regagner la grande route de Moskou, tourna, sans autre délai, à sa droite, afin d'aller les y poursuivre en passant par Walontina-Gora; il laissa ainsi le chemin libre à la division d'Ostermann que suivait l'arrière-garde de Korff.

Dès sept heures du matin, le major Touczkoff, envoyé en avant par Barclai, ayant débouché sur la grande route, près de Loubino, s'était avancé dans la direction de Smolensk jusqu'à ce même village de Walontina-Gora, où il vint se réunir aux Cosaques de Karpow. Une première reconnaissance lui fit découvrir que, vers sa gauche, à une lieue de l'endroit où le Dniéper, venant du Sud, se rapproche de la route, les Français contruisaient un pont devant le village de Prouditchewo.

En effet, l'Empereur avait détaché de ce côté le duc d'Abrantès, avec ordre de passer là le fleuve, afin d'être à portée de seconder le mouvement de Ney.

A la vue de ce danger, dont il se hâta de donner avis à Barclai, le major Touczkoff opposa les Cosaques de Karpow au duc d'Abrantès, et alla prendre position sur les hauteurs de Walontina, où le général en chef lui envoya bientôt du renfort. A onze heures, le maréchal Ney parut devant les Russes, et commença sur-le-champ l'attaque qu'ils soutinrent avec fermeté pendant quelques heures. Repoussés alors, ils reculèrent en disputant le terrain jusqu'à d'autres hauteurs, derrière le ravin de Stragan, où ils purent se reformer.

Vivement alarmé à l'égard de la division d'Ostermann encore engagée dans la traverse difficile de Garbounowo à Loubino, Barclai, résolu à disputer le passage jusqu'à ce qu'elle eût débouché sur la grande route, fit aussitôt rétrograder les divisions déjà passées, et accourut lui-même avec ces forces au secours de Touczkoff. Dans le cours de la soirée, les Russes se trouvèrent réunis sur les hauteurs qui dominent la rive gauche du ravin, au nombre de trente cinq mille fantassins et de six mille cavaliers; ils occupaient une superbe position, défendue par une artillerie formidable; tandis que les Français, en nombre inférieur et sur un terrain marécageux, ne pouvaient ni placer convenablement leurs batteries, ni se déployer tout-à-fait.

Il était quatre heures du soir; l'Empereur, sorti de Smolensk pour inspecter le corps de Davoust qui formait son camp au nord de la ville, se trouvait alors à une lieue en arrière de Walontina-Gora. Informé que Ney éprouvait de la résistance sur la route de Moskou, et le croyant seulement aux prises avec l'arrière-garde des Russes, il fit marcher pour le soutenir une division du premier corps, commandée par le général Gudin. En même temps, il chargea l'un de ses officiers d'ordonnance, le général Gourgaud, de porter au roi de Naples et au duc d'Abrantès l'ordre de coordonner leurs mouvemens à celui du maréchal, et d'agir de concert avec lui. Le général Gourgaud devait suivre l'attaque et revenir en faire le rapport à l'Empereur. Ces mesures prises, et persuadé qu'elles suffisaient pour terminer ce reste des combats de la journée, Napoléon rentra dans Smolensk, où d'autres soins que, dans l'état présumé des affaires, il dut juger non moins importans, réclamaient alors sa présence.

Au moment où le général Gudin arriva sur le champ de bataille, l'action venait de se rengager, et les Russes opposaient aux efforts des troupes du maréchal Ney une bravoure digne de tels ennemis.

Gudin forma aussitôt sa division en colonnes par pelotons, devant la partie de la hauteur où Barclai avait réuni le plus de forces pour défendre le passage de la grande route. Pendant ce mouvement, le duc d'Abrantès, après avoir effectué le passage du Dniéper, et s'être avancé vers la droite de Ney avec tout son corps d'armée, restait immobile, à deux portées de canon du champ de bataille, spectateur indifférent de cette lutte terrible. Le général Gourgaud, survenant alors, courut lui porter les ordres de l'Empereur, que tout autre n'aurait pas attendus; mais en vain il le pressa de s'avancer sur la route de Moskou, de manière à menacer les derrières des Russes que cette manœuvre devait décider à la retraite ou perdre entièrement; le roi de

Naples, accourant de son côté, joignit ses instances à celles du général Gourgaud pour engager Junot à prendre part à l'action dont il devait décider le succès; rien ne put l'émouvoir.

« Monsieur le duc, » lui demanda le général avec chaleur, « que devrai-je dire à l'Empe-
» reur? »

« Vous direz, Monsieur, « répondit Junot d'un air abattu, « que j'ai pris position parce que la
» nuit est venue. »

Et pourtant le soleil très-élevé sur l'horizon promettait encore quatre heures de jour! Cette réponse décelait les premières atteintes de la maladie sous le poids de laquelle Junot périt quelques années après, privé de l'usage de sa raison; car il avait jusqu'alors montré trop de bravoure pour qu'il soit permis de l'accuser d'en avoir manqué cette fois-là.

Désespérés de ces refus obstinés, autant qu'inexplicables, le roi de Naples et le général Gourgaud retournèrent prendre part au combat qui devenait de plus en plus animé. La division Gudin, à peine formée devant la ligne des ennemis, s'ébranlait marchant vers le ravin qui couvrait leur front hérissé d'artillerie. Gudin, à la tête du 7e. régiment d'infanterie légère, traversa le premier un pont étroit jeté sur ce ruisseau marécageux; aussitôt toutes les batteries russes croisant leurs feux foudroyèrent successivement cette tête de colonne. Les soldats, l'arme au bras, continuaient de s'avancer aux cris de *Vive l'Empereur!* En vain la mitraille éclaircissait leurs rangs; s'exaltant à la vue de la contenance calme et courageuse à la fois de leur général, ces vaillans guerriers répétaient leurs joyeuses acclamations à chaque nouvelle décharge du canon ennemi.

Déjà le 12e. de ligne, le 21e., le 129e., ayant passé le petit pont, gravissaient audacieusement la hauteur, lorsque Gudin tomba, les deux jambes fracassées à la fois par un boulet!... Mais l'élan était donné, cette mort héroïque, digne d'une si belle vie, déchira le cœur des soldats sans abattre leurs âmes. Loin de là, redoublant d'ardeur, ils s'élancent devancés par le général Gérard qui prend le commandement; repoussés à diverses reprises, ils s'acharnent au combat, remontent la colline, en atteignent le sommet, renversent, écrasent les Russes, et restent enfin les maîtres du plateau.

Étonnés de tant de valeur, les ennemis publièrent qu'ils avaient été vaincus par la garde impériale. Toutefois, quoique ce brillant fait d'armes ait été le plus éclatant du combat de Waloutina-Gora, le 3ᵉ. corps entier, et Ney, le brave des braves, eurent une part non moins glorieuse à ce beau succès; les Russes, repoussés en même temps sur toute leur ligne, et désespérant de reprendre la position capitale, conquise par la division Gudin, commencèrent leur retraite à dix heures du soir, et l'opérèrent sans obstacle, protégés par l'ombre de la nuit. Ils avaient perdu plus de huit mille hommes tués ou blessés, et laissèrent aux vainqueurs environ mille prisonniers. Les forces considérables engagées avec tant d'imprudence par Barclai, d'abord successivement, puis toutes ensemble, auraient pu être entièrement détruites, sans la fatale inaction de Junot.

D'autres causes concoururent encore à sauver les Russes de ce danger imminent; la nature du terrain marécageux et couvert de bois opposait trop d'obstacles aux manœuvres de la cavalerie; Murat, dont le bouillant courage était toujours si terrible aux ennemis, resta comme enchaîné à la gauche des Russes, du côté de Latichino, tandis qu'à l'autre extrémité de leur ligne, une autre circonstance également imprévue leur fut encore plus favorable. En effet, la division Morand s'avançait vers le soir à travers un bois épais qui la couvrait, et prête à déboucher sur la droite des Russes qu'elle aurait débordée; mais, au moment d'achever cette manœuvre, Morand reçut inopinément contre-ordre et dut revenir sur ses pas. C'est ainsi qu'à ce jeu sanglant de la guerre, trop souvent le hasard, déconcertant les plus habiles conceptions du talent, décide seul des plus grands coups.

Il faut encore compter au nombre des malheurs de cette journée, l'absence de l'Empereur. Certes, s'il fût venu commander en personne, Junot faisait son devoir, un ordre inexplicable ne détournait pas la marche de Morand, peut-être aussi Murat lui-même eût trouvé plus d'élan et surmonté l'obstacle qui l'arrêta. Napoléon, maîtrisant toutes les volontés, fixant quatre heures plus tôt l'irrésolution de la victoire, aurait épargné des flots de sang français. Mais pour qu'il jugeât sa présence nécessaire à Walontina-Gora, il eût fallu qu'il lui fût possible de croire à une bataille : et comment concevoir que Barclai, qui montrait tant d'empressement à fuir la poursuite de cent quatre-vingt mille hommes, commandés par l'Empereur en personne, dirigerait sa retraite de manière à ramener malgré soi, par un long détour, la moitié de son armée sous les murs de Smolensk, dont ce général inexpérimenté croyait réellement s'éloigner depuis vingt heures! Peut-on faire un reproche au génie élevé de Napoléon de n'être pas descendu jusqu'à comprendre et prévoir la petitesse et l'ineptie de semblables combinaisons!

CHAPITRE III.

Suite du combat de Walontina-Gora. — Opérations de l'aile gauche. — Les Russes continuent leur retraite sur Moskou. — Ils semblent vouloir s'arrêter et combattre. — L'Empereur quitte Smolensk pour courir à eux. — Kutusoff vient remplacer Barclai. — Il prend position près de la Moskowa.

Au point du jour, le 20 août, l'Empereur, arrivé sur le champ de bataille de Walontina-Gora, visita le défilé de la colline, si vaillamment attaqué par la division Gudin, et que les ennemis avaient défendu avec tant de valeur. Le terrain était couvert de morts; mais, en remarquant quatre Russes tués pour un Français, il adressa au général Gérard et aux troupes dont ce brave commandait les glorieux débris, les éloges dus à leur courage. Des décorations en grand nombre et des grades furent accordés sur le théâtre même de leurs exploits à ceux que le jugement de leurs pairs désignait à l'Empereur comme les meilleurs officiers et les plus dignes soldats.

Après avoir parcouru les rangs du 7e. régiment d'infanterie légère, qui, le premier, passa le pont devant lequel Gudin tomba frappé du coup mortel, Napoléon, entouré des capitaines, leur demanda quel était l'officier qui s'était le plus distingué : ils nommèrent le jeune Moncey. « Le fils du maréchal ? » demanda Napoléon, qui paraissait craindre que le beau nom du père n'eût trop influé sur ce choix ; « Moncey, » ajouta-t-il, « qui a été mon page ? Voyons un autre. »

Il était absent et blessé; tous ses frères d'armes répétèrent qu'il méritait le prix de la bravoure, l'Empereur lui accorda la décoration de la Légion-d'Honneur.

Passant ensuite au 127e. de ligne, régiment de nouvelle formation, et qui venait de prouver qu'il saurait défendre et honorer le drapeau national, l'Empereur remit de sa main une aigle au colonel. Il combla également de récompenses les corps sous les ordres du maréchal Ney, auxquels il se plut à donner des louanges non moins méritées; mais ces troupes, décimées comme celles de la division Gudin, avaient besoin de repos; elles furent remplacées à l'avant-garde par le corps de Davoust, qui partit immédiatement à la poursuite de l'ennemi, sous les ordres du roi de Naples, avec la cavalerie de réserve.

Quant au duc d'Abrantès, dont l'inertie avait causé la prolongation de cette bataille sanglante, il reçut l'ordre de quitter le commandement des Westphaliens, qui fut donné au général Rapp; mais, oubliant bientôt les torts récens de son plus ancien aide-de-camp, qui d'ailleurs avait tant de titres à sa faveur, Napoléon, à la prière de Rapp lui-même, rendit à Junot son corps d'armée.

De retour à Smolensk, l'Empereur reçut des nouvelles satisfaisantes de son aile gauche. Depuis les premiers jours d'août, Wittgenstein était resté immobile à Osweia, à quinze lieues environ de la rive droite de la Dwina, observant à la fois Macdonald et Oudinot. Ce dernier maréchal, avant l'arrivée du corps de Gouvion-Saint-Cyr à Polotzk, avait poussé ses postes avancés jusqu'à une petite rivière, à cinq lieues environ du camp des Russes. De son côté, Wittgenstein, ayant reçu des renforts, s'avança, menaçant Oudinot, et le 10 août, après un engagement assez vif, le maréchal avait été contraint de prendre en arrière une position qu'il garda quelques jours; puis il se replia sur Polotzk, où Gouvion-Saint-Cyr opéra sa jonction avec lui. Wittgenstein vint déployer son armée devant cette ville le 17. Les Français acceptèrent aussitôt le combat, qui fut long et acharné, mais sans résultat; vers la fin de l'action, qui dura jusqu'à neuf heures du soir, le maréchal Oudinot était près de ressaisir l'avantage, lorsqu'il fut grièvement blessé d'un biscaïen à l'épaule; on le transporta dans la ville; les troupes continuèrent à tenir, mais l'obscurité amena une trêve forcée, et des deux côtés on conserva ses positions jusqu'au lendemain.

Pendant la nuit, Oudinot avait ordonné la retraite, et elle s'était opérée en partie; le jour venu, les Russes, observant au delà de Polotzk la marche rétrograde de la grosse cavalerie, des équipages et de l'artillerie sur les deux routes de Lepel et de Glubokoé, ne doutèrent pas que le reste des troupes françaises qui se maintenaient encore en avant de la ville, ne fussent prêtes à suivre ce mouvement. Wittgenstein attendit donc en toute sécurité le résultat de cette manœuvre, qui semblait devoir lui livrer Polotzk dans le cours de la journée; il lui importait beaucoup de s'en rendre maître, car l'empereur Alexandre lui avait promis le grade de général en chef pour prix de cette conquête, et c'était un double avantage que de l'obtenir sans risquer une nouvelle bataille.

Rien ne paraissait encore changé dans la résolution du chef de l'armée française vers quatre heures du soir; les Russes, de leur côté, montraient la même confiance et gardaient la même attitude. Mais alors Gouvion-Saint-Cyr, à qui le maréchal, par suite de sa blessure, avait abandonné le commandement, venait de faire rentrer avec rapidité, dans Polotzk, sa cavalerie et les canons, laissant toujours filer les équipages pour entretenir l'erreur de l'ennemi; il se hâta de réunir ces forces à celles qui étaient restées en position devant la ligne des Russes ; à cinq heures, l'armée française déboucha sur tous les points à la fois, protégée par le feu de ses batteries, et les attaqua brusquement. Le combat, plus vif et beaucoup plus disputé que la veille, eut cette fois des résultats décisifs pour les Français ; l'ennemi, enfoncé de toutes parts avant la nuit, fut contraint de leur céder le champ de bataille et de faire retraite. Quelques jours après, Gouvion-Saint-Cyr rejeta les Russes jusque derrière la Drissa, où, découragés par leurs pertes, ils attendirent long-temps des renforts pour tenter une nouvelle entreprise.

Cette brillante victoire, qui dégageait entièrement la gauche de l'armée centrale à Smolensk, était un avantage de la plus haute importance pour l'Empereur, au moment où tout lui faisait présager qu'il serait forcé de pénétrer vers l'Est au cœur de la Moskovie. Aussi donna-t-il à Gouvion-Saint-Cyr un témoignage éclatant de sa satisfaction, en l'élevant à la dignité de maréchal d'empire.

D'après des témoignages irrécusables, il est permis d'affirmer qu'à Wilna, puis à Witepsk, Napoléon manifesta le dessein de ne pas dépasser Smolensk dans le cours d'une première campagne [1]; mais il est évident que cet enga-

---

[1] « L'Empereur dit à Wilna, à table, en présence de
» dix témoins *encore vivans*, et de la bouche desquels
» je le tiens, qu'il n'irait à Moscou que la campagne
» prochaine, et s'arrêterait à Smolensk, etc. Il répéta ce
» discours à Witepsk, etc... » *Bulletin général et uni-*

gement, pris seulement envers lui-même, ne pouvait être que conditionnel. Il supposait alors, ce que tout concourait à rendre si probable, que les Russes livreraient bataille pour disputer la Pologne ou pour défendre l'entrée de leur propre territoire. La velléité de Barclaï, lorsqu'il s'arrêta un jour entier en avant de Witepsk, et, depuis, sa démonstration contre l'avant-garde de l'armée française à Inkowo, donnèrent du poids à cette conjecture. Au surplus, soit que, dès l'ouverture des hostilités, Napoléon eut décidé de pousser jusqu'à Moskou, soit qu'il eût résolu d'attendre les événemens avant de prendre aucun parti définitif à cet égard, il trouvait un double avantage à désigner un terme moins éloigné aux travaux de l'armée, puisque c'était à la fois un moyen d'entretenir l'ardeur des siens, et de donner le change aux ennemis sur ses véritables intentions.

Mais la nouvelle retraite de Barclaï et de

versel des Sciences et de l'Industrie, 8ᵉ. section, rédigée par M. Kock, t. III, p. 255. Ce passage est extrait d'un article sur l'*Examen critique de l'ouvrage de M. de Ségur*, par le général Gourgaud. On peut voir également à ce sujet l'ouvrage remarquable intitulé : *Vie politique et militaire de Napoléon*, par le général Jomini, tom. IV, pag. 208.

Bagration réunis venait de déconcerter encore une fois toutes les combinaisons de l'Empereur. Placé maintenant dans une situation aussi difficile qu'imprévue, il voyait autour de lui la plupart des chefs de l'armée incliner vers le parti de s'arrêter à Smolensk. Murat lui-même, si impatient à Witepsk de poursuivre l'ennemi, paraissait alors rebuté par les difficultés qui se multipliaient devant les pas des Français; et pourtant la question ne pouvait plus être de s'arrêter ou non; car, avant tout, il fallait vivre. Or, comment les environs de Smolensk auraient-ils pu fournir à la subsistance de près de deux cent mille hommes? Cette ville incendiée, dont les habitans avaient pris la fuite, au milieu d'un pays dévasté, sans moyens de transport pour approvisionner des magasins épuisés, n'offrait aucune ressource. Il fallait donc s'étendre et disséminer les troupes; mais ce moyen eût été funeste devant une masse de cent trente mille ennemis, à qui notre inaction permettrait de doubler bientôt cette force déjà si redoutable. Deux partis restaient seuls offerts au choix de l'Empereur : avancer ou reculer. Poser ainsi la question à des Français, c'était la décider.

En effet, il était difficile de calculer les suites d'une marche rétrograde qui, dans les circonstances où se trouvait l'armée, pouvait la reporter derrière le Niémen ; cette retraite aurait eu non-seulement toute la honte, mais encore tous les dangers d'une défaite. La Pologne, compromise, était alors sacrifiée volontairement ; la Prusse et l'Allemagne septentrionale entière reprenaient à l'approche des Russes et des Suédois une attitude hostile ; l'Autriche elle-même redevenait neutre, en attendant l'occasion de laisser éclater l'inimitié réelle que la crainte seule l'obligeait encore à déguiser sous les dehors d'une fausse amitié ; enfin, dès que l'édifice trop élevé de la puissance française dans le Nord eût été renversé par le faîte, sa base devait bientôt être ébranlée jusque sur le Rhin ; et l'Angleterre, libre du système continental, obtenait un premier triomphe, gage de ceux qu'elle poursuivait avec tant de persévérance.

Évidemment, puisqu'il fallait renoncer à demeurer dans Smolensk, la retraite, opérée de ce point, eût sauvé l'armée et l'empire d'un désastre dont la crainte, agitant alors vaguement les meilleurs esprits, alla jusqu'à ébranler les plus fermes courages; et l'on ne peut douter que l'Empereur n'ait balancé lui-même avant de se résoudre; mais, engagé trop avant, Napoléon se trouvait déjà dans une position critique à tel point, qu'il ne pouvait plus reculer sans risquer de perdre tout le fruit des travaux de dix ans, ou sans condamner la France à de nouvelles guerres dont il devenait impossible de prévoir le terme et les résultats.

Marcher en avant, au contraire, c'était ressaisir la chance d'atteindre l'ennemi, de le vaincre en bataille rangée; et l'Europe pacifiée tombait alors aux pieds de Napoléon, qui voyait s'accomplir à la fois tous ses projets de gloire et de bonheur public! Il fallait, à la vérité, braver de grands dangers, et l'Empereur ne se les dissimulait pas; mais la victoire de Gouvion-Saint-Cyr venait d'écarter pour long-temps ceux qui menaçaient l'armée à sa gauche; quant à la droite, Schwartzemberg et Reynier, déjà vainqueurs de Tormasoff, suffisaient pour tenir en échec et occuper l'armée de la Moldavie qui venait de se joindre à lui. Le maréchal Victor, dans une position intermédiaire, pouvait, selon l'urgence, prêter le secours de ses trente-trois mille hommes, soit à Gouvion-Saint-Cyr, soit à Schwartzemberg; et le maréchal Augereau allait s'avancer à la tête d'une nombreuse réserve, pour combler le vide que laisserait derrière l'Empereur la marche de Victor à droite ou à gauche. Déjà les cohortes du premier ban de la garde nationale française se rassemblaient en Saxe; et des bataillons de marche, partis des dépôts de réserves de toutes les nations du continent, accouraient, traversant la Prusse, la Pologne et l'Allemagne, pour remplir les cadres des corps dont la guerre avait éclairci les rangs.

Enfin, s'il devenait nécessaire de pousser avec cent soixante mille hommes une pointe jusqu'à Moskou pour y poursuivre la victoire, la base de cette grande opération était large et suffisamment affermie; et rien de ce que peut la prévoyance humaine pour écarter les périls, ou créer des ressources, n'avait été négligé par le génie de Napoléon.

Cependant les deux armées russes, après avoir opéré de nouveau leur jonction en avant de Dorogobouje, venaient de s'arrêter près du village d'Uswiate, où, retranchées derrière l'Ouja, non loin du Dniéper, elles semblaient vouloir attendre les Français; Murat, qui les suivait avec ardeur, parut en vue de leur camp dans la soirée du 23 août.

Informé de cette nouvelle, l'Empereur partit de Smolensk, au milieu de la nuit, avec la garde; mais tandis qu'il accourait, le roi de Naples, impatient de combattre, voulut attaquer sans retard, et commença même à lancer sur l'ennemi la cavalerie de Montbrun. Toutefois il fallut s'arrêter, car Davoust lui refusa l'appui de son infanterie, et déclara qu'il voulait attendre que l'armée fût réunie. On ne peut blâmer la prudence du maréchal; néanmoins, il est certain qu'il se voyait avec dépit sous les ordres de Murat, et que les relations de service de ces deux chefs, depuis long-temps rivaux, se ressentirent trop souvent de leur animosité réciproque.

La discorde éclatait en même temps dans le camp ennemi, où la perte de Smolensk avait aigri violemment les esprits contre Barclai. Bagration prenait sur eux l'ascendant que perdait le général en chef; alarmé par le mouvement prématuré de la cavalerie française qui annonçait l'intention de tourner le camp des Russes, il blâma le choix de la position d'Uswiate, et voulut qu'on en prît une meilleure qu'il indiqua plus loin en arrière; Barclai céda; et l'armée ennemie avait disparu d'Uswiate avant l'arrivée de Napoléon. Après cinq jours de marche à travers Dorogobouje et Viazma, sur la route de Moskou, les Russes s'arrêtèrent, le 29 août, à trois lieues en avant de Gjatz, au village de Tzarewo-Zaïmitché, où Barclai fit des dispositions qui semblaient indiquer le dessein d'y livrer bataille.

Mais ce n'était pas seulement dans l'armée que les Russes s'indignaient de la marche toujours lente et rétrograde de ce chef incapable. Un cri général s'était élevé contre lui à Pétersbourg et dans tout l'empire; on l'accusait de trahison, d'ineptie, de lâcheté. A Moskou, le peuple, trompé par Rostopschin, ignorait les dangers qui le menaçaient, et chantait des *Te Deum*; mais les nobles, mieux instruits des événemens, et les prêtres surtout, se plaignaient avec amertume de voir le sort de l'antique capitale à la merci d'un général allemand. A défaut de patriotisme qu'on ne pouvait, disaient-ils, attendre d'un étranger, ils avaient droit du moins d'exiger du chef des armées russes les talens et l'énergie que réclamaient de si grandes circonstances; et Barclai, faible jusqu'à la pusillanimité, compromettait les plus chers intérêts de la religion et de l'État!

Ces raisons déterminèrent Alexandre à retirer sa confiance à Barclai. Le vœu public désignait pour son successeur le prince Kutusoff, plus célèbre encore par sa défaite à Austerlitz, que par la victoire qu'il venait de remporter à Routschouk contre les Turcs. Aussi l'empereur de Russie faisait-il peu de cas des talens de ce vieillard; mais cité surtout par son ardente et minutieuse dévotion, il était l'idole du parti sacerdotal auquel le monarque lui-même avait donné la plus grande influence dans les affaires, en imprimant à la guerre un caractère religieux. Ce mérite fut donc compté à Kutusoff, au premier rang des titres qui lui valurent le commandement d'une armée destinée à sauver *la ville sainte*. Chargé du poids de soixante-quatorze ans, il avait perdu la vigueur, l'activité, la résolution, qualités indispensables à l'accomplissement de la tâche difficile qu'il s'imposait; car l'impatience de l'armée, la volonté du souverain, le cri des prêtres, tout lui commandait de livrer sans retard une bataille trop long-temps différée; et c'était Napoléon que Kutusoff allait combattre!

C'est à Tzarewo que le nouveau général vint prendre, le 29 août, le commandement des deux armées russes. Son premier soin fut de reconnaître la position choisie par son prédécesseur; il la jugea défectueuse; et, continuant deux jours encore le mouvement de retraite de Barclaï, il se porta au delà de Gjatz, à deux petites journées de cette ville sur la route de Moskou, et à trois lieues à l'Ouest de Mojaïsk. Là, s'arrêtant près de Borodino, il y déploya son armée en ordre de bataille le 3 septembre.

Kutusoff choisit, pour l'emplacement de son quartier général, le hameau de Gorki sur la grande route, à six cents toises en arrière du village de Borodino, à quinze cents de la Moskowa à sa droite, et à une égale distance, à gauche, de l'ancien chemin de Smolensk qui allait aboutir à Mojaïsk. De Gorki à la Moskowa, son front droit était couvert par un ruisseau nommé Kolocza, dont les rives escarpées présentaient une sorte de rempart d'un difficile accès; on y éleva quatre redoutes. De ce côté du camp, l'extrémité, qui touchait à la Moskowa, fut couverte par un grand retranchement enveloppant un bois que l'on entoura d'abattis. Ainsi toute cette aile droite était protégée par des défenses naturelles auxquelles l'art avait ajouté beaucoup de force; là campaient les troupes formant le commandement que Barclai conservait sous les ordres de Kutusoff : c'était le corps d'armée de Baggavout à l'extrême droite, près de la Moskowa, et celui d'Ostermann plus rapproché de Gorki.

Ce hameau, couvert par un retranchement qui coupait la grande route, était fortifié par une ligne de bouches à feu. Benigsen, commandant le corps de Doctoroff et la garde impériale russe, occupait cette position centrale où était le général en chef, et que défendaient deux batteries: l'une, très-forte, barrant la route de Moskou devant Gorki; l'autre, plus formidable encore, et que les Russes nommèrent la *grande batterie*, en avant et à gauche de la première.

De ce point à l'ancien chemin de Smolensk s'étendait l'aile gauche des Russes, sous les ordres de Bagration, et présentant une ligne semi-circulaire, dont le point saillant était occupé par le corps d'armée de Raiefskoi, ayant à gauche celui de Barasdin. Au centre de cette grande aile gauche, entre Raiefskoi et Barasdin, le village de Séménofskoé pouvait en gêner les mouvemens; Kutusoff ordonna de le raser, et d'établir sur ses débris une grande redoute, en avant de laquelle, à douze cents toises, on en construisit une seconde au village de Chewarino ; deux redans ou flèches [1], également armés d'une nombreuse artillerie et entourés d'abattis, furent élevés dans l'alignement de la redoute de Séménofskoé, et achevèrent de couvrir le front de l'aile gauche.

Plus rapprochés de leurs ressources par suite d'une si longue retraite, les Russes commençaient à recevoir des renforts. Moskou, dont ils n'étaient plus éloignés que de vingt-sept lieues, venait d'envoyer à l'armée dix mille hommes;

---

[1] Ces redans, qui jouent un grand rôle dans le récit de la bataille de la Moskowa, ont mis l'auteur dans la nécessité de répéter souvent ce mot peu familier aux lecteurs étrangers à l'art militaire. Il est impossible de remplacer cette expression par celle de *redoute* qui signifie autre chose. Une redoute est un ouvrage régulier, complet, formant un quarré, ou pentagone, dont chaque face est armée de batteries, et dans lequel on ne peut pénétrer que par une entrée étroite nommée *la gorge*.

Le *redan* n'a que deux faces dont les lignes forment, au point où elles se rencontrent, un angle de 60 degrés au plus, et par fois moins de 45.

On voit que la redoute peut être momentanément

Miloradowitz en avait amené dix-sept mille de nouvelles levées. L'ensemble des forces de Kutosoff à Borodino s'élevait à cent trente-trois mille cinq cents combattans, dont trente mille de cavalerie; l'artillerie se composait de près de six cents bouches à feu.

tournée sans un péril imminent, puisqu'elle offre une défense égales ur toutes ses faces; tandis que le *redan*, s'il est pris à revers, devient inutile à la défense de l'armée dont il protége le front ou l'une des ailes, et peut être aisément enlevé. La forme du redan, dont l'angle unique est par fois très-aigu, lui a fait également donner le nom de *flèche* dans beaucoup de relations de bataille. Ainsi le lecteur doit être averti, pour plus de clarté, que les mots *flèche* et *redan* signifient la même chose, et que, dans le récit de la bataille de la Moskowa, ils désigneront toujours les deux ouvrages élevés à la gauche de la ligne des Russes, et protégeant la gauche de Bagration.

CHAPITRE IV.

Journées des 4, 5 et 6 septembre. — Ordre de bataille de l'armée française.

L'armée française s'avançait sur trois colonnes depuis Dorogobouje; l'Empereur, au centre, suivait la grande route avec la garde et les corps de Davoust et de Ney; Murat marchait à la tête de l'avant-garde composée de la cavalerie de réserve et de la division Compans. Le vice-roi flanquait la gauche ; Poniatowski la droite. L'un et l'autre suivaient, à quelques lieues de distance, une ligne parallèle à la grande route.

Arrivé le soir du 1er. septembre à Gjatz, Napoléon y établit son quartier général; Murat s'arrêta en avant de la ville, à moitié chemin de Gridnewo, Eugène à Pawlowo, Poniatowski à Budaiewo. Tous les mouvemens de l'armée annonçaient enfin que la bataille tant désirée devait être prochaine et décisive; l'Empereur accorda deux jours de repos à l'armée pour se préparer à cette lutte mémorable.

Tout étant prêt, le 4 septembre, l'armée marcha en avant. Kutusoff avait laissé en observation au village de Gridnewo, à cinq lieues de son camp, une arrière-garde commandée par Konownitsin, et composée de vingt-cinq bataillons et de quatre-vingt-dix-huit escadrons. Vers le soir, Murat trouva ces troupes retranchées derrière un ruisseau qui traverse la grande route. Il les attaqua sans hésiter, et, malgré leur vive résistance, les força d'abandonner cette position, ainsi que le village, où l'Empereur passa la nuit.

JOURNÉE DU 5 SEPTEMBRE.

Konownitsin s'était fortifié à trois lieues plus loin dans le grand couvent de Kolotskoï; mais l'avant-garde l'en ayant débusqué sans efforts dans le cours de la matinée, il se replia sur la position de Borodino, où Kutusoff le plaça sous les ordres de Gorczakoff, chargé de défendre la grande redoute de Chewardino qui couvrait le centre de l'aile gauche des Russes, en avant de Seminofskoé.

Murat, poursuivant de près l'arrière-garde ennemie, ne tarda pas à déboucher par le village de Golowino en face de cette position, devant laquelle il déploya sa cavalerie et la division Compans; en même temps, le vice-roi, marchant à gauche sur Borodino, allait occuper les hauteurs en avant de ce village; et à droite, Poniatowski se dirigeait sur celui d'Ielnia par le vieux chemin de Smolensk; à ce moment, vers deux heures de l'après-midi, Napoléon, du haut d'une éminence près de Golowino, observait la position des ennemis, dont sa vue embrassait la ligne entière. La redoute de Chewardino fixa d'abord son attention. Élevée sur un mamelon, entre ce village et un grand bois à droite, qui cachait la vieille route de Smolensk, elle défendait l'approche du front de Bagration, ligne qu'il jugea du premier coup d'œil leur côté vulnérable, et sur laquelle il résolut, dès cet instant, de porter ses plus grands efforts. Quinze mille hommes environ se montraient en arrière et sur les flancs du mamelon; et les troupes de Konownitsin occupaient, en avant, les villages d'Alexino, de Foukino et de Doronino, ainsi qu'un petit bois du côté de Ielnia.

Impatient d'être le maître de cette position, dont il voulait faire le point central de ses opérations offensives, Napoléon donna l'ordre à Compans de l'attaquer sur-le-champ; en peu de temps, ce général chassa les ennemis des trois villages et du bois, et les rejeta sur les deux flancs de la redoute. A soixante toises environ, devant le mamelon où elle était établie, s'élevait un monticule; Compans y jeta quelques compagnies de voltigeurs, qui, de ce point et à la faveur des inégalités du terrain qui leur offraient un abri, firent un feu vif et soutenu sur les canonniers russes, tandis que son artillerie, qui venait de prendre position, battait celle de la redoute et les troupes placées de droite et de gauche.

Une charge de Murat, entre le mamelon et le bois, ayant été repoussée, Compans s'avança de ce côté avec deux régimens d'infanterie, en même temps que, par son ordre, le général Dupelain, avec un troisième régiment, se portait de l'autre côté du mamelon, entre la redoute et le village; et qu'un quatrième, plus à gauche encore, menaçait de tourner à droite de Gorczakoff.

Attaqué à son tour par la masse supérieure de la cavalerie, sous l'effort de laquelle Murat avait cédé, Compans tint ferme; et la vivacité de son feu força cette cavalerie à reculer en désordre, après de grandes pertes. Continuant alors son mouvement, il trouva devant lui, non loin de là, l'infanterie de Gorczakoff, qui l'arrêta une seconde fois dans un endroit où le terrain, s'élevant légèrement entre les combattans, couvrait en partie les uns et les autres. Là s'engagea, presque à bout portant, une fusillade longue et meurtrière, dont l'éclat assourdissait tellement, que les Français ne purent entendre la voix du général qui leur criait en vain de charger, la baïonnette en avant. Forcé de renoncer à cette manœuvre décisive, et pressé de sortir d'une situation si critique à l'approche de la nuit, Compans se fit ouvrir un passage à sa droite, en renversant des claies qui formaient un obstacle; et, à la tête d'un bataillon du 57e., dont les rangs pressés cachaient quatre pièces de campagne, il se porta sur le flanc gauche de la colonne russe.

A la vue de ce mouvement, les ennemis tournèrent leurs batteries sur la petite troupe; le chef de bataillon tomba mort, deux cents hommes furent emportés successivement. Mais rien ne suspend la marche des Français, ils se resserrent, et continuent de s'avancer jusqu'à une portée de mousquet des ennemis; Compans s'arrête alors, démasque rapidement ses pièces, commande le feu. La mitraille renverse les premiers rangs des Russes; le trouble, produit par cette attaque inopinée, ébranle toute leur ligne; et l'artillerie de Compans, continuant de frapper à coups redoublés, y fait un horrible ravage; les ennemis se retirent en désordre, et abandonnent la redoute.

La bataillon qui l'avait si glorieusement conquise s'en empara sur-le-champ; la fusillade des voltigeurs y avait tout tué, artilleurs, fantassins et chevaux; mais les canons restaient, ils servirent à fortifier contre les Russes cette position qu'ils ne reprirent plus. Les régimens lancés à la gauche du mamelon avaient été moins heureux que ceux de Compans; le 111e. ramené par la cavalerie russe, à la fin de l'action, perdit ses deux canons.

Pendant cet engagement, Poniatowski, auquel l'Empereur avait donné l'ordre de tourner la position des ennemis à leur gauche à la faveur des bois, y rencontra tant d'obstacles, qu'il ne put déboucher à propos pour prendre part au combat; la tête de ses colonnes ne parut hors du taillis qu'à la nuit; une seule de ses pièces fut en mesure d'agir. Toutefois l'arrivée de ce renfort, et l'approche de Davoust, dont le corps commençait à se déployer derrière Compans, décidèrent Bagration, qui s'était avancé avec de grandes forces, à rentrer dans ses lignes au delà des redans, à l'abri desquels les divisions de Gorczakoff et de Konownitsin se réfugièrent également vers dix heures du soir.

Le quartier général de l'Empereur était établi à Woloniewa, près de la route à gauche, ayant devant lui l'armée d'Italie et entouré de la garde impériale.

JOURNÉE DU 6 SEPTEMBRE.

Long-temps avant le jour, Napoléon parcourait à cheval le front de l'aile droite des ennemis, de Borodino à la Moskowa. Pour mieux reconnaître leur position, on le vit plusieurs fois mettre pied à terre près de la Kolocza, traverser presque seul ce ruisseau desséché, et, gravissant la rive droite, gagner les hauteurs, exposé au feu des tirailleurs. Il ne se retira qu'après avoir tout vu, tout observé de ce côté. Un examen attentif le confirma dans le jugement qu'il en avait porté d'avance. Les ouvrages, à la vérité, surtout ceux qui regardaient la Moskowa, étaient imparfaits; mais l'ensemble des défenses naturelles que présentaient la rivière, les bords escarpés du ravin et le bois, en rendaient l'accès trop difficile; c'était le côté fort de l'armée russe; il ne fut l'objet d'aucune tentative.

Napoléon visita ensuite le centre devant lequel était l'armée d'Italie près de Borodino. Là les travaux de l'ennemi offraient un aspect plus imposant. Les forces considérables réunies sur ce point par Kutusoff pour défendre le passage de la route de Mojaïsk, occupaient une position inexpugnable derrière la ligne des retranchemens de Gorki, en avant desquels s'élevait la grande batterie russe. Napoléon prescrivit au vice-roi la construction de plusieurs ouvrages afin de protéger les troupes italiennes, qui allaient devenir l'extrême gauche de l'armée dans le plan d'attaque projetée sur le front des Russes, depuis Borodino jusqu'au vieux chemin de Smolensk.

Ce fut surtout dans toute l'étendue de cette ligne de près d'une lieue, que l'Empereur fit une étude plus approfondie des dispositions défensives de l'ennemi, et des moyens de l'attaquer avec avantage. Il examina ce vaste champ de bataille avec un soin minutieux, observant les moindres détails des accidens du terrain, en même temps que ses regards en parcouraient l'ensemble. Chemin faisant, il inspectait les divers corps de l'armée et parlait à tous les généraux, auxquels il donnait ou renouvelait des ordres. Son front était serein; les soldats, toujours heureux de le voir, lisaient avec enthousiasme le présage assuré de la victoire sur ses traits, où respirait le plus vif contentement; les airs retentissaient à son aspect de leurs joyeuses acclamations.

C'est à la redoute emportée la veille par Compans, au point central de la bataille dont il méditait le plan, que l'Empereur se proposa de placer son quartier général pendant l'action. Il ordonna de couronner les hauteurs, au delà de Chewardino, par trois batteries, chacune de soixante pièces, l'une vis-à-vis le centre de l'ennemi, près de l'armée d'Italie; la seconde, menaçant la redoute établie sur les ruines du village de Séménofskoé; la troisième, opposée aux deux redans qui achevaient de couvrir le front de Bagration. Le premier de ces deux redans, qu'il importe, pour plus de clarté, de distinguer par le nom particulier de flèche, dominait, près du bois d'Outitza, à l'extrémité de la ligne des Russes, le versant d'un coteau couvert de taillis et de broussailles dont l'épaisseur pouvait faciliter l'accès de cet ouvrage. L'Empereur jugea que c'était leur côté vulnérable, et résolut de commencer l'attaque sur ce point. La brillante valeur de Compans et son beau succès du jour précédent obtinrent alors une digne récompense; l'Empereur le fit appeler et lui déclara qu'il serait chargé d'emporter cette flèche, sur laquelle il devait marcher directement, tandis que Poniatowski, de la vieille route de Smolensk où il se porterait, viendrait, à travers le bois, seconder son attaque.

Compans fit observer que l'ennemi pouvait se jeter dans ce bois entre lui et Poniatowski, et couper leur communication; il proposa donc de faire passer ses troupes à travers le taillis qu'il avait reconnu, et trouvé praticable; ce moyen, en obviant à l'inconvénient qu'il venait de signaler, offrait encore l'avantage de couvrir ses soldats de la mitraille de la flèche. L'Empereur approuva cet avis; et, d'après une observation de Ney, qui objectait la crainte que ce détour ne nuisît au succès de l'attaque, il mit la division Dessaix à la disposition de Compans.

Cette marche réglée, Napoléon se rendit auprès de Poniatowski, à l'extrême droite de sa ligne, non loin de la vieille route de Smolensk; de ce point, à l'aide d'une lunette appuyée sur l'épaule de Murat, il examina la position de la gauche de Bagration. Après quelques minutes d'une observation silencieuse, il dit au général polonais : « Vous marcherez droit » devant vous; vous culbuterez les obstacles que » vous rencontrerez; et vous vous porterez en- » suite sur la gauche pour tourner l'ennemi, et » seconder les efforts de l'armée française. »

Remontant alors à cheval, Napoléon courut de nouveau inspecter la position du prince Eugène, et visita les travaux ordonnés de ce côté pour protéger le flanc gauche des Italiens, qu'il devait laisser tout-à-fait découvert, ayant conçu le projet de porter la plus grande masse de ses forces à sa droite.

Ce n'est qu'à la suite de cette longue reconnaissance, que, rentré à son quartier général, au village de Woloniewa, l'Empereur arrêta définitivement toutes les parties du plan d'attaque dont son génie avait d'abord saisi l'ensemble. Mais comme il importait au succès de ses desseins d'en dérober la connaissance à l'ennemi jusqu'au dernier moment, il attendit la nuit pour commander les mouvemens d'où devait résulter l'ordre de bataille dans lequel l'armée entière allait se trouver disposée le lendemain au jour naissant.

Rien n'annonçait donc encore à Kutusoff que les Français ne présenteraient aucunes forces devant le côté droit de son camp, qu'il avait pris tant de soin à fortifier, et il continua pendant la journée du 6 à maintenir ses principales dispositions de la veille.

Seulement la perte de la redoute de Chewardino lui donnant de l'inquiétude sur sa gauche, il crut devoir y faire quelques changemens; en conséquence, la division de Touczkof fut placée à gauche de la flèche, mais plus en arrière, et à cheval sur le vieux chemin, ayant devant elle le village d'Outitza, couvert par une forte batterie.

Ces dispositions terminées, Kutusoff, vers le soir, donna l'ordre de faire mettre toutes ses troupes sous les armes pour une grande revue; et bientôt après il sortit de son quartier général, marchant au milieu d'un nombreux cortége de prêtres revêtus de leurs plus magnifiques ornemens, tenant des cierges allumés, et précédés de la croix et d'une riche bannière. Toutes les pompes de l'église grecque éclataient particulièrement autour d'un groupe de popes qui présentaient à l'adoration de l'armée une image miraculeuse de la Vierge, vénérable *palladium* de la ville de Smolensk, et que le zèle du clergé prétendait avoir sauvée de la profanation en l'emportant avant l'arrivée des Français.

La procession parcourut tout le camp; à mesure que les soldats découvraient la sainte image, ils se prosternaient humblement, mêlant leurs voix aux chants religieux des moines qui les bénissaient. Kutusoff, s'arrêtant successivement devant le front de bataille de chaque corps d'armée, adressa aux guerriers russes cette singulière allocution :

« Frères et compagnons d'armes,

» Vous voyez devant vous, dans cette image
» sacrée du saint objet de votre adoration, un
» appel qui vous crie hautement de vous lever

» tous avec fermeté contre le tyrannique per-
» turbateur du monde. Non content de dé-
» truire l'image de Dieu dans la personne des
» millions de ses créatures, ce tyran univer-
» sel, cet archirebelle à toutes les lois di-
» vines et humaines *pénètre à main armée*
» *dans vos sanctuaires, les souille de sang,*
» *renverse vos autels, foule aux pieds vos*
» *rites, et expose la vraie arche du Seigneur*
» *(consacrée dans cette sainte enseigne de*
» *notre église) aux profanations des accidens,*
» *des élémens, et des mains sacriléges.* Ne
» craignez donc pas que ce Dieu, *dont les au-*
» *tels ont été ainsi insultés* par ce vermisseau
» que sa toute-puissance a tiré de la poussière,
» ne craignez pas qu'il ne veuille point être
» avec vous, qu'il ne veuille point étendre son
» bouclier sur vos rangs, et combattre son en-
» nemi avec l'épée de Michel.

» C'est dans cette croyance que je veux com-
» battre et vaincre ! C'est dans cette croyance
» que je veux combattre et mourir, etc. »

Cette harangue absurde et mensongère était pourtant habilement calculée pour produire une profonde impression sur l'esprit superstitieux des Russes, qui d'ailleurs avaient été vivement frappés du spectacle imposant offert à leurs regards. Convaincus qu'il s'agissait en effet de la religion et d'une guerre sacrée, les soldats se disposèrent avec une résignation froidement courageuse à braver la mort pour conquérir les palmes du martyre. Jamais ils ne montrèrent plus de bravoure et de constance qu'à la bataille de la Moskowa.

Cependant, la nuit était venue, et tous les corps, ayant reçu les ordres de Napoléon, commencèrent à s'ébranler. La vieille garde vint s'établir derrière la redoute emportée la veille par Compans, point où l'Empereur avait d'avance marqué sa place pendant la bataille. La jeune garde se déploya en avant de la redoute, dans l'espace compris entre le village de Chewardino et le bois qui s'étend à droite jusqu'au village de Psarewo.

Cette masse de vingt mille combattans étant demeurée immobile pendant la bataille, c'est à ce point central qu'il convient de rapporter les mouvemens et la disposition de tous les autres corps, afin de se former une idée plus claire de l'action compliquée dont il fut comme le pivot.

Poniatowski, traversant le bois à droite de la garde, alla prendre position au delà, sur la vieille route de Smolensk. Les Polonais formaient ainsi l'extrême droite de l'armée, et avaient devant eux, à une demi-lieue environ, le corps de Touczkof, retranché derrière le village d'Outitza que couvrait une batterie.

En avant de la garde furent disposés le corps de Davoust à droite, celui de Ney à gauche; derrière eux, les réserves de cavalerie de Nansouty, de Montbrun et de Latour-Maubourg, commandées par Murat; plus en arrière et rapprochés de la jeune garde, les Westphaliens sous les ordres de Junot.

Le corps du vice-roi formant, devant le centre de l'armée russe, près de Borodino, l'extrême gauche de celle des Français, était séparé de l'une et de l'autre par la Kolocza, qui forme un coude entre Chewardino et Borodino. Quoique ce russeau fût alors guéable partout, on avait construit des ponts sur plusieurs points de de son cours, pour en faciliter le passage aux troupes du vice-roi et favoriser ses communications avec le gros de l'armée.

Eugène et Poniatowski, aux deux extrémités de la ligne française, se trouvaient l'un et l'autre à une demi-lieue environ du quartier général. L'ensemble des forces ainsi réparties sur ce champ de bataille d'une lieue, s'élevait, d'après les feuilles d'appel du 2 septembre, à cent trente-trois mille huit cent dix-neuf combattans. Il y avait donc parité dans le nombre des deux grandes masses prêtes à s'entrechoquer, et l'artillerie était égale de part et d'autre.

Mais les Russes comptaient dans leurs rangs des miliciens armés de piques et des recrues sans instruction; une partie de leur cavalerie se composait de Cosaques irréguliers, inutiles un jour de bataille. Les troupes de Napoléon, au contraire, étaient toutes excellentes. La part faite à la faim, aux maladies, aux blessures, aux fatigues excessives, à tous les maux d'une si longue marche, il ne restait sous le drapeau que des hommes d'élite, robustes, éprouvés, pleins d'ardeur et de confiance dans leur chef, et qui d'ailleurs voyaient, dans la victoire offerte à la valeur française, la fin de leurs travaux, suivie d'un repos glorieux.

Napoléon passa la plus grande partie de la nuit à recevoir les rapports des mouvemens de l'armée à mesure de leurs progrès, et à dicter des ordres à ce sujet; tous étaient accomplis deux heures avant le jour. Il reconnut alors avec satisfaction que les feux du camp de Kutusoff continuaient à briller d'un vif éclat, et qu'ils dessinaient les lignes des Russes dans l'ordre où il les avait observées à diverses reprises durant le cours de la journée. Conservant exactement les mêmes positions, les ennemis présentaient encore un front semi-circulaire d'une lieue et demie de développement; tandis que les Français, resserrant toutes les leurs sur un espace moins étendu d'un grand tiers, venaient d'en concentrer la plus grande masse devant le point le moins fort de l'armée Russe.

Par l'effet de cette manœuvre que le jour allait révéler à Kutusoff, son aile gauche, se trouverait tout à coup assaillie par Ney et par Davoust, chargés de commencer la bataille en attaquant les deux redans et la redoute de Séménofskoë, qui couvraient le front de Bagration; en même temps, le mouvement de Poniatowski, sur la vieille route de Smolensk, tendrait à les tourner. L'action ainsi engagée, le vice-roi devait s'emparer de Borodino, menaçant alors le centre des Russes et leur batterie principale près de Gorki; et, pour donner plus de poids à cette grande diversion, l'Empereur avait ajouté aux troupes d'Eugène le corps de cavalerie de réserve, commandé par Grouchy, outre deux divisions détachées du 1er. corps, sous les ordres de Gérard et de Morand.

Ainsi, pendant les premiers momens de la bataille, Kutusoff, au centre, serait trop occupé de sa propre défense pour envoyer des renforts à son aile gauche, sur laquelle pèserait tout l'effort de l'armée française; et les forces considérables, accumulées à la droite des Russes depuis Borodino jusqu'à la Moskowa, deviendraient complétement inutiles à la défense générale; elles n'avaient pas d'ennemis devant elles, et à raison de la distance de plus d'une lieue qui les séparait du véritable point d'attaque, il leur fallait, pour venir au secours de Bagration, plus de temps que les troupes françaises n'avaient, selon toute apparence, besoin d'en employer pour enlever successivement la flèche, le redan et la redoute, culbuter l'aile gauche et la renverser sur le centre.

Si l'attaque du vice-roi réussissait en même temps, c'en était fait de l'armée de Kutusoff, qui se trouverait alors acculée tout entière à la Moskowa, au sommet de l'angle formé par cette rivière et la Kolocza. Les Russes seraient ainsi coupés de la grande route de Mojaïsk, et par conséquent sans retraite.

Telle était l'idée générale du plan conçu par Napoléon avec tant d'habileté. Vers trois heures du matin, certain que les Russes n'avaient rien changé à leurs dispositions, tranquille sur l'issue du grand événement qui se préparait, Napoléon rentra dans sa tente et se livra pendant deux heures à un sommeil paisible.

CHAPITRE V.

Bataille de la Moskowa, le 7 septembre 1812.

Napoléon, monté à cheval avant cinq heures du matin, vint se placer sur le mamelon de la redoute conquise par Compans deux jours auparavant. De cette hauteur, il dominait la partie du front de bataille des ennemis, qui s'étendait depuis Borodino jusqu'à la flèche, à l'extrême gauche de Bagration, près du bois d'Outitza. Les masses qui composaient leur centre et leur aile gauche se présentaient distinctement à ses regards, et, plus loin, devant le village de Psarewo, il apercevait la garde impériale russe en réserve.

Un brouillard de pluie avait obscurci la journée précédente et épaissi l'ombre de la nuit; ces vapeurs commençaient alors à s'éclaircir : bientôt les premiers rayons du soleil achevèrent de les dissiper, et annoncèrent un beau jour. Napoléon en fit tout haut la remarque, et ajouta : *Voilà le soleil d'Austerlitz!* Les chefs de l'armée l'entouraient; ils applaudirent à cet heureux présage; et, après avoir reçu ses dernières instructions, chacun alla reprendre son poste à la tête des troupes déjà sous les armes. On battit un ban devant le front des régimens d'infanterie, les trompettes de la cavalerie sonnèrent : puis tout rentra dans le silence, et les capitaines lurent à leurs compagnies la proclamation de l'Empereur :

« Soldats!

» Voilà la bataille que vous avez tant désirée.
» Désormais la victoire dépend de vous; elle
» nous est nécessaire; elle nous donnera l'a-
» bondance, de bons quartiers d'hiver et un
» prompt retour dans la patrie. Conduisez-vous
» comme à Austerlitz, à Friedland, à Witepsk,
» à Smolensk, et que la postérité la plus re-
» culée cite avec orgueil votre conduite dans
» cette journée; que l'on dise de vous : Il était

» à cette grande bataille, sous les murs de
» Moskou! »

A cet appel énergique, dont l'éloquence simple et concise électrisa l'armée, l'enthousiasme des soldats éclata en cris de *vive l'Empereur!* Au même instant, les soixante pièces de la batterie de droite, où commandait le général Sorbier, commencèrent à foudroyer la gauche de Bagration; le redan répondit par un feu terrible, ainsi que la flèche contre laquelle le maréchal Davoust donna l'ordre de marcher. Aussitôt la division Compans longea le taillis, avec trente pièces d'artillerie, sous les ordres du général Pernetti; et la division Dessaix s'engagea dans le bois. En même temps, Poniatowski débouchait sur la vieille route de Smolensk, près de Ielnia, se dirigeant vers Outitza.

Une troisième division du 1er. corps, celle de Friant, resta en réserve devant Chewardino, sous la main de l'Empereur.

Au signal donné par le feu de la batterie du général Sorbier, le vice-roi, d'après ses instructions, commanda au général Delzons d'emporter Borodino devant le centre des Russes, afin d'occuper Kutusoff de ce côté, et de détourner son attention du véritable point d'attaque à sa gauche. La division Delzons marcha sur le village, que les chasseurs de la garde russe défendaient; après une vive résistance, ils y mirent le feu, et se replièrent au delà du ravin de la Kolocza, sur les hauteurs de Gorki.

Tandis que cette diversion tenait en suspens le général ennemi, Compans, luttant contre les obstacles d'un terrain inégal, difficile surtout pour l'artillerie de Pernetti, avançait lentement vers la flèche qu'il était chargé d'emporter. Mais, arrivé enfin vers sept heures devant les retranchemens, il les fit assaillir sur-le-champ. L'attaque fut vive, la résistance opiniâtre; le canon tonnait des deux côtés avec une égale fureur; Compans, blessé d'un biscaïen à l'épaule, se vit forcé de laisser le commandement à Dupelain, qui bientôt, frappé lui-même, dut le céder au général Dessaix.

Ces accidens, coup sur coup, avaient mis de l'indécision dans le mouvement de Davoust, lequel aurait demandé plus de rapidité; l'Empereur impatient envoya le général Sorbier pour exciter le maréchal, et donna l'ordre à Ney d'attaquer le redan et la redoute centrale élevée sur les ruines du village de Séménofskoé. Le 3e. corps s'avança, secondé par la cavalerie de Murat et suivi de Junot; le feu de la deuxième grande batterie qu'avait armée le général Foucher protégeait leur marche. Le plan d'attaque de l'Empereur reçut alors tout son développement.

A l'instant où Sorbier, envoyé par l'Empereur, arrivait auprès de Davoust, le maréchal tomba renversé par un boulet; Sorbier retourna rapidement en informer Napoléon, qui, maître de lui-même, réprima l'expression de sa douleur et garda le silence. Presque aussitôt un officier du 1er. corps accourut, apportant la nouvelle qu'un boulet avait traversé le cheval de Davoust, et que le maréchal, légèrement froissé de sa chute et déjà remonté sur un autre cheval, restait à la tête de ses troupes. La figure de Napoléon s'éclaircit tout à coup : « Dieu soit loué! » dit-il avec effusion. Mais Dessaix venait de tomber à son tour grièvement blessé. L'Empereur le fit remplacer par Rapp, qui ne conserva qu'un instant ce fatal commandement; à peine arrivé devant la flèche, il éprouva le même sort que les trois généraux qui l'avaient précédé, et fut comme eux atteint d'une grave blessure.

Cependant, Ney et Murat continuaient d'avancer, soutenus par les Westphaliens; Bagration se hâta de renforcer les divisions Woronzoff et Névérofskoï, chargées de la défense du redan et de la redoute de Séminofskoé, en envoyant à leur secours deux divisions d'infanterie et celle des cuirassiers de Douka. Les Russes soutinrent bravement le choc impétueux de Ney; mais, les Français redoublant d'efforts, les Russes ne tardèrent pas à perdre du terrain. En vain Kutusoff, que le vice-roi laissait un moment respirer au centre, fit appuyer Bagration par trois autres régimens de cuirassiers et huit pièces de son artillerie à cheval, rien ne put arrêter l'élan de Ney et de Murat; ils se précipitèrent dans les intervalles, entre la redoute, le redan et la flèche, refoulant les ennemis sur leur seconde ligne.

Se voyant ainsi soutenues à leur gauche, les divisions de Davoust se reportent en avant avec une nouvelle ardeur, et font aussi reculer celles du corps d'armée de Barasdin, à la gauche de Bagration, qu'ils repoussent au delà de la flèche; le 57e. en escalade les retranchemens du côté du bois, et y pénètre en même temps qu'un régiment de Ney y entrait du côté opposé. Peu après, le redan tombe également au pouvoir du maréchal.

La redoute de Séminofskoé tenait encore; Kutusoff alarmé envoie renforts sur renforts à Bagration, pour défendre ce rempart qu'il regarde avec raison comme la clef de sa position. Les régimens d'Ismaïlofskoï et de Lithuanie, une partie de l'infanterie et deux batteries de l'artillerie légère de la garde russe, toutes celles de la réserve, accourent successivement et prennent part à l'action dans laquelle est déjà engagé tout le corps d'armée de Racfskoï et tout celui de Barasdin. Napoléon fait alors avancer la division Friant, et Ney reprend un avantage décidé. Les Russes se battent avec acharnement; Doctoroff les joint et entre en ligne à son tour avec deux régimens de hussards et les dragons de Courlande et d'Oriembourg; mais l'audace et l'impétuosité des Français suppléent à l'infériorité du nombre, ils renversent tout devant eux. A neuf heures, ils étaient maîtres de la redoute de Séménofskoé; ils s'y maintinrent.

Immobile dans la position centrale d'où ses

regards planaient sur l'immense champ de bataille, l'Empereur suivait de l'œil les mouvemens de Ney, de Murat et de Davoust. De ce point élevé, il découvrit alors la tête des épaisses colonnes de Baggavout, qui commençaient à passer de la droite à la gauche de la ligne des Russes. Kutusoff, éclairé sur les véritables desseins de Napoléon, et ne voyant aucune apparence d'hostilités devant l'espace qui s'étendait de Borodino à la Moskowa, se décidait enfin à opposer la masse entière de ses forces à celles des Français, réunies devant sa gauche.

L'Empereur s'était flatté que les ennemis ne pourraient opérer ce grand mouvement qu'après la déroute de Bagration; mais les fatales lenteurs de la première attaque, où quatre généraux avaient été mis l'un après l'autre hors de combat, venaient de déjouer cette partie des habiles combinaisons du grand capitaine. Toutefois, pour n'être pas aussi complétement heureuses qu'il les avait espérées, les chances n'en étaient pas moins déjà toutes en sa faveur.

A peine eut-il aperçu l'approche du puissant secours que Kutusoff envoyait à Bagration, qu'il fit ordonner au vice-roi de redoubler d'efforts sur le centre des Russes, en avant de Borodino. Une heure auparavant, la division Delzons avait fait au delà du ruisseau de la Kolocza une première et infructueuse tentative. Le 106°., emporté par son ardeur, ayant poursuivi seul les chasseurs de la garde russe jusque près des hauteurs de Gorki, s'était vu tout à coup entouré par une grande masse d'ennemis; il allait succomber, quand le général Plauzonne, accourant à la tête du 91°., dégagea le régiment compromis; la troupe regagna le village, mais Plauzonne paya de sa vie la gloire de cet exploit, et tomba mort sur le champ de bataille. Bientôt après, Eugène, recevant l'ordre de l'Empereur, passa la Kolocza sur quatre ponts jetés d'avance sur le ravin, et dirigea le gros de l'armée d'Italie contre la grande batterie des Russes, entre la route de Mojaïsk et Séménofskoé. Ainsi placé, le vice-roi, vers neuf heures du matin, appuyait sa droite à la gauche du maréchal Ney déjà maître de la redoute en avant de ce village; les deux corps étaient liés l'un à l'autre par une partie de la cavalerie de Murat, sous les ordres de Nansouty et de Latour-Maubourg.

C'est à ce moment que Kutusoff, achevant

de dégarnir sa droite, appela, pour l'opposer au vice-roi, le corps d'armée d'Ostermann, qui vint se joindre à celui de Doctoroff, avec la cavalerie de la garde russe. Alors la lutte devint générale. A l'extrême droite des Français, Poniatowski attaquait Touczkof devant Outitza sur la vieille route de Smolensk; à leur centre, sous les yeux de Napoléon, Ney, Davoust et Murat avaient en tête, devant la position de Séménofskoé, Bagration commandant les corps de Barasdin, de Raeffkoï et de Baggavout; à la gauche de l'Empereur, Eugène menaçait à la fois les hauteurs de Gorki, et le plateau de la grande batterie, objet de ses plus grands efforts.

Morand, chargé d'enlever cette position capitale, fut d'abord accueilli par le feu de quatre-vingts pièces de canon que sa division essuya sans s'ébranler; elle continua de marcher, sa première ligne déployée, la seconde en colonnes par bataillons, et gravit ainsi la hauteur. Arrivé sur le plateau, Morand détache le 30ᵉ. régiment et le lance contre la formidable batterie; le général Bonami se précipite à la tête de ces braves, qui fondent sur les retranchemens, les escaladent : ils en sont maîtres; mais Ostermann et Doctoroff ont fait un mouvement de concert, ils entourent la division Morand, isolée sur le plateau, la pressent de toutes parts du poids de leurs forces immenses; le 30ᵉ. régiment perd l'espoir d'être soutenu dans la batterie, il l'abandonne; et Tikaczef, qui l'avait défendue avec une rare valeur, y rentre et fait prisonnier Bonami; resté le dernier, l'intrépide général allait aussi se retirer, mais, criblé de blessures, il n'en eut pas la force.

Eugène voit la crise; il envoie aussitôt au secours de Morand, Gérard à droite suivi de la cavalerie de Grouchy, Broussier à gauche; et lui-même accourt avec la garde royale italienne. Malgré leur nombre, les Russes cèdent à ce puissant effort; ils reculent, et Morand, dégagé, reste maître du plateau. L'ennemi conserve la batterie, qu'appuient celles de Gorki; et les deux corps d'armée en présence continuent à se canonner sans relâche.

Pendant que cette lutte se soutenait indécise à la gauche de l'Empereur, devant lui les colonnes de Bagration s'épaississaient en avant des deux côtés du village de Séménofskoé. Les batteries russes, dont le nombre croissait également à vue d'œil, comptaient au moins trois cents bouches à feu, et couronnaient les hauteurs autour de cette position. Napoléon, témoin de ces apprêts formidables, fit avancer, pour appuyer Ney et Davoust, toute l'artillerie de la réserve, et détacha de sa jeune garde la division Roguet, afin de remplacer en arrière de Ney le corps de Junot, auquel il ordonna de se porter à la droite de Davoust. Ainsi placés, les Westphaliens devaient menacer la gauche de Bagration, et établir la communication de l'armée avec le corps des Polonais, qui tardaient trop à se montrer du côté de la vieille route de Smolensk.

Il était près de midi lorsque l'Empereur commanda aux deux maréchaux et à Murat de ranimer le combat par un effort vigoureux et général; et à Friant d'enlever les ruines du village de Séménofskoé, où l'ennemi tenait encore. A cet ordre, le feu de nos batteries éclata sur toute la ligne avec un fracas épouvantable; celles des Russes rivalisèrent d'activité. Les colonnes françaises, infanterie et cavalerie, s'ébranlent, et inondent la petite plaine en avant du village. Vainement la mitraille et les boulets redoublant de furie, ouvrent dans leurs rangs de larges sillons; elles se reforment à l'instant, et la masse avance toujours avec une constance héroïque, objet de l'admiration des ennemis eux-mêmes [1].

Bagration juge que le sort de la bataille va se décider ; le moment critique est venu : il ordonne à ses troupes de charger l'ennemi qui menace de les écraser ; les Russes s'ébranlent à leur tour et courent au devant des Français. De ce choc terrible entre deux masses égales en forces, en bravoure, résulte une mêlée confuse, une sorte de lutte corps à corps, où la victoire, après quelques momens d'incertitude, semble pencher tour à tour pour l'un et l'autre parti. Mais bientôt Bagration tombe blessé d'une balle qui lui fracasse la jambe ; Saint-Priest, un Français, son chef d'état-major, le remplace un moment ; il est frappé, on l'emporte aussi. Plusieurs autres sont tués à la même place. Les Russes sans direction se déconcertent, ils ploient ; les Français, au contraire, s'animent d'une nouvelle ardeur.

Friant venait d'enlever le village de Séménofskoé ; la cavalerie de Nansouty, de Latour-Maubourg, de Montbrun, toute cette redoutable

[1] Le colonel Boutourlin, aide de camp de l'empereur de Russie, tome 1, page 338.

réserve de Murat, chargeant à l'envi les colonnes ennemies, les poussaient, quoique lentement, vers les hauteurs en arrière du village ; là, Konownitsin, chargé du commandement en l'absence de Bagration, commençait à les rallier. L'instant parut favorable à l'Empereur pour faire donner la garde, afin d'assurer la victoire par un coup décisif. Mais alors une grande agitation se manifeste subitement à l'extrême gauche ; l'Empereur apprend que Kutusoff vient de montrer des forces considérables au delà de la Kolocza, et menace le flanc du vice-roi, près de Borodino.

Combien Napoléon dut s'applaudir alors de n'avoir pas compromis sa réserve ! En effet, quelque grave qu'eût été le danger qu'on lui annonçait, la garde demeurée intacte sous sa main suffisait pour sauver l'armée d'un revers, qui, sans elle, pouvait être désastreux. Aussi toute son attention se fixa-t-elle sur cet événement : des officiers d'ordonnance volèrent du côté de l'armée d'Italie, chargés de reconnaître le véritable état des affaires, et de rapporter des nouvelles. En attendant, l'Empereur dirigea vers ce point la division Claparède, récemment arrivée d'Espagne, et qui faisait partie de la garde.

Au premier bruit de cette attaque inopinée, Eugène détacha sur-le-champ la division Delzons à sa gauche, vers le plateau de Borodino ; et lui-même s'y porta suivi de la garde royale. Il s'écoula trop de temps avant qu'il eût pu reconnaître que cette diversion se bornait à une attaque partielle de huit régimens de cavalerie régulière, et de deux mille Cosaques environ, que n'appuyait aucun corps d'infanterie ; Ouvaroff, qui les commandait, venait de rejeter sur le plateau de Borodino la brigade Ornano, restée en observation de ce côté ; mais, à la vue de la division Delzons et de la garde italienne, les Russes s'arrêtèrent tout court. Eugène fit alors charger cette cavalerie ; elle prit la fuite, se dissipa dans la plaine qui s'étend jusqu'à la Moskowa, et disparut entièrement.

Cette échauffourée, quoique de peu d'importance en elle-même, ne fut pas sans influence sur le sort de la bataille. Elle avait détourné l'armée d'Italie de son attaque sur la grande batterie, et ralenti, pendant une heure au moins, les opérations des deux maréchaux et du roi de Naples, au moment où l'Empereur allait, selon toute apparence, faire donner la garde. Pendant cette espèce de relâche laissée à Konowitsin, il avait eu le temps de reformer ses colonnes, et de s'affermir sur les hauteurs, en arrière de Séménofskoé. Kutusoff venait de changer complétement son ordre de bataille. Ce n'était plus cette longue ligne d'une lieue et demie qui se prolongeait inutilement jusqu'à la Moskowa. Toutes ses forces se trouvaient alors concentrées, et présentaient un front de mille toises, la droite appuyée à la grande route et couverte par les redoutes de Gorki, ainsi que par la grande batterie qu'Eugène menaçait, et la gauche au village de Psarewo. Kutusoff avait détaché à son extrême gauche le corps de Baggavout au secours de Touczkoff, que Poniatowski, à l'aide de Junot, venait de forcer dans la position d'Outitza. C'était comme un combat à part sur la vieille route de Smolensk, où les succès et les revers se balançaient depuis le matin sans résultats.

Il était une heure et demie lorsque l'Empereur, quittant le mamelon du haut duquel il avait jusqu'alors dirigé la bataille, vint reconnaître la nouvelle position des Russes; le feu, quoique ralenti, n'avait point cessé, et l'on remarquait une grande agitation sur tout leur front. Le corps d'Ostermann s'avançait en première ligne, relevant les débris de celui de Raesfskoi presque anéanti; sur tous les autres points, Kutusoff remplaçait, par les dernières réserves de l'infanterie et de la cavalerie de la garde, les régimens qui avaient le plus souffert. L'Empereur continuait sa reconnaissance, exposé aux boulets de l'ennemi qui labouraient la terre autour de lui. On l'avertit du danger, mais il n'en tint compte; et Bessières prit le parti de faire éloigner le brillant état-major qui l'entourait, de peur que cet éclat ne révélât la présence de l'Empereur.

Arrivé près de Séménofskoé, il demanda Friant qui avait si vaillamment emporté cette position. On lui répondit que le général, quoique blessé, restait à la tête de sa division. « *En ce cas, je suis tranquille*, dit-il en souriant, » *laissons-le faire.* »

Cependant les changemens ordonnés par Kutusoff continuaient à remuer la masse de ses colonnes, et donnaient à cette opération l'apparence d'immenses préparatifs pour reprendre l'offensive; on assure qu'alors les maréchaux pressèrent l'Empereur de faire donner la garde; mais du point où il se trouvait en ce moment, Napoléon voyait en arrière de la ligne de bataille de Kutusoff une masse épaisse, immobile; c'étaient dix mille hommes de la milice de Moskou, troupe sans consistance et armée de piques, dont pourtant l'apparence imposait dans l'éloignement. L'Empereur dut croire que Kutusoff gardait sur ce point une réserve de troupes fraîches prêtes à parer aux derniers coups; il résolut donc d'attendre que les ennemis en fussent venus à l'appeler, pour engager la sienne. Cette détermination a trouvé des censeurs après l'événement; les détracteurs de ce grand homme de guerre ne considèrent pas que, dans ce moment critique, il n'était pas encore rassuré à l'égard de la tentative d'Ouwaroff contre son extrême gauche.

Mais enfin le vice-roi venait de faire instruire l'Empereur du résultat définitif de cette diversion, en annonçant qu'il allait reprendre sa position devant la grande batterie et l'assaillir une seconde fois. Aussitôt l'artillerie française, éclatant à droite avec un fracas redoublé, donna le signal d'une attaque nouvelle et générale. Friant la commence en franchissant le ravin qui couvre l'ennemi entre Séménofskoé et la grande batterie. Le choc de sa division jette du trouble dans cette partie de la ligne des Russes; Montbrun charge alors à la tête de sa cavalerie; il est emporté par un boulet; Caulincourt le remplace.

Eugène s'avançait de nouveau sur le plateau de la grande batterie avec les divisions Gérard, Morand et Broussier; Murat commande à Caulincourt de soutenir cette attaque en fondant sur l'ennemi à la droite du vice-roi. Le brave général s'élance suivi des cuirassiers de Wathier, renverse tout devant lui, culbute la première ligne de Doctoroff sur la seconde, dépasse la grande batterie; puis, se rabattant à gauche, il y court, la prend à revers et s'en empare. Le canon russe des ouvrages de Gorki, placé en arrière, tonne sur cette cavalerie, l'écrase dans la batterie; Caulincourt tombe frappé d'un coup mortel.

Le petit nombre des cuirassiers échappés à ce feu meurtrier, que seconde la mousqueterie de la vingt-quatrième division russe, abandonnent leur conquête; mais déjà le vice-roi est prêt à la ressaisir. Les 21e., 17e., 9e. et 35e. régimens escaladent à la fois les retranchemens de front et sur les flancs; ils s'y jettent au moment où les cuirassiers en sortent, et font un affreux carnage de tout ce qu'a épargné la cavalerie; la position est emportée, le général Likaczeff est fait prisonnier, on s'empare de vingt-un canons. Eugène poursuit sa victoire, il enfonce le corps de Doctoroff et en rejette les débris sur la droite des Russes.

Ainsi resserrée en une masse énorme, compacte, hérissée d'artillerie, l'armée ennemie tente un effort désespéré pour reprendre la position de Séménofskoé, et s'ébranle tout entière à la fois; mais Napoléon observe les mouvemens de Kutusoff, et déjà tous les canons de Ney, de Davoust, de la garde, se sont avancés; ils dessinent une ligne de feux devant le front des Russes qui s'arrêtent. Alors s'engagea ce célèbre combat d'artillerie, le plus sanglant dont la mémoire de nos vieux guerriers ait gardé le souvenir, et que Napoléon appela une *bataille des géans*.

Plus de trois cents bouches à feu, de chaque côté, vomissaient à la fois la mort. Jamais spectacle plus imposant ni plus terrible ne frappa les regards. L'artillerie française ne tarda pas à prendre une visible supériorité; les Russes, plus exposés, souffraient aussi davantage de cette épouvantable grêle de mitraille et de boulets : ils tombent par centaines, la masse demeure immobile; des pelotons entiers disparaissent, l'intervalle est comblé. On eût dit que ces braves gens, résolus à périr jusqu'au dernier, auraient rougi de survivre à la perte de la bataille qui devait décider du sort de leur patrie.

Toutefois la cavalerie russe agissait avec vigueur sur leurs flancs; mais elle trouvait devant elle les carabiniers de Paultre et de Chouard, Pajol avec les 11°. et 12°. de chasseurs, les divisions Bruyères et Saint-Germain; les charges brillantes de la cavalerie française repoussaient partout celle des ennemis dont elle admirait le courage.

Cependant Napoléon vient de concevoir une de ces idées fortes et soudaines qui décident du sort des batailles; il en confie l'exécution à Ney. Le maréchal s'avance avec impétuosité à la tête de son corps d'armée, bravant audacieusement le feu redoublé des Russes, et menaçant de déborder leur gauche. Ce mouvement décide la victoire, et Ney vient de conquérir le grand nom de *prince de la Moskowa*. Les ennemis reculent, mais sans désordre, et vont se reformer sur leur dernière ligne, appuyée à droite sur la grande route, près des retranchemens de Gorki, et, à gauche, en arrière de Psarewo. Il était trois heures après midi; Kutusoff avait perdu le tiers de son armée en tués et en blessés; toutefois, vaincue, mais non découragée, elle montrait encore une contenance assurée.

L'Empereur, voulant reconnaître la position de l'ennemi, s'avança d'abord du côté de Gorki pour observer ce point que venait de découvrir la prise de la grande batterie. Sa première idée fut de faire attaquer celles qui barraient la route en avant du hameau; et, pour en mieux juger, il s'approcha jusqu'à une portée de mousquet des tirailleurs ennemis. Duroc, Berthier, le duc de Vicence et Bessières l'accompagnaient; tous déclarèrent qu'il en coûterait trop pour enlever les retranchemens de Gorki, dont la position n'ajouterait rien au succès de la journée. Murat, survenant, appuya cette opinion contre l'Empereur qui resta seul de son avis. On le pressa d'y renoncer, et surtout de s'éloigner de ce lieu trop exposé aux balles; il résistait encore quand un officier du premier corps accourut, et lui dit: « Sire, ce n'est pas là votre place, l'ennemi » vient d'apercevoir ce groupe, et il fait avan- » cer une batterie. » Napoléon venait à peine de s'éloigner, lorsque le lieu qu'il quittait, fut balayé par la mitraille.

On assure qu'à ce moment l'Empereur fut de nouveau pressé d'appeler sa réserve et d'achever les Russes en les attaquant de front. De leur aveu [1], un dernier effort de l'armée française eût décidé leur déroute; il restait quatre heures de jour, et ils étaient incapables de tenir encore tout ce temps; mais Napoléon ignorait leur véritable situation, et leurs historiens déclarent que Kutusoff lui-même ne la connut qu'à la nuit, lorsque, tous les rapports lui étant parvenus, il se décida enfin à la retraite; car jusqu'alors il montra la résolution de recommencer le combat le jour suivant. L'ensemble de sa dernière position, que l'Empereur venait de reconnaître, était encore formidable; et son artillerie, dont il n'avait presque rien perdu, hérissait le front de sa ligne, couronnant les hauteurs qui la dominaient. Aussi Napoléon répondit-il avec raison à ceux qui lui conseillaient de faire marcher la garde: *Eh! si nous avons une bataille demain, que nous restera-t-il pour décider la victoire?*

[1] Le colonel Boutourlin, *Campagne de Russie*, tome 1, page 351.

Sans doute, à Friedland, à Austerlitz et dans les mémorables journées qu'illustra le prodige d'Eckmühl, le grand capitaine n'eût pas fait une semblable réponse. Mais combien les circonstances étaient différentes! A six cents lieues de la France, au cœur de la Russie, devait-il donc risquer de tout perdre pour gagner un peu plus? Doit-il être blâmé de n'avoir pas fait cette fois la faute qu'on lui reproche, avec une égale injustice, d'avoir toujours commise : celle de jouer, pour ainsi dire, sa fortune entière sur un coup?

La victoire venait de se déclarer pour lui; elle devait lui ouvrir les portes de Moskou; son but présent était suffisamment atteint. L'armée avait éprouvé des pertes immenses, elle était accablée de fatigues; Napoléon jugea donc convenable de mettre un terme aux scènes sanglantes de cette terrible journée, il déclara que la bataille était finie.

Jusqu'à la chute du jour, l'artillerie continua de tonner des deux parts. Les Polonais avaient fait aussi des progrès sur la vieille route de Smolensk; ils prirent position à une demi-lieue au delà du village d'Outitza; Touczkoff, fortement retranché, leur barrait le passage. Ces deux corps se bornèrent aussi à échanger quelques coups de canon; mais là, comme sur le grand champ de bataille, tout mouvement cessa, et la nuit trouva les armées russes et françaises dans les positions où elles s'étaient arrêtées à trois heures du soir.

CHAPITRE VI.

Suite de la bataille de la Moskowa. — Entrée à Moskou. — Incendie de la ville. — Retraite de Kutusoff.

(Du 4 septembre au 8 octobre.)

Les pertes des Français, quoique inférieures à celles des Russes, furent pourtant très-considérables. Outre Montbrun, Caulincourt et Plauzonne déjà nommés, nous eûmes encore à regretter quatre généraux tués : Compère, Romeuf, Marion et Lanabère. Onze autres, en comptant Bonami fait prisonnier, avaient reçu de graves blessures. Le nombre de nos morts s'élevait à neuf mille, et celui des blessés à treize mille, selon les rapports du docteur Larrey, qui, comme toujours, partagea ses soins entre toutes les victimes de cette sanglante journée, sans distinction de Français, d'alliés ou d'ennemis. L'exemple de cet homme de bien anima, soutint, pendant trois jours et trois nuits consécutives, le zèle de ses dignes émules; aucun blessé ne resta sans secours; tous, après un premier pansement, furent transportés, soit dans les villages voisins, soit à deux lieues en arrière au couvent de Kolotzkoï, converti en un vaste hôpital.

D'après leurs rapports, les Russes perdirent à cette bataille quinze mille hommes tués, trente mille blessés et deux mille prisonniers. Instruit de ces résultats dans le cours de la nuit, Kutusoff ordonna sur-le-champ la retraite; la tête de son armée étant arrivée à Mojaïsk avant le jour, il ordonna quelques dispositions défensives qui semblaient annoncer le projet de s'y maintenir; mais cette démonstration n'avait pour but que de faciliter le départ de ses blessés, dont néanmoins il fut contraint d'abandonner la plus grande partie faute de voitures; dix mille seulement le précédèrent à Moskou.

Le 9, après un court engagement avec la cavalerie de Platoff, Murat entra dans Mojaïsk, à la tête des quatre corps de cavalerie de réserve et de la division Friant, que commandait Dufour depuis la blessure de ce général. Le roi de Naples continua de suivre de près les pas de l'ennemi, dont l'arrière-garde, commandée par Miloradowitz, lui disputa vivement la position de Kriniskoé, pendant la soirée entière du 10; toutefois, satisfait d'avoir arrêté quelques heures la poursuite des Français, le général russe profita de l'obscurité pour se replier sur le gros de l'armée, qui continua son mouvement de retraite sans plus de résistance.

Ney et Davoust s'avançaient par la grande route, à la suite de Murat. Eugène à droite, et Poniatowski à gauche, avaient repris les positions respectives qu'ils occupaient depuis Dorogobouge, sur les flancs du corps principal. Junot demeura campé autour de Borodino, pour veiller à la sûreté des blessés et assurer les derrières de l'armée.

Du 9 au 12 septembre, Napoléon fixa son quartier général à Mojaïsk. Une légère indisposition, fruit des fatigues excessives des journées précédentes et de trois nuits passées au bivac, le retint enfermé pendant la plus grande partie de ce temps. Il paraissait probable que les Russes tenteraient un dernier effort pour défendre l'entrée de la capitale; l'Empereur avait donc besoin de consulter ses forces et de mesurer celles de son adversaire avant d'engager une seconde bataille qui devait décider de tout. Son premier soin fut de s'informer de l'état des munitions; elles étaient loin d'être épuisées, quoique l'artillerie eût tiré quatre-vingt-onze mille coups dans la journée du 7, d'après le rapport du général Lariboissière. Au surplus, huit cents voitures, chargées de poudre et de projectiles, devaient arriver avant peu, et se trouvaient déjà depuis deux jours en deçà de Smolensk; l'on avait, de plus, ramassé sur le champ de bataille de la Moskowa une quantité considérable de boulets.

En attendant les nouvelles que les chefs de l'armée étaient chargés de recueillir et de lui transmettre, afin de l'éclairer sur la marche et les desseins de l'ennemi, Napoléon se livra tout entier aux travaux arriérés du cabinet. Sa voix, éteinte par l'effet d'un rhume violent, ne lui permettait plus de dicter comme à l'ordinaire; il prit lui-même la plume, et d'après une multitude de notes qu'il écrivait rapidement, ses secrétaires expédiaient les dépêches qui, portées à l'instant même dans toutes les directions par des officiers, allaient régler la marche et les relations réciproques des divers corps de l'armée, jusqu'aux extrémités les plus reculées de la ligne immense de ses opérations, qui s'étendait de la Baltique aux rives du Styr. C'est de Mojaïsk que le maréchal Victor reçut l'ordre de venir à Smolensk remplir le vide que la pointe sur Moskou laissait dans cette position centrale.

Cependant, bien loin de s'avouer vaincu, Kutusoff, tout en précipitant sa retraite, proclamait qu'il venait de remporter une victoire complète et décisive. Ses rapports sur la bataille de Borodino, promptement parvenus à Pétersbourg, y excitèrent des transports de joie; il assurait que les ennemis de la Russie, entièrement défaits, fuyaient en désordre dans toutes les directions, et que la garde, taillée en pièces, avait été poursuivie par Platoff et sabrée par les Cosaques jusqu'au delà de Gjatz. Alexandre ordonna des réjouissances publiques; toutes les églises de l'empire retentirent de chants d'allégresse et d'actions de grâces; et la munificence du souverain ne se borna pas à combler de biens et d'honneurs le prétendu triomphateur, l'armée entière eut part à ses largesses. Kutusoff, élevé à la dignité de feld-maréchal, reçut une somme de cent mille roubles, et chacun de ses soldats cinq roubles.

Toutefois, si les forfanteries du général russe produisirent, surtout dans les provinces éloignées du théâtre de la guerre, un effet favorable aux vues d'Alexandre, à Moskou elles ne trompèrent qu'un moment, même les classes inférieures du peuple.

Rostopchin, gouverneur de la ville, n'épargnait cependant aucun moyen pour entretenir la confiance des habitans. Violent jusqu'à la fureur, partisan enthousiaste du système anglais, il avait publié en 1807 un écrit dans lequel il prodiguait les injures à Napoléon, et exprimait en termes véhémens sa haine contre les Français et contre ce qu'il s'obstinait à nommer encore *la révolution*, sous le régime impérial. Ce pamphlet, réimprimé dans les premiers mois de 1812, attira l'attention sur l'auteur, et lui valut le gouvernement de Moskou. Ne doutant plus que cette capitale ne fût menacée, par la prise de Smolensk, de tomber au pouvoir des Français, il conçut le projet de la ruiner de fond en comble avant de l'abandonner, et de ne céder au vainqueur que des débris et des cendres.

Certes, Rostopchin eût mérité l'admiration de la postérité la plus reculée, si, montrant noblement son âme à découvert, il eût par son exemple et ses paroles éloquentes exalté, dans les cœurs moskovites, l'amour de la patrie jusqu'à ce degré d'héroïsme sublime qui a fait un si beau nom aux habitans de Numance et de Sagonte. Mais, loin de là, sombre, dissimulé, Rostopchin ne marcha vers son but qu'à l'aide de la fourberie; il trompa ses compatriotes, et sacrifia leurs vies sans danger pour ses jours, leurs fortunes sans risquer rien de la sienne. Suivons l'ordre des faits, ils serviront à caractériser l'homme et son action.

Peu de temps avant l'époque où les hostilités éclatèrent, un Anglais, nommé Schmith, vint offrir à Bagration la confidence d'un moyen secret de détruire l'armée française. L'intrigant, adressé par le général à Saint-Pétersbourg, y fut bien accueilli; et, peu après, il partit pour Moskou, portant des ordres particuliers à Rostopchin. Vers le milieu de juillet, le gouverneur l'installa dans le château de Woronsoff, proche de la ville, sur la route de Kalouga. Là, Schmith ne parut occupé que de la construction d'un ballon, immense et lourde machine, dont la carcasse existait encore à l'arrivée des Français, et qui, au rapport de ceux qui l'ont vue, n'aurait jamais pu s'élever dans les airs par aucun des moyens connus. Aussi cette opération ostensible n'était-elle qu'un leurre destiné à détourner l'attention des oisifs d'une grande ville, sur un objet étranger aux travaux réels de l'ouvrier anglais.

En effet, Schmith confectionnait en secret des fusées et des torches incendiaires, pour la fabrication desquelles le gouverneur lui fournissait une quantité considérable de poudre et de matières inflammables. Au moment où, après la prise de Smolensk, les mouvemens de l'armée française semblaient menacer Moskou d'une prochaine invasion, les préparatifs du château de Woronsoff prirent un nouveau degré d'activité; on remarquait aussi que le gouverneur faisait enlever du Kremlin, et transporter au dehors, les archives et les effets les plus précieux de cet antique palais des Czars. On commença dès lors à soupçonner les desseins de Rostopchin, et l'alarme fut générale; une partie des nobles se retira dans les châteaux des provinces environnantes.

Violemment irrité de voir éventer prématurément son projet, le gouverneur déclara coupable, et passible du knout ou de l'exil en Sibérie, quiconque propagerait des bruits inquiétans, ou répandrait des nouvelles en contradiction avec les *vérités* qu'il faisait publier sur les triomphes de Kutusoff et les défaites de *Bonaparte*. Il défendit en même temps, sous des peines rigoureuses, de *déserter* de la ville sans sa permission. En dépit de ces ordres, les nobles, protégés par leurs priviléges, bravèrent la colère du gouverneur; et, surtout après le bulletin de la *victoire* de l'armée russe à Borodino, presque tous sortirent de Moskou.

Les emportemens de Rostopchin éclatèrent alors avec plus de violence, et prirent le caractère d'une folie furieuse. Un grand nombre de bourgeois, dont le seul crime était de ne pouvoir déguiser leur effroi, et de chercher à mettre à l'abri, par la fuite, la fortune et l'existence de leurs familles épouvantées, furent punis du supplice ignominieux du knout. Il fit arrêter comme suspects soixante négocians français depuis long-temps domiciliés à Moskou; et ces infortunés, ainsi que quatre officiers du génie, leurs compatriotes, au service de la Russie, ne connurent l'arrêt qui les condamnait à la déportation au fond de la Sibérie, qu'en recevant cette lettre du gouverneur : *Vous allez voyager, Messieurs, parmi des peuples naturellement bons et pacifiques, que vous ne parviendrez sûrement pas à infecter de vos mauvais principes ; portez-vous bien.*

Un jeune Russe, nommé Verischadin, fils d'un riche marchand, était accusé d'avoir traduit, d'une gazette allemande, la proclamation de Napoléon à son armée. Rostopchin ordonna que ce jeune homme, auquel il réservait une mort effroyable, fût chargé de fers et jeté dans un cachot. Il exila en Sibérie le directeur de la poste aux lettres, pour avoir laissé passer le journal étranger.

Comprimé par la terreur des supplices, le peuple, quoique instruit de l'approche des Français, n'osait plus tenter de fuir les dangers que le gouverneur s'obstinait encore à nier ; cependant, le 11, au matin, on vit passer à travers la ville une longue file de voitures chargées de blessés, dont près de dix mille, faute de place à l'hôpital Sainte-Catherine, furent distribués dans les maisons des particuliers. Il n'était plus possible de déguiser la vérité des faits accomplis ; mais, fidèle à son système de décep-

19.

tion, Rostopchin essaya de tromper encore sur l'avenir, et publia cette bizarre proclamation :

« S. A. le prince Kutusoff, afin de se réunir plus tôt aux troupes qui allaient le joindre, a quitté Mojaïsk pour venir occuper un endroit fortifié, où il est probable que l'ennemi ne se présentera pas de sitôt. Le prince dit qu'il défendra Moskou jusqu'à la dernière goutte de son sang. On a fermé les tribunaux, mais que cela ne vous inquiète pas, mes amis; nous n'avons pas besoin de tribunaux pour faire le procès au *scélérat*... Armez-vous bien de haches et de piques, et, si vous voulez faire mieux, prenez des fourches à trois dents; le Français n'est pas plus lourd qu'une gerbe de blé. Demain, j'irai voir les blessés de l'hôpital Sainte-Catherine. J'y ferai dire une messe et *bénir l'eau pour leur prompte guérison*; pour moi, je me porte bien; j'avais mal à un œil, mais maintenant je vois très-bien des deux. »

Ce tissu de grossières inepties serait tout-à-fait indigne de l'histoire, s'il ne devait servir à prouver que la raison de Rostopchin était complétement aliénée, et que l'incendie de Moskou, célébré par des écrivains français comme un trait d'héroïsme antique, ne fut en réalité que le forfait d'un furieux en démence.

On vit alors des misérables de la lie du peuple, animés par les excitations du gouverneur, se faire des armes de tout ce qui leur tombait sous la main, parcourir les rues, se jeter indirectement sur les étrangers, de quelque pays qu'ils fussent, et frapper même les nationaux qu'ils surprenaient à parler une autre langue que la leur. Plusieurs particuliers moururent des coups dont ils furent accablés, entre autres un conseiller russe, dont la petite taille et le corps grêle semblaient déceler un de ces Français que la proclamation du gouverneur dépeignait aussi légers qu'une gerbe. Il est à remarquer que, pour donner plus de vraisemblance à cette fable absurde, Rostopchin avait fait dépouiller de leurs vêtemens les plus débiles de nos prisonniers; et, après une longue abstinence, qui ajoutait encore à leur faiblesse, on les promenait nus, pâles et exténués, dans les rues et à travers les places publiques, exposés aux traitemens barbares de la populace.

Kutusoff approchait; instruit de la résolution désespérée de Rostopchin, il craignait que l'incendie de Moskou, au moment du passage de son armée, ne favorisât la désertion des soldats, attirés par l'appât du pillage d'une ville abandonnée. Aussi s'empressa-t-il de renouveler au gouverneur l'assurance qu'il livrerait bataille sous les murs de la capitale et qu'il la sauverait. Pour ajouter à l'effet de cette déclaration mensongère, il l'écrivit particulièrement à sa propre fille, restée à Moskou, en l'engageant à la répandre, afin de rassurer les habitans. Ainsi tout se réunissait pour concourir à leur perte.

Rostopchin fit afficher à cette occasion ce nouvel avertissement :

« Je pars demain pour me rendre près de
» S. A. le prince Kutusoff, afin de prendre con-
» jointement avec lui des mesures pour exter-
» miner nos ennemis. Nous renverrons au diable
» ces hôtes, et leur ferons rendre l'âme. Je re-
» viendrai pour le dîner, et nous mettrons la
» main à l'œuvre pour réduire en poudre ces
» perfides. »

L'anxiété la plus vive agitait la population de Moskou; le 13, la terreur fut à son comble lorsqu'on aperçut du haut des murailles l'armée russe se déployer à une demi-lieue du faubourg de Dorogomiloff, la droite appuyée au coude de la Moskowa, en avant du village de Fili, et la gauche sur les hauteurs de Worobiewo. Les soldats travaillèrent aussitôt à remuer la terre, et à couvrir de retranchemens le front de leur ligne. Mais Kutusoff, dont la résolution était fixée d'avance, assembla aussitôt, en conseil de guerre, les généraux Benigsen, Barclai, Doctoroff, Ostermann, Konownitsin et Yermoloff, auxquels il adjoignit le colonel Toll. Il n'y eut qu'un avis sur la nécessité d'évacuer le camp de Fili, et l'on reconnut à l'unanimité que, *la conservation de l'armée important plus au salut de la patrie que celle de la capitale*, on ne livrerait pas une bataille inutile dont le résultat serait de compromettre l'une et l'autre à la fois. Et quant à la marche à suivre, après avoir écouté les diverses opinions, Kutusoff déclara son intention de diriger sa retraite vers le Sud, afin de maintenir ses communications avec les armées de Tchitchakoff et de Tormasoff, auxquelles il pourrait se réunir en traversant les provinces méridionales les plus fertiles de tout l'empire.

Ce plan arrêté, le camp de Fili fut levé, le 14 à la pointe du jour, et les premières colonnes de l'armée russe commencèrent à traverser Moskou dans sa plus grande longueur.

L'épouvante se répandit tout à coup, et les habitans s'empressèrent de prendre la fuite avec leurs familles. Mais les moyens de transport manquaient à cette immense population ainsi prise au dépourvu, trompée, retenue par la violence jusqu'au moment fatal où il n'était plus possible de fuir le danger. Rostopchin, levant enfin le masque, pressait alors le départ auquel il s'était jusque-là opposé avec tant d'obstination; il lui tardait maintenant de rester maître de la ville, afin de pouvoir exécuter ses projets de destruction, sans éprouver de résistance.

Tandis que la multitude éperdue, désespérée, se précipitait hors des murs en même temps que l'armée, et gagnait les hauteurs et les forêts voisines, où le plus grand nombre de ces infortunés périrent misérablement, Rostopchin fit enlever les pompes et détruire tous les instrumens à l'usage de la police ou des particuliers, pour éteindre les incendies. Il alla ensuite ouvrir les cachots et les prisons de la ville à sept ou huit cents malfaiteurs, chargés la plupart des crimes les plus monstrueux; il leur distribua des armes, des fusils et des torches. Entouré de cet infâme cortége, il se rendit sur la place publique, et ordonna qu'on amenât devant lui le jeune Russe coupable d'avoir traduit la proclamation de Napoléon. Rostopchin savait combien la vue du sang anime les scélérats au carnage; et d'abord, pour exciter sa propre fureur, il vociféra contre Verischadin les injures les plus véhémentes; puis, se ruant sur sa victime chargée de chaînes, il la frappa du tranchant de son sabre, et sembla prendre plaisir à l'ensanglanter, sans lui porter de coups mortels, afin de prolonger cet horrible spectacle; il livra ensuite le malheureux jeune homme à ses sicaires, qui le déchirèrent en lambeaux. Ainsi préparés, Rostopchin les harangua, les nomma *dignes enfans de la Russie*, déclara que leurs *fautes* venaient d'être lavées dans le sang d'un traître, et leur donna la mission d'accomplir le forfait qu'il avait conçu.

Mais déjà la tête des colonnes de la cavalerie de Murat se présentait devant le faubourg de Dorogomiloff; Rostopchin prit la fuite. L'arrière-garde des Russes, dont la marche était arrêtée par la foule des habitans qui encombraient les portes, n'avait pas encore pu sortir de la ville; Miloradowitz envoya un parlementaire au roi de Naples, en annonçant que, s'il était attaqué avant d'avoir entièrement évacué la capitale, il y mettrait le feu, et s'ensevelirait sous ses ruines. Murat prit l'engagement de ne point troubler la retraite des Russes jusqu'à la nuit; il tint sa promesse.

Vers une heure et demie, l'avant-garde française ayant pénétré jusqu'au Kremlin, au centre de Moskou, elle y fut accueillie par une vive fusillade; quelques habitans s'étaient réfugiés dans cette espèce de forteresse, où ils essayèrent de se défendre un moment; mais un si faible obstacle n'arrêta pas le roi de Naples qui prit possession du palais des Czars. Au même intant, Napoléon entrait avec la garde dans le faubourg de Dorogomiloff, où il établit son quartier général pour le reste du jour. Peu après, les corps de Ney et de Davoust vinrent camper autour des murailles, non loin du faubourg occupé par l'Empereur; Eugène eut son poste à une lieue, au Nord-Ouest, au château impérial de Pétrowskoé; Poniatowski, à une distance égale, au Sud-Ouest, sur la nouvelle route de Kalouga.

Dans le cours de la nuit, l'incendie s'était déclaré sur plusieurs points de la vaste cité; on attribua ce malheur aux désordres inséparables des premiers momens de l'occupation ; car, malgré la surveillance des chefs, on n'avait pu empêcher un très-grand nombre de soldats de s'introduire furtivement dans la ville. Le 15, dès six heures du matin, l'Empereur alla s'établir au Kremlin ; le feu faisait des progrès ; les troupes furent commandées pour l'éteindre, mais alors on s'aperçut que les pompes manquaient partout, ainsi que les moyens de transporter de l'eau ; et, quelques heures après, l'aspect de la multitude des édifices, qui s'embrasaient simultanément de tous les côtés à la fois, ne laissa plus de doute sur la cause de ce désastre.

Un vent violent, qui s'éleva dans la nuit du 15 au 16, favorisa l'incendie, qui s'étendit alors avec une épouvantable rapidité. Les soldats prirent sur le fait un grand nombre de bandits, chargés de petards et de fusées qu'ils lançaient dans l'intérieur des maisons fermées, ou qu'ils attachaient aux édifices construits en bois. Ces misérables déclarèrent tous qu'ils exécutaient les ordres du gouverneur ; cet aveu ne les sauva pas du supplice : on les fusilla par centaines. Mais en vain leurs cadavres, accrochés à des poteaux élevés, apparaissaient aux regards de leurs complices comme une menace effrayante; ivres d'eau-de-vie, avides de pillage, les incendiaires s'acharnèrent sur leur proie et remplirent jusqu'au bout l'affreuse mission de Rostopchin.

Le soir du 16, les flammes entouraient le Kremlin de si près, que le séjour en devint insupportable; on n'y respirait plus qu'un air embrasé. Napoléon se refusait pourtant encore à s'éloigner. On lui fit observer que si les ennemis tentaient une attaque à la faveur de ce désordre, il pouvait arriver qu'il se trouvât momentanément isolé de son armée, au milieu de cet océan de feu.

L'Empereur se rendit à cette raison, et alla occuper le château de Pétrowskoé, autour duquel campait l'armée d'Italie. La violence de l'incendie s'accrut pendant la journée du 17; il déclina sensiblement le lendemain; et le 20, à la suite d'une pluie abondante, il s'arrêta tout-à-fait.

De deux cent mille habitans que comptait la ville quelques jours auparavant, vingt mille au plus, retenus par la frayeur ou par l'impossibilité de fuir, avaient, à l'aide des soldats français, disputé et arraché aux ravages de l'incendie un dixième à peu près des édifices de cette superbe capitale. Deux cents maisons en pierre, cinq cents en bois, et huit cents églises étaient encore debout; le reste ne présentait plus qu'un monceau de cendres et de débris, parmi lesquels on remarquait, avec horreur, les corps à demi consumés des blessés abandonnés par Kutusoff; ils périrent au nombre de dix mille au moins dans les flammes allumées par Rostopchin, et dont son hôtel fut préservé.

Quoi qu'il en soit, la possession de ces ruines offrit encore des ressources considérables. Toutes les maisons étaient pourvues de très-grandes caves, où les Moskovites ont l'habitude de placer leurs provisions de toute espèce, à l'abri des rigueurs d'un climat tour à tour brûlant et glacial. A l'approche des Français, qu'on leur avait dépeints si terribles, les habitans s'étaient hâtés d'enfouir dans ces souterrains une grande quantité de denrées, ainsi que des marchandises précieuses entassées au fond de caveaux secrets que les soldats eurent bientôt découverts. Outre un immense approvisionnement de vins et d'eau-de-vie, on y trouva du riz, du sucre et du café, des cuirs et des pelleteries. Le feu avait également épargné de grands magasins de farine, et les jardins de la ville fournirent, au delà du besoin, des légumes de plusieurs espèces; en sorte que l'armée, à qui les bestiaux n'avaient pas encore manqué, se trouva tout à coup dans l'abondance.

Le Kremlin, dont l'épaisse enceinte était séparée des maisons environnantes par une large esplanade, n'eut point à souffrir de l'incendie; l'Empereur était revenu l'habiter dès le 18 au matin. L'arsenal de ce palais contenait plus de cent pièces de canon et quarante mille fusils. Rostopchin avait, en outre, oublié de détruire quatre cent milliers de poudre renfermés dans des bâtimens isolés, hors de la ville.

Cependant Kutusoff, après avoir fait, en deux jours à peu près, huit lieues sur la route de Kolomna, dans la direction du Sud-Est, s'arrêta au delà du point où la Moskowa traverse ce chemin près du village de Jegarowo; de là, se dirigeant brusquement à l'Ouest, le 17, avant le jour, il parvint à dérober ce mouvement à Murat, qui s'était mis à sa poursuite. Une forte arrière-garde de cavalerie, après avoir disputé le passage aux Français pendant une partie de la soirée du 16, s'était retirée le 17 en suivant la route de Kolomna, attirant le roi de Naples du côté de Kriwsty, tandis que Kutusoff, tournant à droite, vers Constantinòwskoé, gagna en deux marches la ville de Podolsk. Puis, continuant à suivre la même direction, il vint prendre position, le 20 septembre, sur la vieille route de Kalouga, près du village de Krasnaia, derrière la rivière de Pakhra.

Ainsi, après six jours d'une marche circulaire, du Sud-Est au Sud-Ouest de la capitale, les Russes ne s'en trouvaient éloignés que de huit lieues au plus. Pendant tout ce temps, Kutusoff avait constamment présenté aux forces françaises réunies à Moskou, le flanc de son armée découragée par une défaite, et dont les mouvemens appesantis étaient entravés par la multitude innombrable des équipages et des chariots qui transportaient à sa suite plusieurs milliers des habitans de la contrée avec leurs familles et leurs équipages. C'était donc s'exposer imprudemment à une destruction totale; aussi les Russes eux-mêmes, renonçant à justifier, sous le rapport militaire, la manœuvre inexplicable de Kutusoff, se sont bornés à la vanter comme le fruit d'une grande vue politique. En effet, à l'aspect des premières lueurs de l'incendie, il avait accusé hautement les Français de l'avoir allumé ; en promenant ainsi lentement son armée autour de la *Ville-Sainte* embrasée, en fixant jusqu'à la fin les regards des soldats sur ce spectacle qui les glaçait d'horreur, le dessein du général était de pénétrer leurs âmes d'une haine implacable contre les auteurs prétendus d'un sacrilége, objet de leur exécration. Il est certain qu'encore aujourd'hui l'on s'exposerait à périr victime de la fureur de ces hommes abusés, si l'on osait soutenir devant eux que ce forfait ne fut pas l'ouvrage des Français.

Kutusoff, dans cette occasion périlleuse, ne dut son salut et celui de son armée qu'à la diversion que l'incendie de Moskou fit alors en sa faveur. Ce désastre dut absorber toute l'attention de l'Empereur pendant les premiers jours; et l'erreur du roi de Naples contribua également à favoriser la marche errante des Russes. Toutefois, au point où il était parvenu sans être inquiété, Kutusoff se trouvait rapproché de la route de Mojaïsk et à portée de couper les communications de l'armée française avec ses derrières. Aussi se hâta-t-il de jeter de ce côté de nombreux partis de cavalerie qui enlevèrent quelques convois et firent des prisonniers.

L'alarme fut vive au quartier général, mais elle dura peu. Napoléon, bientôt informé du véritable état des choses, dirigea sur Kutusoff, par la vieille route de Kalouga, un détachement de la garde sous les ordres de Bessières, tandis que les Polonais marchaient à lui par la nouvelle route, et que Murat accourait de Podolsk, où il venait enfin de retrouver la trace de l'armée qu'il poursuivait.

Pressés de trois côtés à la fois, les Russes commencèrent, le 28 septembre, à rétrograder vers Kalouga, et s'arrêtèrent, le 4 octobre, derrière la Nara, dans une bonne position, où ils assirent leur camp près du village de Taroutino, à seize lieues au Sud-Ouest de Moskou. Murat, réuni à Poniatowski, établit le sien à deux lieues devant Kutusoff, près de Winkowo.

A la même époque, l'armée d'Italie, cantonnée autour du château de Petrowskoé, avait des avant-postes sur la route de Mojaïsk, et communiquait avec Junot, resté dans cette ville. Ney occupait Bogorodsk, à dix lieues à l'Est de Moskou; la garde impériale et le corps de Davoust étaient dans la capitale, et le maréchal Victor venait d'arriver à Smolensk avec trois belles divisions de troupes fraîches, formant un corps de plus de trente mille hommes.

CHAPITRE VII.

Séjour à Moskou.

Parmi les édifices échappés à l'incendie, l'hôpital des Enfans-Trouvés dut particulièrement son salut à Napoléon, qui avait fait placer une sauve-garde dans cette maison le jour de son entrée à Moskou. Le directeur vint offrir l'hommage de sa reconnaissance au sauveur des orphelins confiés à ses soins ; c'était un ancien militaire, nommé Toutelmine, personnellement connu et très-considéré de l'impératrice-mère qui avait fondé l'établissement. Informé de cette circonstance, Napoléon voulut en tirer parti pour faire entendre à Pétersbourg quelques paroles de conciliation ; il engagea Toutelmine à écrire à la princesse, afin de la rassurer à l'égard de ses protégés, et se chargea des frais de voyage d'un officier russe choisi par le directeur pour porter son message. A la demande de Napoléon, le vieillard ajouta dans sa lettre un paragraphe où la mère d'Alexandre pût reconnaître le langage de l'ancien ami de son fils, exprimant le désir d'un rapprochement favorable au retour de la paix.

Quelques jours après le départ de cette dépêche, le hasard ayant fait découvrir, dans le petit nombre d'habitans restés à Moskou, un autre officier, appelé Jacowlef, et dont le frère avait été ministre de Russie à Stuttgard, l'Empereur le manda au Kremlin. A la suite d'un entretien animé, dans lequel Jacowlef témoigna l'horreur que lui inspirait la barbarie de Rostopchin, Napoléon parla de ses dispositions à mettre un terme aux calamités d'une guerre si cruelle, et à conclure la paix si elle lui était demandée; l'officier ayant hasardé de représenter qu'il serait plus généreux au vainqueur de l'offrir, Napoléon lui demanda s'il se chargerait de remettre lui-même une lettre entre les mains d'Alexandre. Sur la réponse affirmative de Jacowlef, Napoléon écrivit à ce souverain dans la nuit du 23 au 24 septembre, et l'officier partit immédiatement porteur de ce second message.

Napoléon s'était toujours flatté de l'espoir que la prise de Moskou déterminerait Alexandre à venir au devant de la paix. Certes, si l'embrasement de cette capitale eût été l'expression des sentimens d'un grand peuple, le fruit d'un dévouement héroïque à la cause de la patrie, Napoléon aurait dû reculer, convaincu que jamais le chef d'une nation capable d'un pareil sacrifice, ne traiterait avec les ennemis en armes sur son territoire; mais il était trop évident que Moskou en cendres n'accusait que la rage d'un Scythe extravagant et féroce, objet d'horreur pour ses compatriotes. Rostopchin, exécuteur des hautes œuvres du cabinet britannique, et salué depuis, dans les gazettes de Londres, du nom de *Scævola* moderne, n'offrait en réalité, comme les *Brutus* de nos saturnales démagogiques, qu'une image à la fois hideuse et grotesque des grandes figures de l'antiquité; son action, qui ne fut qu'horrible, ne pouvait avoir et n'eut en effet aucune influence sur les résolutions de Napoléon.

Le spectacle des ruines fumantes de Moskou, tout affreux qu'il était, n'ébranla donc nulle ment sa confiance; et, d'après l'ouverture qu'il venait de faire, il attendait, en retour, l'arrivée d'un négociateur. Une semaine au plus était nécessaire pour aller à Saint-Pétersbourg et en revenir; cependant, dix jours s'étant écoulés sans que rien encore indiquât que son double message eût produit l'effet désiré, Napoléon, impatient, voulut tenter une démarche plus imposante. Le comte Lauriston, son aide-de-camp, et le dernier ambassadeur de France auprès d'Alexandre, se rendit, le 4 octobre, au quartier général des Russes à Taroutino, porteur d'une seconde lettre de Napoléon à ce souverain, et par laquelle il lui demandait un armistice et l'ouverture de négociations pour traiter de la paix.

Lauriston devait proposer à Kutusoff la suspension immédiate des hostilités, et réclamer un sauf-conduit pour aller à Pétersbourg; le général russe objecta que, n'ayant reçu de son souverain aucune instruction relative à la circonstance imprévue qui se présentait, il ne pouvait admettre ni l'une ni l'autre des propositions de Napoléon; il consentit seulement à écrire lui-même à l'empereur Alexandre, afin de l'informer de la mission du comte Lauriston, et de demander des ordres à ce sujet. Le prince de Wolkonski partit en effet, le 5 octobre, pour Saint-Pétersbourg, chargé de la dépêche de Kutusoff; Lauriston retourna le même jour à Moskou.

Cette réponse aux offres pacifiques de Napoléon devait faire prévoir l'accueil qu'elles recevraient à la cour de Russie. Puisque le général en chef de l'armée n'était pas même autorisé à écouter la proposition d'un armistice, on ne pouvait pas douter que le conseil d'Alexandre, désormais sous l'influence du cabinet de Saint-James, n'eût arrêté la résolution invariable de ne point traiter, quel que fût le sort de Moskou.

En effet, lors même que la *ville sainte* serait demeurée debout tout entière avec ses mille palais, ses douze mille maisons et ses quinze cents églises à coupoles dorées, la possession de ce gage n'aurait pas été dans les mains du vainqueur un moyen plus assuré d'obtenir la paix; car l'influence de la noblesse moscovite, et son impatience d'être délivrée du poids de l'invasion étrangère, ne pouvaient prévaloir contre les forces réunies des factions anglaise et sacerdotale, décidées à poursuivre la guerre à tout prix, puisqu'elles n'avaient rien à y perdre. Du reste, l'hiver approchait à grands pas; et, dans la situation nouvelle des affaires, les Russes pouvaient avec raison compter désormais sur ce redoutable auxiliaire; Napoléon agresseur et victorieux cessait de menacer et demandait à traiter; n'était-ce pas avouer le mécontentement de sa position et l'impatience d'en sortir? Ainsi, le dernier espoir d'Alexandre se réalisait, et le temps ne pouvait qu'ajouter aux avantages des chances qui commençaient à tourner en sa faveur; rien ne le pressait donc de prendre un parti.

En attendant, si les premiers pas de Kutusoff, en sortant de Moskou, avaient eu le caractère de l'indécision et de l'inhabileté, il occupait maintenant à Taroutino une excellente position. Kalouga, ville abondante en ressources, et où affluaient par le cours de l'Oka toutes celles des provinces méridionales de l'empire, devenait, à vingt lieues derrière lui, la base de ses opérations; il pouvait les combiner avec celles de l'armée de Moldavie qu'il s'était hâté d'appeler à son secours; leur jonction semblait devoir s'opérer d'autant plus facilement, que Schwartzemberg agissait en Volhynie avec une mollesse qui indiquait assez que, dans la situation douteuse des affaires, l'Autriche ne pousserait pas vivement la guerre de ce côté.

Du camp de Taroutino, l'armée russe, que de nouveaux renforts venaient d'élever à près de cent mille combattans, pouvait se porter, en moins de temps que Napoléon, sur Borowsk et Malo-Jarozlawetz, à sa gauche, ou bien à Serpoukhow et à Taroussa, sur l'Oka, vers sa droite, et disputer aux Français l'entrée des provinces fertiles du midi de l'empire russe. De ce point, il fallait également à Kutusoff moins de marches qu'à Napoléon pour gagner Mojaïsk, Gjatz, Dorogobouje ou Smolensk, et inquiéter sa retraite par la Lithuanie.

En supposant que tous ces avantages n'eussent pas frappé les regards du vieux Kutusoff, elles ne pouvaient échapper à l'observation d'un commissaire anglais, Wilson, qui résidait auprès de lui, et n'aurait pas souffert qu'il engageât l'empereur Alexandre à traiter. Le général Wilson représentait, au camp du feld-maréchal, la puissance britannique, qui, déjà maîtresse dans le palais impérial, dominait les volontés de l'autocrate des Russies et dictait ses résolutions. Ce pouvoir occulte, âme d'un parti nombreux dévoué aux intérêts de l'Angleterre, avait puni de mort la résistance de Paul Ier., lorsqu'il refusa, en 1802, d'unir sa politique à celle du cabinet de Saint-James : souvenir effrayant, qui dût agir puissamment sur l'esprit de son fils! Ainsi, la faiblesse du caractère d'Alexandre, que Napoléon avait comptée pour lui dans ses calculs en faveur de la paix, devenait maintenant, entre les mains de ses ennemis, l'instrument le plus redoutable de la guerre.

Au moment de la mission de Lauriston au camp de Kutusoff, et avant le départ de Wolkonski pour Saint-Pétersbourg, le roi de Naples eut une entrevue avec le général Benigsen, et il fut convenu verbalement entre ces deux chefs, qu'en attendant la réponse de l'empereur Alexandre, les avant-gardes en présence cesseraient la petite guerre de postes, qu'elles s'étaient faite jusqu'alors. Cette espèce d'armistice local fit naître dans l'un et l'autre camp l'espérance de la paix, et les hostilités furent suspendues de ce côté pendant plusieurs jours : circonstance qui ne contribua pas peu à nourrir les illusions de l'Empereur.

Cependant les nouvelles des corps d'armée

éloignés devenaient alarmantes. Au Nord, devant Riga, Macdonald était resté, jusqu'à l'époque de l'entrée à Moskou, dans une longue inaction, qui n'avait été troublée que par des engagemens insignifians entre les Russes et les Prussiens, les 7 et 22 août; mais le 26 septembre fut marqué par un événement important; le corps d'armée de Finlande, libre depuis la transaction définitive conclue dans la ville d'Abo entre Alexandre et Bernadotte, débarqua ce jour-là même au port de Riga. Il se composait de troupes aguerries, et comptait plus de quinze mille combattans sous les ordres du général Steindell; Essen, gouverneur de la ville, en avait environ dix mille.

Ces forces réunies entreprirent immédiatement de s'emparer de la nombreuse artillerie destinée à faire le siége de Riga, et dont le parc était placé non loin de Mittau, au village de Renthal, sous la garde des Prussiens commandés par Yorck; c'étaient cent trente bouches à feu tirées de l'arsenal de Magdebourg, avec une quantité considérable de munitions. Après un combat assez vif, à la suite duquel les Russes occupèrent Mittau pendant une journée entière, Macdonald, accourant de Dunabourg avec sa division française, au secours des Prussiens, repoussa les ennemis dans Riga, et alla reprendre ses positions à Jacobstadt et à Dunabourg, sur la Dwina.

Cette tentative n'eut aucune suite; mais l'arrivée de Steindell et de l'armée de Finlande donna tout à coup une face nouvelle aux affaires sur un point du théâtre de la guerre plus rapproché de Napoléon. Gouvion-Saint-Cyr, depuis sa victoire du 18 août, sous les murs de Polotzk, laquelle lui avait mérité la dignité de maréchal d'empire, se tenait retranché dans cette ville avec vingt-sept mille hommes, restes des deuxième et sixième corps. Wittgenstein, qui, de la position d'Oswéia, continuait à l'observer, avait reçu depuis peu un grand nombre de recrues, des bataillons formés dans les dépôts des villes du Nord, et les milices de Pétersbourg. Steindell vint de Riga se réunir à lui; leur jonction forma, sous les ordres de Wittgenstein, une armée de soixante-cinq mille hommes, qui reprit aussitôt l'offensive et marcha sur Polotzk. Ce mouvement menaçait Witepsk, et tendait à couper à l'armée de Moskou la retraite de ce côté. Il est vrai qu'à Smolensk, le maréchal Victor était en mesure de porter de prompts secours à Gouvion-Saint-Cyr, à la tête de ses trois divisions ; mais alors l'appui de ce corps de trente mille hommes allait manquer à Napoléon sur le Dniéper.

Au Sud, les affaires n'offraient pas un aspect plus satisfaisant. L'armée de Moldavie avait effectué sa jonction avec celle de Volhynie, le 18 septembre, sur la rive droite du Styr, dont la gauche était occupée par Schwartzemberg et Reynier ; là, les Russes et les Autrichiens étaient restés en présence sans combattre depuis le 29 août, à la suite du combat de Gorodekzna. Tormasoff ayant été appelé à Taroutino pour aller remplacer Bagration à la grande armée, l'amiral Tchitchakoff prit le commandement des troupes réunies en Volhynie, dont l'ensemble s'élevait à soixante-quatre mille hommes. Schwartzemberg avait sous ses ordres vingt-six mille Autrichiens et quinze mille Saxons ; aussitôt que les Russes, passant le Styr sur quatre points à la fois, commencèrent à marcher vers lui le 21 septembre, il se retira en deux colonnes sur Briezc-Litowski et Prujani : de là, pressé par Tchitchakoff qui vint lui offrir la bataille, Schwartzemberg passa le Bug, et, au lieu de se porter sur Minsk, afin de se rapprocher du maréchal Victor, comme il en avait reçu l'ordre de Napoléon, il continua sa retraite sur la Vistule, laissant Reynier, avec les Saxons, à Biala, sur la route de Briezc-Litowski à Varsovie.

Bientôt, les Russes menaçant d'envelopper Reynier avec toutes leurs forces, ce général dut rétrograder pour se replier sur les Autrichiens qui s'étaient arrêtés au village de Wengrod, à dix lieues au Nord-Est de Varsovie, abandonnant à la fois à l'ennemi toute la ligne des frontières méridionales du grand-duché, et la capitale elle-même qu'ils laissaient découverte, ainsi que les routes de Minsk et de Wilna, places où les plus grands approvisionnemens de l'armée se trouvaient rassemblés.

Par suite de la manœuvre de Schwartzemberg, la marche rétrograde de l'Empereur devait donc rencontrer aussi de ce côté, de puissans obstacles. L'attitude de Wittgenstein obligeant le maréchal Victor à courir au Nord au secours de Gouvion-Saint-Cyr, il n'allait plus rester au centre que quatre ou cinq mille hommes du corps polonais, détachés, sous les ordres de Dombrowski, et chargés d'observer la garnison de Bobrouisk sur la Bérésina; mais les Russes, outre les forces que renfermait cette place, avaient encore plus loin, au Sud, un corps de réserve à Mozir, commandé par Hertzell, qui, se mettant en marche à cette époque, commençait à inquiéter Dombrowski.

Ainsi, par une combinaison de circonstances toutes également funestes, au moment où l'aile droite devenait la base sur laquelle devaient s'appuyer les opérations de la retraite, cette partie de l'armée se trouvait pressée par le poids entier des forces que les Russes avaient réunies dans le midi de l'empire pour faire la guerre aux Turcs, et la défense de ce point capital était confiée aux Autrichiens! En même temps la gauche se trouvait exposée à l'attaque d'un corps qui, d'après les calculs de Napoléon, aurait dû, pendant tout le cours de la campagne, être occupé à repousser l'invasion des Suédois en Finlande ; et, par une autre fatalité, à l'extrême gauche, partie la plus vulnérable de sa ligne, c'étaient les Prussiens qui gardaient le passage!

Néanmoins, loin de concevoir des inquiétudes à cet égard, Napoléon, se reposant toujours avec la même confiance sur l'amitié de François II et sur la loyauté de Frédéric-Guillaume, écrivit à ces deux souverains, en les pressant de renforcer, l'un l'armée de Schwartzemberg, l'autre celle d'Yorck. Il appelait ainsi, au lieu d'alliés, de véritables ennemis sur les points les plus dangereux. En effet, puisque la bataille de la Moskowa laissait encore une armée imposante à Kutusoff, et qu'après l'occupation de Moskou, événement prévu sans aucun doute, ce général déclarait qu'il n'était pas autorisé à négocier, Napoléon devait reconnaître que la chance unique sur laquelle il avait fondé l'espoir de la paix venait de lui échapper sans retour; et que, dès lors, le plus grand, le véritable danger, était derrière lui. Car ce coup, qui portait une atteinte évidente à sa fortune, ne pouvait manquer d'ébranler la douteuse fidélité de ses deux principaux alliés; et, dans les postes importans qu'il leur avait confiés, le sort de l'armée entière allait se trouver à leur merci au moment d'une crise prête à décider de tout.

C'était d'après ces considérations du plus haut intérêt, que Napoléon devait se déterminer au prompt abandon des décombres de Moskou, et non pas, comme on l'a dit sans fondement, à cause de l'incendie de cette capitale : incident auquel on a donné beaucoup trop d'importance ; puisqu'en effet, il faut le répéter, Moskou, debout avec toutes ses ressources, n'eût pas été, dans les circonstances données, une position plus tenable pour l'armée française que Moskou en ruines.

Mais, pour renoncer à conclure la paix dans cette capitale, il fallait se résigner à la perte de tant de belles et nobles espérances! L'Empereur ne pouvait s'y résoudre ; c'eût été, quoique victorieux sur le champ de bataille, s'avouer vaincu, et céder en réalité tous les avantages de la victoire aux Anglais! De combien de maux le profond ressentiment de ces ennemis implacables n'allait-il pas menacer l'Empire! Jusqu'où n'irait pas leur vengeance? On ne peut disconvenir que Napoléon n'ait dû repousser d'abord l'idée de la retraite; mais il faut avouer aussi qu'il la combattit trop long-temps. Dans sa lutte opiniâtre contre la destinée, la force excessive de cette indomptable volonté, qui lui fit accomplir tant de grandes choses, devint, en se tournant contre lui-même, sa plus cruelle ennemie; car il est évident que la prolongation de son séjour à Moskou jusqu'au 19 octobre fut la cause des plus grands désastres de l'armée

Cependant l'impérieuse nécessité commandait; chaque jour ajoutait aux périls d'une situation qui bientôt ne serait plus supportable; déjà l'évacuation des hôpitaux avait été commencée, un grand nombre de blessés rétablis étaient venus reprendre leurs places dans les rangs; la division Pino du quatrième corps, la division Laborde de la jeune garde et plusieurs régimens de marche ayant rejoint l'armée, l'ensemble des forces sous les ordres immédiats de l'Empereur s'élevait à près de quatre-vingt-seize mille hommes. L'infanterie, en bon état, reposée, refaite au sein de l'abondance, avait réparé son habillement et sa chaussure. Mais il s'en fallait de beaucoup que la cavalerie se fût aussi bien remise des fatigues de la guerre; obligée d'aller chercher au loin des fourrages toujours insuffisans, elle était généralement faible, à l'exception pourtant de celle de la garde, qui, mieux nourrie, avait été plus ménagée aussi jusqu'alors. L'artillerie se composait de six cents bouches à feu, avec plus de deux mille caissons ou voitures chargées de munitions; par malheur, les attelages de cet immense train n'étaient pas moins débiles que les chevaux des corps de cavalerie; toutefois l'armée était belle et pleine d'ardeur.

Neuf jours venaient de s'écouler encore depuis le départ du prince de Wolkonski ; c'en était un de plus qu'il ne fallait pour recevoir la réponse de Pétersbourg, et Napoléon attendait toujours des nouvelles avec une vive impatience, lorsque le 13 octobre, le temps, serein jusqu'alors, se couvrit de nuages, et les premières neiges annoncèrent le retour de la mauvaise saison. Cet avertissement ne fut pas perdu ; on entendit l'Empereur déclarer que *dans vingt jours il fallait être en quartiers d'hiver.*

Le roi de Naples reçut dans le cours de la journée l'injonction de conserver le plus longtemps possible sa position de Winkowo ; mais l'Empereur l'autorisait cependant à se replier, en cas d'urgence, à quatre lieues en arrière, sur celle de Waronowo, que Murat lui-même jugeait meilleure. Il lui recommandait surtout de bien reconnaître les chemins qui pourraient le ramener sur Mojaïsk, et de se tenir prêt, à tout événement, à faire disparaître ses bagages et ses parcs, sans donner l'éveil à l'ennemi. Les jours suivans, on acheva d'évacuer les malades et les blessés sur Smolensk par Mojaïsk; le corps de Junot fut destiné à former l'arrière-garde sur cette route, que l'Empereur ne se proposait pas de suivre. C'était vers le Sud, dans la direction de Kalouga, du côté même où se trouvait Kutusoff, que Napoléon avait résolu de s'ouvrir un chemin; mais, pour mieux déguiser ce dessein, il donna l'ordre au vice-roi de diriger au Nord de Moskou la division Delzons, afin de nettoyer d'ennemis toute cette partie des environs de la capitale, infestés de de Cosaques; et, pendant ce mouvement, les autres corps de l'armée d'Italie allèrent prendre position au Sud de la ville, où Delzons vint les rejoindre. Ney, rappelé de Bogorodsk, arriva le 17 à Moskou, que la garde et le corps de Davoust n'avaient pas encore quitté. Le 18, de grandes distributions en vivres et en cuirs furent faites à toutes les troupes, qui eurent l'ordre de se tenir prêtes à marcher.

Tous les préparatifs de la retraite étaient achevés; Napoléon en avait conçu le plan avec habileté; mais il en suspendait l'exécution, s'attachant toujours à l'idée qu'une réponse de Saint-Pétersbourg pouvait, d'un moment à l'autre, donner une face nouvelle aux affaires.

Le 18, tandis qu'il hésitait encore, Kutusoff reprit brusquement l'offensive. Depuis le départ du prince Wolkonski, Murat, dans la profonde sécurité que lui inspirait l'armistice convenu avec Benigsen, se gardait mal, quoique lui-même eût déclaré à l'Empereur que sa position était défectueuse. Il n'avait que vingt mille hommes environ ; couverte par un ruisseau qui se jette dans la Nara, sa droite, composée du corps des Polonais, s'appuyait sur cette rivière. Le prince était au centre de sa ligne avec la division Dufour, une partie de la cavalerie de réserve et celles des 1er. et 5e. corps ; et sa gauche, sous les ordres de Sébastiani, s'étendait jusqu'auprès du village de Telezinka, au delà duquel se trouvait un bois sans profondeur, et qu'on avait négligé de faire occuper. Derrière le roi de Naples, près du village de Spass-Kouplia, la grande route de Moskou, sa seule retraite, s'engageait entre deux forêts, dont le rapprochement formait un défilé dangereux. A la faveur du bois de Telezinka, qui cachait leurs mouvemens, les ennemis, après avoir traversé la Nara pendant la nuit du 17 au 18, avaient manœuvré par leur droite de manière à tourner la gauche de Murat. Au point du jour, Orlow Denisoff, à la tête d'une division de Cosaques, s'élança tout à coup sur celle de Sébastiani, au moment où une partie de la cavalerie française venait de partir pour le fourrage. Orlow était suivi par Benigsen, ayant sous ses ordres le corps de Baggavout et celui que commandait Strogonoff depuis la mort de Touczkoff, tué à la Moskowa.

En même temps le corps d'Ostermann, trois divisions de cavalerie et une d'infanterie de la garde russe, qui avaient également traversé la Nara, s'avançaient sur l'aile droite et le centre des Français, en avant de Winkowo. Mais de ce côté la plaine était découverte, et Poniatowski, ayant aperçu le mouvement d'Ostermann, au jour naissant, avait eu le temps de prendre les armes; il soutint le choc sans en être ébranlé.

Sébastiani, au contraire, surpris par l'attaque des Cosaques d'Orlow, avait été forcé de reculer en désordre, et de leur abandonner son artillerie, ses bagages et des prisonniers. A peine commençait-on à se remettre de cette alerte, quand on aperçut au delà du bois les épaisses colonnes de Baggavout et de Strogonoff, qui, débordant notre aile gauche, menaçaient de la tourner, tandis que les Cosaques couraient vers le défilé de Spass-Kouplia dans l'espoir de fermer la retraite aux troupes françaises.

Mais déjà Murat était à cheval; il voit le danger, s'élance à la tête des carabiniers du général Defrance sur le front de la ligne de Baggavout. Étonnés à leur tour de l'impétuosité de cette attaque inattendue, les Russes suspendent leur mouvement; le roi de Naples et ses intrépides carabiniers se précipitent dans les rangs ébranlés de l'ennemi; Baggavout est tué; ses troupes reculent et se replient sur celles de Strogonoff; le feu de notre artillerie les contient. Maître alors de ses mouvemens, Murat répare le désordre qu'a causé cette surprise dans sa petite armée, dont la contenance impose aux assaillans. Poniatowski ne tarda pas à prendre à l'aile droite un avantage marqué sur Ostermann, tandis que le roi de Naples repoussait Benigsen à la gauche. Après quelques heures de combat, les Russes repassèrent la Nara, et rentrèrent dans leurs positions de la veille au camp de Taroutino.

Malgré l'immense supériorité des forces que Kutusoff avait déployées, il ne retira d'autre fruit de cette agression déloyale que la prise de douze canons. Le roi de Naples en avait plus de cent, cette perte fut peu sensible; mais nous eûmes à regretter deux mille hommes tués, au nombre desquels étaient les généraux Déry et Fischer. Les Russes ne perdirent pas moins de monde, et eurent aussi deux généraux morts sur le champ de bataille, Baggavout et Muller. Benigsen, blessé, fut mis hors de combat.

Cet événement ne pouvant plus laisser aucun doute à Napoléon sur les véritables intentions de l'ennemi, la retraite fut aussitôt décidée.

LIVRE TROISIÈME.

CHAPITRE PREMIER.

Départ de Moskou. — Bataille de Malo-Jaroslawetz.

(Du 19 au 24 octobre 1812.)

La prolongation du séjour de l'Empereur à à Moskou, et l'espèce de trêve qui, depuis le 5 octobre, suspendait les hostilités devant le camp de Taroutino, avaient été d'un avantage incalculable pour Kutusoff. Sa cavalerie, déjà trop supérieure à la nôtre sous le rapport de la quantité et de la vigueur des chevaux, ayant été renforcée, dès les premiers jours du mois, par vingt-deux régimens de Cosaques du Don, il en forma des détachemens nombreux, à chacun desquels furent jointes plusieurs compagnies de troupes réglées. Les principaux chefs de ces espèces de *guerrillas* subdivisées à l'infini étaient le général Dorokoff, les colonels Davidoff et Jefremoff, le prince Koudakoff, les capitaines Figner et Seslavin.

Cette multitude de partisans, favorisés par les habitans des campagnes, inquiétaient nos communications sur toute la route de Moskou à Smolensk, attaquaient les convois, enlevaient ou massacraient les détachemens que la rareté des fourrages, aux environs de la ville, forçait trop souvent de se hasarder à des courses lointaines. Au Nord de la capitale, le général allemand Wittzengerode commandait un corps nombreux de cavalerie légère, qui, partagé en deux divisions principales, sous les ordres du colonel Benkendorff et du major Prendel, leur faisait une guerre aussi active et non moins cruelle.

Tandis que, resserrées sur tous les points et menacées par l'approche de l'hiver, les troupes cantonnées autour de Moskou voyaient chaque jour diminuer davantage leurs faibles ressources, celles qui étaient échelonnées sur la route de Smolensk, par Mojaïsk et Dorogobouje, achevaient de consommer le peu de vivres échappés aux dégâts et au pillage des armées russes et françaises, dans leur rapide passage à travers ces contrées. Aussi Napoléon se détermina-t-il à opérer sa retraite à travers un pays qui, d'ailleurs, riche et fertile, avait été jusqu'alors épargné par la guerre. Il se proposa donc de gagner d'abord Kalouga, à trente-cinq lieues au Sud-Ouest de Moskou, sur l'Oka; et de ce point, en parcourant une distance égale droit à l'Ouest jusqu'à Ielnia, il espérait atteindre facilement Smolensk, qui n'est éloigné que de vingt lieues au plus de cette dernière ville.

Deux chemins, suivant une ligne à peu près parallèle à douze lieues l'un de l'autre dans leur plus grand éloignement, conduisent de Moskou à Kalouga : la vieille route, à gauche, par Waronowo et Taroutino; la nouvelle, à droite, par Borowsk et Malo-Jaroslawetz. Kutusoff nous barrait la première avec toute son armée; la seconde était libre encore, et le général ennemi, qui disposait d'une si grande quantité de cavalerie légère, n'en avait détaché aucun corps de ce côté, même pour éclairer, à sa gauche, les mouvemens de l'armée française. Instruit de cette négligence, Napoléon résolut de tourner, par Malo-Jaroslawetz, la position de Kutusoff. On voit que le succès de son plan de retraite reposait tout entier sur la chance d'occuper et de dépasser cette ville avant que l'armée russe, avertie de la marche des Français, n'y fût venue pour lui disputer le passage : manœuvre facile à Kutusoff, qui, de Taroutino, pouvait se porter en moins d'un jour à Malo-Jaroslawetz, tandis qu'il en fallait trois à Napoléon pour y arriver de Moskou.

Dans la soirée du 18 octobre, aussitôt qu'il fut informé de la brusque attaque des ennemis sur son avant-garde, Napoléon mit ses colonnes en mouvement sur la vieille route de Kalouga. Il laissa dans le Kremlin six mille hommes de la jeune garde, commandés par le maréchal Mortier, avec ordre de tenir jusqu'au 23, d'y détruire les armes, les munitions, d'enclouer les canons; puis de faire sauter, à l'aide de la mine, les murailles de cette citadelle, et de venir rejoindre l'armée par Wéréia et Medyn.

Ces dispositions faites, l'Empereur quitta enfin Moskou le 19 octobre, avec le reste de la garde. L'armée marchait lentement. Les corps ayant dû s'approvisionner de vivres pour vingt jours, l'exécution de cette mesure, quoique fort incomplète, à raison de la pénurie des subsistances, nécessitait pourtant une grande quantité de transports.

Pour avoir une idée de la pesanteur de l'armée au moment de son départ, il faut se représenter d'abord six cents bouches à feu et deux mille caissons d'artillerie que traînaient péniblement des chevaux énervés; puis, les calèches des généraux, leurs fourgons et ceux des administrations, les voitures de toute espèce des employés, celles des familles françaises ou étrangères, qui fuyaient Moskou dans la crainte de retomber entre les mains du farouche Rostopchin; enfin des milliers de petits chars fort communs dans le pays, que s'étaient procurés la plupart des officiers de tous grades, et qui, chargés de provisions et d'effets d'habillemens, marchaient à la suite des corps.

Après tant et de si cruelles épreuves pendant une marche triomphante et dans une saison moins défavorable, les précautions pour le retour, à l'entrée de l'hiver, ne pouvaient sans doute aller trop loin, et l'Empereur ne crut pas devoir les interdire. Toutefois, cette circonstance ajoutait une chance de plus aux dangers de la retraite, en contribuant à ralentir les pas de l'armée au moment où tout allait dépendre pour elle de la rapidité de ses manœuvres.

Durant les deux premiers jours, on ne fit que dix lieues à peu près, en suivant directement la la vieille route de Kalouga, comme pour aller attaquer de front Kutusoff à Taroutino. Mais, le 21, l'armée tournant à droite, gagna par la traverse la nouvelle route, au point où elle passe sur la Nara, à six lieues au Nord de Borowsk près de Fominskoé; et, de ce village, où l'Empereur arriva le 22 vers le milieu du jour, le vice-roi, qui l'y avait précédé avec l'armée d'Italie, se dirigea immédiatement sur Borowsk, qu'il occupa le soir. Ainsi notre avant-garde était déjà sur le point de dépasser la hauteur de Taroutino, où Kutusoff, encore immobile, attendait le choc de Napoléon qu'il croyait en face de lui, près de fondre sur son avant-garde.

Tandis que ces marches s'accomplissaient, Murat, après avoir laissé devant les ennemis un rideau de cavalerie qui leur dérobait la vue de ses mouvemens, avait opéré sa retraite; et, le 23, il vint rejoindre le gros de l'armée. Le même jour, le duc de Trévise, ayant fait sauter le Kremlin, marchait sur Véréia, suivi de la jeune garde. Dans la soirée, Delzons, dont la division formait l'avant-garde de l'armée d'Italie, fit occuper Malo-Jaroslawetz par deux bataillons. Napoléon touchait donc au moment de voir compléter le succès d'un plan habilement conçu; il transporta ce soir-là son quartier général à Borowsk.

Cependant Kutusoff, dans la nuit du 21 au 22, fut averti par les habitans, qu'on remarquait un grand mouvement de troupes au Nord de Borowsk; mais, se persuadant que ce ne pouvait être que le corps de Junot qui manœuvrait pour venir de Mojaïsk appuyer l'attaque de l'Empereur, il se contenta de faire marcher de ce côté le corps de Doctoroff avec la cavalerie légère de la garde russe. Ce général, parti du camp de Taroutino, se trouvait au village d'Aristowo, à quatre lieues de Borowsk, le 22, au moment où Eugène était près d'occuper cette ville, laissant derrière lui l'Empereur à Fominskoé.

Le partisan Seslavin, envoyé à la découverte par Doctoroff, lui rapporta bientôt qu'il venait de reconnaître toute l'armée française en marche sur Malo-Jaroslavetz. Doctoroff, ayant refusé de croire à ce récit invraisemblable, le Cosaque, impatient d'en prouver l'exactitude, courut avec sa troupe au grand galop, jusqu'aux postes de Borowsk, où il eut la bonne fortune d'enlever un officier français, qu'il ramena rapidement au village d'Aristowo. D'après les réponses du prisonnier, qui confirmèrent la nouvelle de Seslavin, Doctoroff donna sur-le-champ avis au quartier général, de la présence de l'armée française entière, sur la nouvelle route de Kalouga.

De son côté, Miloradowitz, qui commandait l'avant-garde sur la Nara, s'étant enfin aperçu du départ de Murat, venait d'en informer Kutusoff. Aussitôt l'ordre fut donné de lever le camp de Taroutino; et le soir du 23, l'armée russe, s'ébranlant tout entière aussi, se porta vers Malo-Jaroslawetz dans l'espoir d'y prévenir Napoléon. Doctoroff, plus rapproché de cette ville, y courait déjà, en suivant une ligne parallèle à celle de l'armée d'Italie. Cette manœuvre excita l'inquiétude du prince Eugène, qui, ne connaissant encore ni la force, ni la direction du corps qui menaçait ainsi sa gauche depuis quelques heures, ralentit son mouvement dans la soirée du 23. C'est par suite de cette disposition que Delzons, qui aurait pu occuper cette nuit-là Malo-Jaroslawetz avec sa division entière, se contenta d'y envoyer, comme on l'a vu, deux babaillons seulement. Aussi, arrivé à cinq heures du matin, le 24, devant Molo-Jaroslawetz, avec vingt-cinq mille hommes de troupes d'élite, Doctoroff pénétra-t-il sur-le-champ dans cette ville ouverte, qu'il enleva sans peine aux deux bataillons français.

Eugène s'avança rapidement à leur secours avec toutes ses forces, précédé de la division Delzons qu'il chargea d'attaquer sur-le-champ. Le premier choc fut terrible, et les Russes ébranlés reculèrent jusqu'au plateau qui se trouve à l'entrée méridionale de la ville. Toutefois, se reformant presque aussitôt, ils reprennent l'offensive. Doctoroff s'avance de nouveau par les rues qu'il venait de traverser en fuyant; il s'empare de toutes les issues, et repousse les Français jusque sur la grande place. Là s'engage un combat furieux, acharné. Percé d'une balle, le brave Delzons chancelle, son frère s'élance pour l'arracher aux ennemis près de le saisir; mais ce généreux effort, qui lui coûta la vie, ne sauva pas celle de Delzons : les deux frères sont massacrés dans les bras l'un de l'autre.

Sans chef, accablés par le nombre, les Français reculent et cèdent une seconde fois leur conquête. Mais Guilleminot avait pris le commandement, et venait de faire occuper par des compagnies de grenadiers une église et deux maisons, à l'extrémité de la rue que les ennemis dépassaient déjà. Cette réserve tombe à l'improviste sur les Russes, en même temps que les troupes qui fuyaient devant eux se retournent et les attaquent de nouveau ; ainsi coupés, et placés entre deux feux, leurs premiers rangs sont renversés, les autres regagnent en désordre la grande place, où les Français les poursuivent ; et la lutte recommence avec une nouvelle fureur.

Jusqu'alors les Russes avaient eu l'avantage du nombre ; mais le vice-roi venait enfin d'arriver et de faire avancer la division Broussier au secours de Guilleminot. Par malheur, du côté qui regarde Borowsk, la ville, assise sur la crête d'une colline escarpée, n'offrait qu'un abord difficile ; des hauteurs boisées et coupées de profonds ravins resserraient de droite et de gauche l'étroit vallon où l'armée d'Italie se trouvait comme enfermée, n'ayant d'autre issue pour aller prendre part au combat, que la grande route par laquelle gravissait la division Broussier. Néanmoins, à l'aide de ce renfort, Guilleminot reprit bientôt la ville : ce troisième triomphe fut court; les Russes, redoublant d'efforts, parvinrent encore à rejeter les Français au delà des murailles septentrionales.

Pendant ces alternatives de succès et de revers, l'Empereur, informé du combat, était parti de Borowsk au galop; arrivé à midi près du pont de la Loujea, non loin de la ville, il se plaça sur un tertre, d'où ses regards embrassaient l'ensemble des opérations. La garde et le corps de Davoust ne tardèrent pas à se montrer. Napoléon fit construire à la hâte un second pont sur chevalets, et donna l'ordre à la division Gérard de traverser immédiatement la rivière et de se porter à droite de Malo-Jaroslawetz en s'étendant jusqu'au bois de Terentiewa, tandis que la division Compans exécutait à gauche une manœuvre semblable. Mais, du point où il était, Napoléon vit bientôt déboucher dans la plaine, au Sud-Est, les têtes de colonnes de Kutusoff qui, peu d'heures après, déploya devant le front méridional de la ville soixante-dix mille combattans.

L'artillerie des divisions Gérard et Compans contenait les Russes de droite et de gauche, et les difficultés du terrain ne s'opposaient pas moins à ce qu'ils vinssent inquiéter l'armée française, que n'avaient encore rejointe ni le maréchal Ney, ni Mortier, non plus que Poniatowski; Junot était à Mojaïsk.

On ne se battait donc que dans Malo-Jaroslawetz, où l'incendie, qui dévorait les maisons construites en bois, ajoutait à l'horreur de cette lutte, la plus sanglante et la plus disputée de toute la campagne.

Rien n'avançait; le prince Eugène avait engagé la division Pino, et la brillante valeur de ce corps, tout composé d'Italiens, ayant ranimé celle des Français dont les forces commençaient à s'épuiser, les ennemis venaient d'évacuer la ville une sixième fois. Mais Kutusoff envoie des troupes fraîches au secours des siens, et nos soldats ramenés allaient encore être repoussés sur le revers de la colline. Eugène alors tente un dernier effort; il se précipite sur les Russes avec la garde royale, et rétablit le combat. Secondés par ce renfort de braves Italiens, les Français retrouvent toute leur vigueur; ils s'élancent, renversent les ennemis, rentrent victorieux dans la ville, et pénètrent jusqu'à la place, à travers les flammes. Là, ils trouvent de nouveaux et de plus térribles adversaires : Kutusoff venait de faire relever les colonnes épuisées de Doctoroff par le corps entier de Raefskoï.

Vainement cette redoutable barrière s'élève devant les Français et les Italiens; l'artillerie, qui n'est plus retenue à l'étroite entrée de la ville, s'avance enfin derrière eux : ils lui font place; elle se déploie devant leurs rangs, éclate avec fracas, la muraille russe est ébranlée ; nos braves reprennent leur élan, la baïonnette en avant. Les ennemis soutiennent d'abord le choc avec bravoure; mais ils cèdent bientôt le terrain, et se retirent lentement par vingt issues, jonchant la terre de leurs morts et de leurs blessés. Les canons se fraient un passage sur ces corps palpitans, à travers les débris de l'incendie; bientôt enfin cette artillerie, trop long-temps inactive, débouche sur le plateau qui domine la plaine au Sud de Malo-Jaroslawetz; et, formée en nombreuses batteries, elle commence à foudroyer les colonnes de Raefskoï, qui précipitent leur retraite.

Eugène, poursuivant sa victoire, déploya hors de la ville les débris glorieux de sa petite armée, de dix-sept mille hommes au plus, devant les quatre-vingt mille de Kutuzoff; il continua de les canonner jusqu'à la nuit qui ne tarda pas à mettre fin au combat. Il ne restait plus, de Malo-Jaroslawetz, que des débris fumans, où gisaient pêle-mêle huit mille cadavres russes et quatre mille Français ou Italiens; on n'avait pas fait de prisonniers durant ce long massacre de douze heures consécutives. Jamais les soldats français ne s'étaient encore signalés par plus de bravoure et de constance; les Italiens s'élevèrent à leur niveau; et les Russes, qui s'étaient montrés dignes de les combattre, ont rendu témoignage à la gloire de leurs vainqueurs [1].

Pour la première fois, Kutusoff lui-même, renonçant à ses forfanteries ordinaires, avoua dans ses rapports qu'il n'avait pas remporté la victoire.

---

[1] *Histoire de la Campagne de Russie*, par le colonel Boutourlin, tome II, page 64.

« Au reste, nous ne pouvons nous dispenser d'avouer que le combat de Malo-Jaroslawetz fait le plus grand honneur aux troupes du vice-roi, qui soutinrent les attaques impétueuses des Russes avec une bravoure et une constance admirables. »

CHAPITRE II.

Les deux armées russe et française se retirent à la fois, l'une au Sud, l'autre au Nord.

(Du 24 au 28 Octobre.)

L'Empereur ne se retira qu'à la nuit close au village de Gorodnia, où son quartier général était établi, à une lieue et demie en arrière du champ de bataille : avant le jour, tous les rapports qui lui étaient parvenus l'avaient informé que l'ennemi occupait encore les mêmes positions que la veille ; vers cinq heures et demie, le général Gourgaud, chargé de passer la nuit aux avant-postes, afin de recueillir des renseignemens certains, vint lui donner la même assurance ; il ajouta que, sur la droite, un bruit de cavalerie s'était fait entendre, et semblait, d'après l'avis du général Gérard et le sien, indiquer un mouvement de l'ennemi dans la direction de Medyn. Ayant fait alors appeler le roi de Naples, le maréchal Bessières et le comte Lobau dans la chétive cabane où il venait de reposer quelques heures, l'Empereur leur dit : *Il paraît que l'ennemi tient, et que nous aurons une bataille; dans la situation où est l'armée, est-il avantageux de la livrer ou de l'éviter*[1] ?

Murat et Bessières exprimèrent l'opinion qu'une bataille, dont toutefois l'heureuse issue ne leur paraissait pas douteuse, aurait certai-

---

[1] L'auteur a dû répéter ces paroles de l'Empereur, telles qu'on les lit dans l'ouvrage critique du général Gourgaud, témoin de cette scène et de toutes celles qu'il rapporte. Les récits du général ont un caractère de sincérité si évident qu'on ne peut douter qu'il n'ait exactement répété ce qu'il a entendu. C'est donc rendre hommage à sa fidélité historique que de lui emprunter des traits qu'il n'est plus permis d'altérer depuis que son témoignage les a consacrés. On peut aussi, par la même raison, faire parler Napoléon avec confiance d'après M. Fain. Ce serait au contraire encourir le reproche de plagiat, et attenter à la *propriété particulière*, que de prendre dans telle autre relation célèbre de la campagne de Russie les discours de Napoléon, lesquels appartiennent trop évidemment à l'écrivain.

nement des résultats funestes à l'armée, en raison de l'affaiblissement général de la cavalerie et des attelages de l'artillerie; ils déclarèrent que, faute de transports, il faudrait abandonner, avec les deux mille blessés de la veille, ceux que coûterait inévitablement un nouveau combat; ils trouvaient trop hasardeux d'acheter au prix d'une victoire si coûteuse le passage par Kalouga pour gagner Smolensk. « Et vous, » Mouton, » demanda l'Empereur au comte Lobau, « quelle est votre opinion ? »—« Sire, » répondit le général, « mon opinion est de se » retirer sur le Niémen par la route la plus » courte et la plus connue, par Mojaïsk, et le » plus promptement possible. »

Ces paroles, que le comte Lobau répéta plusieurs fois, firent impression sur Napoléon; mais, avant de prendre un parti, il voulut visiter le champ de bataille, et monta sur-le-champ à cheval. A peine était-il sur la route de Malo-Jaroslawetz, que des cris d'alarme s'élevèrent tout à coup sur sa gauche; pendant la nuit, Platoff, à la tête d'un régiment de Cosaques et d'un régiment de chasseurs, ayant traversé à gué la Loujca, près de Gorodnia, tentait un coup de main sur un parc d'artillerie placé non loin de ce village. Napoléon, devançant les escadrons de la garde commandés pour le suivre, n'avait alors auprès de lui que trois pelotons de service qui l'accompagnaient toujours. Cette faible escorte suffit, avec quelques officiers d'ordonnance et d'état-major, pour imposer aux Cosaques qui s'étaient avancés de ce côté, et se replièrent aussitôt sur le gros de leur troupe; les lanciers polonais et les chasseurs de la garde venaient de courir aux armes: ils rejetèrent Platoff et ses Cosaques de l'autre côté de la rivière. Cette échauffourée n'eut aucune suite.

Arrivé à Malo-Jaroslawetz, où le vice-roi le reçut au milieu des trophées de la veille, Napoléon rendit une éclatante justice à la bravoure du prince et de ses troupes: « *Eugène*, lui dit-il en l'embrassant, *ce combat est votre plus beau fait d'armes.* » Il se porta ensuite en avant afin d'observer l'armée ennemie, et reconnut qu'elle occupait une excellente position à une lieue de la ville, derrière le ruisseau le *Korigea*. Les nombreux rapports qui lui parvinrent, conformes aux réponses des prisonniers qu'il interrogea lui-même, et, d'accord avec ses propres observations, lui persuadèrent qu'en effet le dessein de Kutusoff était de tenir dans cette position qu'il travaillait à fortifier.

Tout porte à croire que cette certitude même confirma l'Empereur dans l'opinion qu'il était préférable d'attaquer les Russes. En effet, il paraissait probable qu'effrayés des résultats du combat de la veille, ils refuseraient la bataille et se retireraient; s'ils l'acceptaient, au contraire, les présages de la victoire étaient tous en faveur des Français, de l'aveu même de ceux qui conseillaient la retraite avec le plus d'obstination. Mais, selon la remarque pleine de justesse du général Gourgaud, *quand tous les généraux sont contraires à l'opinion du général en chef, le succès des plus belles opérations peut être compromis.* Cette puissante considération dut agir fortement sur l'esprit de l'Empereur, qui, dans une circonstance aussi critique, trouvait, pour la première fois, l'unanimité des avis contre lui.

Cependant, la prudence lui commandait de peser avec maturité, de balancer attentivement les chances opposées qui s'offraient alors à sa méditation; Napoléon accomplit ce devoir. Il employa le reste de la journée à visiter encore le champ de bataille, à entendre de nouveaux rapports, à multiplier les reconnaissances. Ce ne fut qu'à la nuit, et après avoir confié le commandement de l'avant-garde au maréchal Davoust, qu'il retourna au village de Gorodnia; mais, toujours recueilli dans ses graves pensées, il ne manifesta pas encore qu'il eût arrêté définitivement aucun plan.

De son côté, Kutusoff n'était pas moins indécis sur celui qu'il devait adopter; il venait de payer cher la perte d'une illusion, et de reconnaître que l'armée française était loin d'être affaiblie autant qu'il l'avait espéré. Tandis qu'il hésitait encore, on l'informa qu'un corps considérable se montrait vers Medyn, à sa gauche; c'étaient les Polonais de Poniatowski, que l'Empereur avait dirigés sur Kremenskoï, entre cette ville et Wéréia. Aussitôt, déguisant ses craintes sous l'apparence d'une sage circonspection, Kutusoff déclara devant ses généraux que les Français manœuvraient pour le couper de Kalouga par Medyn, et qu'il importait au salut de l'armée de prévenir ce mouvement, afin de conserver ses communications avec Tchitchakoff. D'après cette décision, la retraite des Russes, immédiatement ordonnée, commença le 26, à cinq heures du matin. Miloradowitz, chargé de former l'arrière-garde, demeura seul pendant une partie de la journée dans le camp sous Malo-Jaroslawetz pour dissimuler le plus long-temps possible aux Français le mouvement rétrograde de Kutusoff.

L'immense quantité de troupes légères dont pouvait disposer le général ennemi, facilita le succès de sa ruse. Le 26, quand le jour reparut, tout présentait encore, dans le camp des Russes, la même apparence que la veille. C'est alors seulement que l'Empereur se résigna, contre sa conviction intime, à céder au vœu général des chefs de l'armée, et la retraite fut décidée [1]. Des ordres expédiés de tous les côtés à la fois donnèrent bientôt l'impulsion à cette grande contre-marche, par l'effet de laquelle, devenu tout à coup le commandant de l'arrière-garde, le maréchal Davoust dut occuper l'ennemi sur la route de Kalouga, jusqu'à la nuit, avec deux de ses divisions ; puis se replier à la faveur de l'obscurité sur les trois autres restées à Malo-Jaroslawetz, et ensuite rétrograder sur Mojaïsk par Borowsk et Wéréia.

A l'autre extrémité de la ligne, le corps de

---

[1] Voyez la note (a) à la fin du volume.

Junot, à Mojaïsk, où il devait former l'arrière-garde de l'armée, changeant aussi de rôle, en devint l'avant-garde et marcha sur Smolensk, par Wiazma. Le maréchal Mortier, déjà parvenu de Moskou à Wéréia, en partit avec la jeune garde pour aller remplacer Junot à Mojaïsk, et suivre son mouvement; Ney, s'avançant sur les pas de Mortier, céda Borowsk à la garde et à la cavalerie de réserve. Le vice-roi s'avançait à la suite du 3e. corps. Enfin, de Kramenskoï, près de Medyn, Poniatowski, opérant également sa retraite dans la direction du Nord, se porta d'abord à Jegoriewskoé, afin de couvrir le flanc gauche de l'armée.

Tout devait donc, dans cette funeste campagne, porter l'empreinte de la plus cruelle fatalité. Par un caprice bizarre de la fortune, dont on chercherait vainement un autre exemple dans l'histoire, à la suite du choc meurtrier de Malo-Jaroslawetz, et après être restés toute une journée en présence, les vainqueurs et les vaincus faisant volte-face à la fois et comme de concert, chacun se retira de son côté.

Mais les Russes se repliaient sur une ville riche, vers des contrées fertiles et pour ainsi dire encore neuves; ils se rapprochaient de leurs ressources de toute espèce; les Français, au contraire, couraient se précipiter dans un abîme de misère en s'élevant encore plus au Nord, à l'approche du terrible hiver de la Moskovie, par une route sans ressources, sans abris et complétement dévastée.

CHAPITRE III.

Retour à Smolensk.

(Du 27 Octobre au 13 Novembre.)

Kutusoff avait rétrogradé jusqu'à Gonczérowo, à cinq lieues environ au Sud de Malo-Jaroslawetz. Informé dans la journée du 27, de la retraite des Français sur Borowsk il persista dans l'opinion que, de cette ville, Napoléon allait tenter de reprendre, par Medyn, le chemin de Kolouga. En conséquence, l'armée russe, levant de nouveau son camp le soir de ce même jour, se porta tout entière à sa gauche jusqu'à Polotnianya pour leur fermer ce passage.

Bientôt pourtant des avis plus certains apprirent à Kutusoff que les Français renonçaient à toute tentative sur Medyn; mais ne pouvant se persuader qu'ils reprissent, à leur retour, la route dont ils avaient épuisé les ressources en marchant sur Moskou, le général russe jugea d'abord qu'ils manœuvraient pour gagner Witepsk par Wolokolansk, Zoubstof, Béloé et Velitchie; détour immense, mais à travers un pays abondant. Cette idée lui parut si probable, qu'il perdit quatre jours en marches et contremarches inutiles, dans la direction de Mojaïsk, afin de ne pas abandonner les traces de l'armée française, qu'il lui eût été facile de devancer en se portant rapidement à gauche vers Dorogobouje.

Au surplus, il est incontestable que Kutusoff avait arrêté d'avance la résolution de ne plus engager de bataille générale avec des ennemis encore trop redoutables, et de s'en tenir à observer leur marche, épiant l'occasion de les attaquer, et de les détruire en détail, jusqu'à ce que le froid et la famine, achevant d'abattre les restes de leurs forces, les lui eussent livrés désarmés et demi-vaincus.

En effet, lorsqu'il ne lui fut plus possible de douter que Napoléon marchait réellement sur Smolensk, Kutusoff pouvait encore le prévenir à Wiasma; mais, loin de précipiter sa marche, il se contenta de faire avancer de ce côté Miloradowitz à la tête de vingt-cinq mille hommes, et le suivit lentement avec le gros de son armée, tandis que les Cosaques de Platoff harcelaient l'arrière-garde des Français.

La garde arriva le 31 octobre à Wiasma, où Napoléon séjourna pour attendre les autres corps de l'armée dont la marche s'appesantissait chaque jour davantage. Les vents s'étaient établis au Nord-Est depuis le 28, et la froideur des nuits, encore tolérable pour les hommes, malgré le défaut d'abris, commençait à exercer de grands ravages parmi les chevaux mal nourris et excédés de lassitude. Ney rejoignit le premier; Eugène et Poniatowski ralentissaient leurs pas, afin de ne point se séparer de Davoust, chargé de défendre l'arrière-garde, et de protéger, contre les Cosaques, la lourde masse des bagages, des blessés et des traîneurs, dont le nombre augmentait d'heure en heure. Il avait déjà fallu sacrifier une centaine de caissons, et beaucoup de voitures, auxquelles on mettait le feu.

Toutefois, le 2 novembre, Davoust se trouvait à une petite journée de Wiasma; Eugène et Poniatowski n'en étaient plus éloignés que de trois lieues à peu près. L'Empereur, y laissant le maréchal Ney, partit vers le milieu du jour, et porta son quartier général à Semlowo. Kutusoff menaçait alors, à peu de distance, le flanc gauche de l'armée française ainsi divisée; mais, fidèle à son système de circonspection, et laissant Miloradowitz attaquer avec le corps de vingt-cinq mille hommes qui formait son avant-garde, il suspendit, au village de Bykowo à trois lieues à l'Est de la grande route, la marche du reste de ses forces, et demeura tranquille spectateur de l'événement.

Dans la soirée de ce même jour, les *hourras* plus fréquens des sauvages du Don annoncèrent l'approche de Miloradowitz, qui ne tarda pas à déboucher vers le village de Glodowo, où Platoff se réunit à lui avec ses vingt régimens de Cosaques réguliers. Ney prit une position avantageuse sur des hauteurs, en avant de Wiasma, couvrant les routes de Smolensk et de Juchnof. Les ennemis montraient, par leurs manœuvres, le dessein de se jeter entre lui et les trois corps d'armée restés en arrière. Mais Eugène, qui n'attendait pour marcher sur la ville que l'approche de Davoust, ayant été rejoint par le maréchal vers huit heures du matin, se porta aussitôt en avant suivi de Poniatowski. A peine eut-il passé les bois de Mezaiédowa, qu'il trouva devant lui une division russe occupant la grande route, en même temps que deux autres divisions, infanterie et cavalerie, s'avançaient sur sa gauche; il s'arrêta, et fit des dispositions pour le combat qui s'engagea bientôt. Les Russes attaquèrent à la fois le maréchal Ney en avant, et le corps de Davoust à l'arrière-garde, qu'ils s'efforcèrent d'abord, mais sans succès, de séparer du vice-roi.

Ils avaient l'avantage d'une cavalerie nombreuse et dans le meilleur état; les Français celui d'une excellente infanterie qui retrouvait toute son énergie en présence de l'ennemi. Mais, de notre côté, la débilité des chevaux rendait trop lent, et parfois même infructueux, le service de l'artillerie. Le combat fut opiniâtre et très-meurtrier; il dura plus de cinq heures, après lesquelles la victoire, long-temps indécise, couronna enfin les efforts prodigieux des Français; demeurés maîtres du champ de bataille et de la route de Wiasma, ils traversèrent cette ville le soir même, ayant rejeté une partie des Russes au delà de l'Ulitza, et forcé le reste à se retirer en désordre par le chemin de Syczéwa.

Ce succès important fut payé chèrement; nous laissâmes quatre mille morts autour de Wiasma, et une multitude d'hommes isolés restèrent au pouvoir de l'ennemi. L'armée, embarrassée d'un plus grand nombre de blessés, poursuivit pesamment sa marche vers Dorogobouje. L'Empereur ordonna que Davoust marchât désormais devant le 3e. corps; Ney, plus actif et dont les troupes avaient moins souffert fut chargé de l'arrière-garde, que Platoff continuait de harceler.

Ce fut le 6 novembre que le formidable hiver de Russie apparut tout entier. Les vents du Nord, redoublant de furie, chargèrent tout à coup le ciel de sombres nuages; les flots épais de la neige tourbillonnaient autour de nos soldats, et voilaient à leurs regards les objets les plus rapprochés; ils s'égarèrent; dans la soirée, le froid augmentant de moment en moment avec l'obscurité, roidit leurs membres; plusieurs laissèrent échapper leurs armes, et, errant à l'aventure, allèrent tomber entre les mains des Cosaques, qui les massacrèrent sans pitié.

Toutefois le plus grand nombre de nos braves firent courageusement face à ce nouvel ennemi, quoique la brise glaciale eût étendu sur la terre une couche de verglas, et que le sol se dérobât sous leurs pas. Les chevaux souffraient davantage. On n'avait eu ni le temps ni les moyens de les ferrer à glace, ils ne pouvaient marcher et mouraient par centaines; il fallut abandonner les chariots qui portaient encore quelques restes de vivres, dernière espérance de tant d'hommes affamés. Dans leur détresse, la mort des chevaux leur fournit du moins une ressource précieuse; aussitôt que ces animaux tombaient, les soldats les dépeçaient, s'en partageaient les lambeaux, qu'ils découpaient ensuite en tranches et faisaient rôtir au feu des bivacs. Ce fut pour la plupart le seul aliment qui les soutint pendant toute la retraite.

C'est dans cet état déjà si déplorable que les dernières colonnes de l'armée atteignirent Dorogobouje. Le jour suivant, elle se divisa. L'Empereur avec la garde, Davoust et Ney suivirent la route directe de Smolensk; le vice-roi et Poniatowski prirent celle de Dukhowszina dans la direction de Witespk. Eugène avait déjà parcouru, en allant à Moskou, ce chemin difficile et partout coupé de ravins, mais praticable alors; c'était dans les plus beaux jours de l'été. Maintenant, les moindres aspérités opposaient des obstacles insurmontables aux chevaux de trait; le terrain couvert de glace retenait les canons et les caissons à chaque montée; et si les efforts désespérés des conducteurs parvenaient à les porter au sommet, rien ne pouvait plus ensuite les retenir, ils roulaient avec violence jusqu'au bas du revers opposé, entraînant les chevaux et les hommes qu'ils écrasaient ou précipitaient avec eux dans les fondrières.

Platoff suivait cette colonne; ses Cosaques, voraces et lâches comme les vautours qui ne dévorent que des cadavres, se jetaient sur les hommes isolés, vaincus, désarmés par le froid; ils les dépouillaient et les abandonnaient nus et mutilés sur la neige sanglante.

Des scènes semblables signalaient la rage de ces Scythes barbares à l'arrière-garde du maréchal Ney, sur la route de Dorogobouje; il n'eut à soutenir que deux engagemens de peu de durée contre l'infanterie russe : le 7 avec Miloradowitz, et le 9 avec une division commandée par le général major Zurkoff. Repoussés dans l'une et l'autre occasion, les Russes perdirent beaucoup de monde. Ces chocs soutenaient, bien loin de l'abattre, le courage de nos soldats. Ils rejoignirent ainsi l'armée à Smolensk; l'Empereur y était entré le 9 avec la garde; Davoust le jour suivant. Eugène arriva le dernier, après avoir éprouvé de grandes pertes au passage du Wop, dont les eaux peu profondes à la vérité, mais devenues rapides comme celles d'un torrent, avaient rompu et emporté un pont à peine achevé; il avait fallu les traverser à gué, en luttant contre les larges glaçons qui embarrassaient leur cours, et abandonner sur la rive gauche soixante pièces de canons et des milliers de voitures chargées de la fortune et des provisions des non combattans qui se traînaient à la suite de l'armée, et parmi lesquels se trouvaient un grand nombre de familles françaises échappées de Moskou.

Le lendemain de cette cruelle journée, le quatrième corps s'était vu forcé de s'ouvrir, l'épée à la main, le chemin de la ville de Dukhowszina, dont les Cosaques essayèrent de lui interdire l'entrée. Ces lâches ennemis, vaincus et dispersés, s'étaient retrouvés, le jour suivant, sur la route de Smolensk; là, secondés par le froid devenu tout à coup rigoureux à un point intolérable, ils avaient obtenu quelques avantages partiels, et assouvi, comme toujours, leur fureur sanguinaire sur les traîneurs. Plus de douze cents chevaux périrent dans cette courte expédition; mais enfin, le 13 novembre, les débris de l'armée d'Italie atteignirent aussi Smolensk.

CHAPITRE IV.

Séjour à Smolensk. — Évaluation des forces revenues de l'expédition de Moskou. — Opérations des corps détachés sur les ailes de l'armée. — Marche de Kutusoff jusqu'au 13 novembre.

Tous les corps qui, peu de mois auparavant, avaient franchi la ligne du Dniéper pour s'élever jusqu'à Moskou, se trouvaient alors réunis à Smolensk. L'Empereur put évaluer avec exactitude l'étendue de ses pertes : voici le tableau du reste de leurs forces :

La garde, qui n'avait pas pris part à la bataille de la Moskowa, et qui, toujours plus ménagée que les autres corps, était aussi mieux nourrie,

comptait encore treize mille fantassins et deux
mille hommes de cavalerie. 15,000

Davoust, *premier corps*, était sans
cavalerie, le nombre de ses troupes ne
dépassait pas. 8,500

Ney, *troisième corps*, n'en avait que. 5,500

Le vice-roi, *quatrième corps*. . . . 5,000

Poniatowski, *cinquième corps*. . . 800

Junot, *huitième corps*. 700

Cavalerie démontée organisée en infanterie. 500

Les quatre corps de cavalerie de réserve. 1,900

Cavalerie légère attachée aux divers
corps de l'armée. 1,200

Total. 39,100

Il faut ajouter à ce nombre mille hommes de la garde et mille cinq cents du premier corps qui se retrouvèrent à Smolensk. Les forces dont l'Empereur pouvait disposer se composaient donc de trente-six mille hommes d'infanterie et d'environ cinq mille de cavalerie, dont les chevaux étaient la plupart dans le plus mauvais état. Les hommes malades, blessés ou qui, découragés par le froid, avaient jeté leurs armes, formaient déjà une multitude innombrable, qui marchait en masse confuse à la suite de chacun des corps de l'armée. Napoléon aurait dû trouver celui du maréchal Victor à Smolensk; il avait compté que Schwartzemberg serait à Minsk, assurant la conservation des immenses approvisionnemens rassemblés dans cette ville, et protégeant le passage de la Bérésina à Borisow; Gouvion-Saint-Cyr, de son côté, devait contenir Wittgenstein sur la rive droite de la Dwina et couvrir Witepsk. Sous tous ces rapports, l'événement avait trompé l'attente de l'Empereur; voici ce qui s'était passé depuis le départ de Moskou.

Il faut se rappeler d'abord que, débarquées à Riga, le 26 septembre, les troupes russes de Finlande, sous les ordres de Steinheil, étaient allées, après une expédition infructueuse contre le dixième corps à Mitau, grossir les forces de Wittgenstein, qui réunissait alors cinquante-cinq mille combattans; et qu'ensuite, à la tête de cette armée, le général russe reprenant l'offensive vers le 15 d'octobre, marchait sur Polotzk, où le maréchal Gouvion-Saint-Cyr l'attendait avec vingt-sept mille hommes fortement retranchés sous les murs de cette ville.

On a vu de plus qu'à cette époque le maréchal Victor venait d'en amener trente mille à Smolensk, où, d'après les instructions de l'Empereur, il formait la réserve générale, pour se porter soit au secours de Schwartzemberg et couvrir Minsk, soit au secours de Gouvion-Saint-Cyr et couvrir Witespk, soit enfin à Moskou, pour renforcer la grande armée.

Aussitôt que Victor fut informé de l'accroissement des forces de Wittgenstein et de son mouvement sur Polotzk, il envoya une de ses divisions sous les ordres de Daendels, avec un régiment de cavalerie, du côté de Witespk, afin de défendre cette ville où n'était restée qu'une faible garnison; puis, après avoir laissé la division Baraguay-d'Hilliers à Smolensk et envoyé la division Girard à Orcha, le maréchal, à la tête du reste de ses troupes, se rapprocha de Gouvion-Saint-Cyr et vint prendre position à Senno.

Telle était la situation des corps d'armée sur cette partie du théâtre de la guerre, lorsque, le 16 octobre, Vittgenstein s'avança sur Polotzk du côté du Nord, tandis que Steinheil traversait à Disna la Dwina, pour venir attaquer le maréchal au Sud. A l'approche de l'ennemi, Saint-

Cyr, ayant détaché une brigade de cavalerie légère et trois bataillons bavarois pour observer et contenir Steinheil, disposa ses divisions devant le front septentrional de la ville.

Au point du jour, le 18, et sans attendre que Steinheil eût accompli son mouvement par Disna, Wittgenstein engagea le combat. A la suite d'une vive canonnade, il lança son infanterie sur les batteries placées en tête des colonnes françaises. L'ennemi, dans cette attaque impétueuse, déploya une grande intrépidité; mais nos braves lui opposèrent une résistance qui triompha de tous ses efforts, depuis le matin jusqu'à plus de quatre heures du soir. Déjà des deux côtés les pertes étaient considérables; les batteries qui couvraient le front de la division Maison avaient été prises et reprises plusieurs fois; à l'approche de la nuit, les Français venaient de les reconquérir.

Wittgenstein fit alors avancer deux nouvelles divisions de troupes fraîches, auxquelles il ordonna d'emporter à tout prix deux redoutes avancées, défendues par les Bavarois du général Vicenti, et dont la possession lui semblait devoir décider la victoire en sa faveur. Les colonnes russes, redoublant d'ardeur, s'avancèrent impétueusement; mais elles se brisèrent contre les retranchemens palissadés et hérissés d'artillerie; le maréchal les voyait avec satisfaction s'acharner sur ce point inexpugnable, aussi avait-il ordonné à ses troupes de se maintenir dans leurs lignes. Par malheur, emportés par leur courage indocile, les Suisses et les Croates de la division Merle, s'élançant sur les Russes, tentèrent de les repousser. Cette attaque imprudente, quoique exécutée avec une rare valeur, eut une issue funeste; accablés par le nombre, les nôtres furent ramenés en désordre et rejetés au delà des redoutes qu'ils laissèrent ainsi découvertes; l'ennemi les poursuivit jusque sous les murs de la place, dont le canon le força de s'arrêter et de reculer à son tour.

La nuit était venue; elle mit fin au carnage qui durait depuis le matin sans interruption. Le lendemain 19, Wittgenstein resta immobile dans ses positions, attendant, pour recommencer la lutte, que Steinheil se montrât de l'autre côté du fleuve. Ce général approchait en effet, poussant devant lui les troupes détachées pour le contenir. Vers dix heures du matin, le maréchal, averti que Steinheil n'était plus qu'à peu de distance, chargea de Wrède de se porter à sa rencontre avec deux brigades, et de l'arrêter le reste de la journée; cette disposition faite, il commença ses préparatifs de retraite.

De Wrède, prenant position en avant des défilés de Rononia, y attendit Steinheil qui ne tarda pas à paraître; il l'attaqua aussitôt, et, après quelques heures de combat, le rejeta au delà du bois, à plus d'une demi-lieue.

Cependant Wittgenstein conservait la même attitude menaçante; et Gouvion-Saint-Cyr profita de cette espèce de trève pour achever de tout disposer, de manière à pouvoir évacuer la ville à la faveur de la nuit. Déjà les canons retirés des redoutes, les bagages, les munitions et les blessés, étaient en sûreté de l'autre côté de la Dwina : ces mouvemens avaient été dérobés à l'attention de Wittgenstein. L'obscurité régnait enfin sur les deux camps, et l'armée française se retirait sans bruit, lorsque le feu, éclatant tout à coup dans les baraques abandonnées par la division Legrand, révéla aux ennemis le secret de cette retraite.

Aussitôt les batteries russes tonnent avec fracas, foudroient les ouvrages désarmés des Français, et inondent la ville d'un déluge de bombes et d'obus qui embrasent les maisons. A ce signal, les ennemis s'ébranlent au centre et sur les deux ailes, et attaquent avec vigueur de tous les côtés à la fois. Tandis qu'à l'abri derrière les palissades, une partie de notre infanterie les arrête par une fusillade terrible, l'artillerie achevait d'évacuer Polotzk; et, lorsqu'elle fut tout entière sur la rive gauche de la Dwina, les troupes traversèrent aussi la rivière par détachemens, ne cédant le terrain que pied à pied. A trois heures du matin, le passage était consommé; le maréchal fit alors détruire le pont et abandonna aux Russes les ruines embrasées de la ville.

Saint-Cyr avait dessein de se rapprocher de Senno, afin d'y opérer sa jonction avec le duc de Bellune; mais Steinheil était devant lui, et d'abord il fallait le culbuter. Grièvement blessé au pied, le maréchal confia ce soin à de Wrède. Le général bavarois battit l'ennemi, le poursuivit tout le jour, le força d'aller chercher un refuge à Disna; et, après cette courte expédition, il vint se rallier au corps d'armée, sous les murs de Polotzk. Le maréchal, continuant alors avec lenteur son mouvement de retraite, partagea ses troupes en trois colonnes:

celle de droite, sous les ordres de Legrand, alla se réunir à la division de Daendels, à Bezenkovitzi, en avant de Witepsk; de Wrede, à gauche, se porta sur Dockzitzi, par Glubokoé, couvrant Wilna; et, comme la douleur de sa blessure empêchait le maréchal de monter à cheval, il chargea le général Merle du commandement de la colonne du centre, qui se dirigea par Ouchatz, vers Lepel, au devant du maréchal Victor.

Dix-huit mille hommes tués, dont les deux tiers au moins étaient Russes, attestèrent la grandeur des efforts de l'attaque et l'opiniâtreté de la défense pendant les trois sanglantes journées des 18, 19 et 20 octobre. Wittgenstein, devenu plus circonspect, suivait de près, mais sans la contrarier, la retraite de Saint-Cyr, qui, parvenu, le 29 octobre, à Smoliani, derrière la Lukomlia, y trouva le duc de Bellune, venu à sa rencontre, et lui remit le commandement de son corps d'armée.

Par l'effet de cette réunion, Victor, à Smoliani, se trouvait à la tête de trente-six mille hommes, dont quatre mille de cavalerie. Averti de l'approche des Russes, et résolu à leur livrer bataille, il venait de rappeler à lui la division

Daendels, grossie de celle de Legrand, et de faire avancer en toute hâte deux mille chevaux restés en arrière à Senno. Malheureusement, le 31 au matin, quand Wittgenstein parut et présenta le combat au maréchal, on était encore sans nouvelles des deux mille chevaux, et Daendels arriva tard, n'amenant avec lui que sa seule division; par suite d'un malentendu, il avait détaché les quatre mille hommes de Legrand, à sa droite, vers Boisiskowa.

Privé de ce puissant secours, Victor hésitait à engager l'action; Wittgenstein, le voyant irrésolu, attaqua brusquement les avant-postes français, qu'il força de se replier sur le gros du corps d'armée; et bientôt une vive canonnade, dirigée sur le centre du maréchal, l'obligea de prendre en arrière une position où son artillerie, répondant avec succès à celle de l'ennemi, l'arrêta jusqu'au soir. Pendant la nuit, Bellune rétrograda jusqu'à Senno, où les Russes ne le suivirent point.

Cette retraite laissait à Wittgenstein tous les avantages qu'il aurait pu se promettre d'une victoire; il coupait les communications de Macdonald avec l'Empereur, et trouvait ouvertes à la fois devant lui les routes de Minsk, de Witepsk et de Wilna. Il détacha d'abord une division qui s'empara le 7 novembre de Witepsk, où le général Poujet et le commandant Chevardès furent faits prisonniers avec une partie de la garnison. Pendant cette expédition, Wittgenstein, retranché derrière la Lukomlia, reçut, par une dépêche de Tchitchakoff, datée du 3 novembre, l'avis que l'armée de Moldavie manœuvrait pour se mettre en communication avec lui par Minsk, de manière qu'ils pussent ensuite concerter leurs mouvemens afin de couper la retraite de Napoléon sur la ligne de la Bérésina.

L'amiral Tchitchakoff, arrivé en Wolhinie à la tête de l'armée de Moldavie vers le milieu de septembre, ainsi qu'il a été rapporté dans l'un des chapitres précédens, avait pris le commandement des troupes sous les ordres de Tormasoff; disposant alors d'une force de près de soixante mille hommes, il s'était avancé d'abord dans la direction de la Vistule, poussant devant lui le prince de Schwartzemberg, qui, se retirant au Nord-Est de Warsovie, avait découvert d'un côté cette capitale, et de l'autre la ville de Minsk, où il avait ordre de se porter. Depuis ce moment jusqu'au 27 octobre, l'amiral était resté inactif à Briesk-Litouski. Il est bien difficile de se persuader que la direction de la retraite des Autrichiens, et l'immobilité des Russes en cette circonstance, n'aient pas eu pour principe une secrète intelligence entre les cabinets de Vienne et de Saint-Pétersbourg, fruit des intrigues de l'Angleterre. Les événemens qui suivirent donnent du poids à cette conjecture, et justifient l'opinion de ceux qui comptent au premier rang des causes de la chute de Napoléon, sa funeste confiance dans les sentimens de François II à son égard depuis que des liens de famille l'unissaient à ce souverain [1].

[1] On peut objecter à cette opinion que le cabinet de Vienne s'était engagé volontairement dans cette guerre ; que l'Empereur ne dut pas révoquer en doute la sincérité du désir de François II, de concourir au succès d'une campagne dont le but était d'affaiblir la Russie, qu'il craignait avec raison ; enfin, que les Autrichiens ne pouvaient avoir oublié l'agression d'Alexandre en 1809, tandis qu'ils se débattaient avec tant de désavantage contre les forces immenses de Napoléon, déjà maître de Vienne.

Sans contredit, au commencement de 1812, dépouillé de l'Italie, du Tyrol, de l'Illyrie, de la Dalmatie, des États de Venise, François II devait être assuré que la politique de Napoléon, devenu son gen-

Quoi qu'il en soit, dans les derniers jours d'octobre, l'amiral, laissant à Briesk-Litouski le général Saken avec vingt-sept mille hommes, s'avança jusqu'à Prujani, où il en plaça cinq mille autres commandés par Essen : ces deux corps étaient destinés à contenir Schwartzemberg et Reynier, qui se trouvaient alors entièrement coupés de la grande armée. Tranquille sur ses derrières, Tchitchakoff se dirigea sur Minsk avec vingt-huit mille combattans; Liaders, qui en amenait trois mille des frontières de la Servie, reçut l'ordre de suivre son mou-

dre et son allié, lui commandait de laisser désormais à l'Autriche le peu qui lui restait de vigueur, afin de l'opposer aux Russes. Dans cet état d'affaiblissement, et n'ayant plus rien qui tentât l'ambition du cabinet des Tuileries, l'objet des plus vives inquiétudes de François II était évidemment la Russie, dont la force, déjà démesurée et toujours croissante, pesait immédiatement sur l'Autriche démantelée, tombée au rang des puissances du second ordre. L'Empereur eut donc raison de croire que ce prince était sincère en s'engageant à coopérer au renversement du colosse russe, à cette époque, et dans ces circonstances.

Mais n'était-il pas encore plus évident que, pour peu que la ruine de la domination française, sur le continent, devînt probable, tout changerait à l'instant

vement; et le général Hertzel devait en même temps partir de Bobrouisk, et venir à la tête de huit mille hommes le joindre à Minsk, où il lui avait donné rendez-vous le 12 novembre.

Tandis que l'orage grossissait ainsi devant les pas de Napoléon, Kutusoff continuait à s'avancer, menaçant constamment son flanc gauche. L'armée russe, divisée en deux colonnes, réglait sa marche sur celle des Français; spectatrice de leur misère et de leur affreuse pénurie, elle vivait au sein de l'abondance, et choisissait, dans un pays ménagé jusqu'alors,

---

de face pour l'Autriche, et que son intérêt le plus pressant serait d'y concourir de toute sa puissance ? En effet, quel bien pouvait-elle attendre de la France victorieuse qui pût être mis en balance avec l'avantage de reprendre à la France vaincue, l'Italie, le Tyrol, et la prépondérance en Allemagne ? Napoléon n'aurait pas dû perdre de vue que le ressentiment de l'Autriche contre lui était et devait être implacable; que l'amitié qu'elle témoignait au vainqueur qui l'avait dépouillée ne pouvait être que l'effet de la crainte; et que cette puissance ne laisserait échapper aucune occasion de venger ses humiliations et de ressaisir l'Italie. Il est pourtant certain que Napoléon a cru, jusqu'à la fin, à la fidélité de son *beau-père* et à l'attachement de l'aïeul du roi Rome.

les abris les plus commodes et les séjours les plus abondans en vivres, que d'ailleurs elle pouvait aller chercher au loin en toute sécurité. Kutusoff arriva de cette manière à Ielnia le 8 novembre, à seize lieues au sud-est de Smolensk. Le lendemain, jour où Napoléon atteignait cette ville, les partisans russes, qui précédaient l'arrière-garde, avertis que les troupes françaises occupaient quelques villages sur la route d'Ielnia, se concertèrent pour les surprendre.

C'était la division de Baraguay-d'Hilliers que le maréchal Victor avait laissée dans Smolensk, lorsqu'il en était parti pour marcher au secours de Gouvion-Saint-Cyr. L'Empereur, avant la bataille de Malo-Jaroslawctz, espérant encore trouver libre le passage par Kalouga, avait fait ordonner à Baraguay-d'Hilliers de venir au devant de lui dans cette direction. En conséquence de cet ordre, le général, prenant position au bourg de Dolgomostié, à moitié chemin de Smolensk à Ielnia, cantonna sa troupe dans les villages environnans, et envoya une brigade de quinze cents hommes d'infanterie et de cinq cents chevaux, commandée par le général Augereau, à trois lieues en avant, à Liakowo.

Après la journée de Malo-Jaroslawetz, l'itinéraire de la retraite ayant changé, l'Empereur fit écrire de Viazma au général Charpentier, gouverneur de Smolensk, en lui prescrivant de donner avis à Baraguay-d'Hilliers du nouveau mouvement de l'armée, et de lui commander de se tenir sur ses gardes. Malgré cette injonction, ce général ne changea rien à ses premières dispositions, et la brigade Augereau resta toujours aventurée à une trop grande distance du reste de la division. Aussi, surpris et tout à coup enveloppé, le 9 novembre, par les corps réunis des partisans Orlow-Denisoff, Davidoff, Seslavin et Figner, Augereau essaya vainement de se faire jour jusqu'à Dolgomostié. Repoussés dans Liakowo par le feu d'une artillerie formidable, accablés par la supériorité du nombre, deux mille Français se virent contraints à mettre bas les armes !

Baraguay-d'Hilliers eut le temps de rétrograder sur Smolensk, où il arriva, sans être poursuivi, avec le reste de sa division.

Justement irrité de cette perte cruelle que la circonstance rendait encore plus douloureuse, l'Empereur suspendit de ses fonctions ce général, dont l'imprévoyance avait causé le malheur de tant de braves gens, et privé l'armée d'un secours si précieux. Baraguay-d'Hilliers reçut l'ordre d'aller attendre, dans une de ses terres en France, qu'une enquête sur sa conduite eût éclairci les faits qui lui étaient imputés; sa mort prévint ce jugement.

Après avoir séjourné à Ielnia, Kutusoff continua son mouvement latéral sur le flanc gauche de l'armée française stationnaire à Smolensk. Le 13 novembre, jour où le vice-roi y arrivait, le feld-maréchal avait son quartier général à Tchelkanowo, à huit lieues au sud de cette ville, et poussait ses avant-postes jusqu'à trois lieues du grand chemin, non loin de Krasnoï, dont il était déjà plus rapproché que Napoléon. Dans cette position, plus de quatre-vingt mille Russes, abondamment pourvus de vivres, de fourrages et de munitions, avec une artillerie nombreuse très-bien attelée et une excellente cavalerie, pouvaient couper la route d'Orcha, sur différens points à leur choix, aux Français décimés par la famine et les maladies, harassés de lassitude, sans chevaux, presque sans canons, et à qui les rigueurs d'un climat meurtrier faisaient tomber les armes des mains.

Mais tant de maux soufferts n'avaient pas

épuisé la patience des soldats de Napoléon; ni les dangers accumulés sur leurs têtes, ni les fléaux plus grands qu'ils prévoyaient encore, ne glaçaient le courage dans leurs cœurs généreux. Ils étaient prêts à les braver de nouveau; Napoléon pouvait compter sur eux. L'ennemi le savait; aussi, malgré ses immenses avantages, hésitait-il à provoquer le désespoir d'adversaires aussi redoutables.

CHAPITRE V.

Marche de Smolensk sur Orcha. — Combats de Krasnoï.

(Du 14 au 17 novembre.)

Les approvisionnemens considérables rassemblés à Witepsk étaient tombés au pouvoir de l'ennemi; ceux de Smolensk, presque épuisés au moment du retour de Napoléon, n'auraient offert qu'une ressource insuffisante, lors même qu'il eût été possible d'en faire une égale répartition entre tous les corps de l'armée; mais dans leur impatience, et trop pressées par la faim pour supporter l'attente des distributions régulières, les troupes s'étaient jetées sur les magasins; et le pillage des premiers venus avait privé de cette faible ressource une grande partie de ceux qui n'arrivèrent qu'après eux.

Ce n'était plus que dans la ville de Minsk que l'on pouvait espérer de retrouver l'abondance, et c'est par cette route que Napoléon se proposait d'achever sa retraite. La distance à parcourir était encore de plus de soixante lieues, et l'on avait à suivre le cours du Dniéper jusqu'à Orcha, où l'armée devait traverser ce fleuve. D'Orcha il fallait gagner Borisow; là, un pont large et solide, que protégeaient des ouvrages, médiocres à la vérité, mais défendus par une garnison suffisante, assurait le passage de la Bérésina, rivière dont les deux bords étaient couverts, au loin, par des marais réputés impraticables. Ce dernier obstacle franchi, il ne serait plus resté qu'une journée jusqu'à Minsk, et tout semblait alors devoir être en sûreté ; car Dombrouski, avec six mille Polonais, ayant reçu l'ordre de quitter les environs de Bobrouisk, où il observait le corps d'Hertzel renfermé dans cette forteresse, s'avançait pour assurer le passage de la ville de Borisow à celle de Minsk. La garnison de cette dernière place s'élevait à quatre mille hommes; et l'Empereur espérait que Schwartzemberg donnerait assez d'occupation à l'amiral Tchitchakoff, pour l'en tenir éloigné jusqu'à l'arrivée de la grande armée, qui, malgré l'immensité de ses pertes, semblait encore, à Smolensk, avoir conservé son organisation primitive. Tout faisait présumer que cette apparence de force, grandie par le prestige des souvenirs de Malo-Jaroslawetz et de Viazma, imposerait assez à Kutusoff pour le déterminer à éviter une bataille.

C'était donc Wittgenstein qui présentait alors à Napoléon l'objet d'inquiétude le plus pressant. Ce général, couvert par la Lukomlia, occupait à Czazniki une forte position sur la ligne de l'Oula; et le succès de la retraite pouvait être compromis si, profitant de la retraite de Victor sur Senno, il s'avançait à sa droite, vers Borisow, dont il n'était plus éloigné que de vingt lieues au plus, et s'emparait des passages de la Bérésina.

Aussi, à peine arrivé à Smolensk, Napoléon s'empressa-t-il d'envoyer à Victor l'ordre d'attaquer sans délai Wittgenstein, et de le rejeter derrière la Dwina. Oudinot, rétabli de sa blessure, venait de reprendre le commandement du 2e. corps, que Saint-Cyr blessé à son tour avait été forcé d'abandonner. L'Empereur prescrivit aux deux maréchaux de ne point se séparer, et de concerter ensemble le plan d'une bataille indispensable au salut de l'armée entière. Bientôt, en effet, réunis à Czeréia, ils s'avancèrent, le 14 novembre, par Lukolm, sur l'ennemi, dont ils rencontrèrent l'avant-garde au village de Smoliany. Mais Victor, investi du commandement supérieur comme plus ancien maréchal, jugea la position des Russes trop forte pour qu'on pût espérer de les en débusquer facilement ; ils étaient d'ailleurs en nombre très-supérieur, et une défaite sur ce point pouvait tout perdre. Ces considérations le déterminèrent à ne rien hasarder; après une assez vive canonnade, et la prise du village de Smoliany, qui fut long-temps disputé, Victor se replia le 15 sur Czeréia, se bornant à contenir Wittgenstein et à l'inquiéter par des manœuvres qui le forcèrent à étendre ses ailes de Boisiskowa jusqu'à Lukoml, sans oser engager le combat.

Pendant que les affaires se maintenaient dans cette situation indécise entre les rivières d'Oula et de Bérésina, Napoléon continuait son mouvement de retraite. Le 14, jour du combat de Smoliany, il partait de Smolensk avec la vieille garde, commandée par Mortier, et portait son quartier général à Koritnia. La division Claparède, qui le précédait d'une journée, escortant le trésor, les trophées de Moskou et les bagages de l'Empereur, allait occuper Krasnoï. Le vice-roi devait quitter Smolensk le 15, Davoust le jour suivant, et Ney avait l'ordre de n'en sortir le 17 qu'après avoir fait sauter les tours de l'enceinte, brûler les munitions, détruire les fusils et les caissons, et enclouer les canons.

Mais déjà, de Jourowa, où il était parvenu, Kutuzoff, prolongeant ses épaisses colonnes au delà de Krasnoï, embrassait au Sud de la grande route tout le terrain compris entre cette ville et le village de Rjawka. Il réunissait, formés en demi-cercle sur cet espace de quelques lieues, ses quatre-vingt mille combattans et cinq cents bouches à feu. Napoléon aurait pu éviter tout engagement avec ces forces trop supérieures, s'il eût suivi, pour gagner Orcha, la rive droite du Dniéper, et mis ainsi le fleuve entre les Russes et lui; ou bien encore, en sortant de Smolensk avec la masse entière de ses forces disposées en trois colonnes, comme dans sa marche sur Moskou. Il est certain que, s'il avait eu devant lui un général habile et résolu à la tête des forces imposantes dont disposait Kutusoff, l'Empereur lui aurait offert une proie facile, en partageant, comme il le fit, son armée affaiblie en quatre divisions qui se suivaient à une journée d'intervalle; mais l'événement prouva que Napoléon n'avait pas trop présumé de la pusillanimité de ce champion octogénaire.

Durant la première journée, l'Empereur ne fut personnellement inquiété que par d'insignifians *hourras* de Cosaques isolés; mais Claparède se vit forcé de disputer l'entrée de Krasnoï à la division de Dojarorofskoï, qu'il rejeta vers le Sud. Le lendemain 15, Napoléon atteignit à son tour Krasnoï, en passant à la vue du corps entier de Miloradowitz, qui se contenta de canonner de loin cette colonne. Le même soir, Napoléon, informé que le corps de Dojarorofskoï se maintenait à peu de distance de la ville, donna l'ordre au général Roguet de sortir à l'instant même avec sa division de jeune garde, de tomber sur les Russes à la baïonnette, et de les repousser. Cette attaque de nuit, exécutée avec la plus brillante valeur, réussit complétement. La division ennemie, surprise et culbutée, recula jusqu'au village de Koutkowo, à une lieue en arrière, où elle se tint tranquille jusqu'au lendemain.

Sorti de Smolensk ce même jour 15, le vice-roi n'avait pu dépasser Loubnia. Le froid redoublait de violence, le thermomètre marquait dix-neuf et vingt degrés au-dessous de la glace. Le peu d'artillerie que l'armée d'Italie traînait à sa suite se trouvait arrêtée à la moindre élévation du terrain; un ravin suspendait longtemps la marche. Les hommes suppléèrent d'abord à l'extrême faiblesse des attelages, en poussant les pièces; mais bientôt les chevaux manquèrent absolument; leurs membres roidis refusaient de se mouvoir; plusieurs mouraient ainsi debout, gelés sous les harnais; ils périrent tous. Il fallut donc abandonner canons et bagages.

On se remit en route, le 16; Eugène, entouré des officiers de son état-major et suivi par deux détachemens de sapeurs et de marins de la garde, marchait à une demi-lieue en avant de ses soldats engourdis qui le suivaient lentement. Une foule d'officiers de tout grade, de cavaliers démontés, de fantassins séparés de leurs corps, et un grand nombre d'employés des administrations, tous empressés d'arriver au gîte, devançaient le vice-roi. La nuit approchait; non loin du village de Mikoulnio, il voit tout à coup cette multitude refluer sur la tête de la colonne, et poursuivie par des nuées de Cosaques. Bientôt Miloradowitz débouche d'un bois qui le cachait, paraît avec tout son corps d'armée, et barre au vice-roi la route de Krasnoï.

Conservant son sau-gfroid dans ce danger pressant, Eugène commande au général Guilleminot de rassembler en bataillon les hommes isolés et les deux détachemens de sapeurs et de marins; tandis que cette petite avant-garde, où huit généraux se sont faits soldats, soutient bravement le premier choc des Cosaques et les contient, le vice-roi dispose tout pour le combat; il place la garde italienne à droite sur la route, les divisions Philippon et Broussier à gauche; la troisième division en arrière. Miloradowitz avançait, poussant devant lui la petite phalange de Guilleminot, que son artillerie foudroyait. Ces braves, à qui la présence de l'ennemi vient de rendre tout leur courage, ne reculent qu'en combattant, et leur résistance donne le temps à Eugène d'achever ses dispositions. Arrivés assez près du corps principal pour n'avoir plus à redouter la poursuite des Cosaques, ils se débandent en un clin d'œil, et courent chercher un abri dans les rangs de l'armée d'Italie, qui les recueille avec de vives acclamations de joie.

Eugène se trouvait alors, avec ses cinq mille hommes, en présence des vingt-cinq mille combattans de Miloradowitz; il soutint vaillamment le combat, et manœuvra en menaçant la droite des Russes, qui portèrent de ce côté la plus grande partie de leurs forces, en dégarnissant leur gauche entre le fleuve et la grande route. La nuit survint, on cessa de combattre; Miloradowitz, se confiant dans le double avantage de la supériorité du nombre et d'une puissante artillerie, envoya sommer Eugène de déposer les armes et de se rendre. La voix du parlementaire fut étouffée par le cri de l'indignation générale des chefs et des soldats; et tandis que les Russes se préparent à recommencer le combat au point du jour, le vice-roi, dont les habiles manœuvres ont forcé les ennemis d'affaiblir leur aile gauche, profite de l'obscurité pour se porter en silence de ce côté; il se rapproche du Dniéper, puis tournant vers Krasnoï, il marche dans cette direction. A peu de distance, son avant-garde tombe dans un poste ennemi; au cri de la vedette, un officier polonais, qui parle russe, répond à demi-voix : *Nous allons en expédition secrète.* Le corps d'armée passe; et, sans rencontrer d'autre obstacle, il rejoint avant le jour l'Empereur à Krasnoï.

Cependant Kutusoff, rougissant enfin de son inaction, et vivement pressé par les excitations du commissaire anglais Wilson, se dispose à frapper un coup décisif; il déploie son armée entière sur une ligne semi-circulaire, au Sud de la ville, que ses deux ailes embrassent à la fois, et lui-même se place au centre; il va marcher; tout est prêt pour l'attaque le 17 au matin. Mais l'Empereur l'a prévenu; déjà sorti de Krasnoï à la tête de douze mille hommes de la garde, avec deux cents chevaux et quelques canons, il range en bataille cette petite armée; la division Claparède reste dans la ville qu'elle est chargée de défendre; Eugène se prépare à marcher sur Orcha par Liady. Le jour paraît, Napoléon s'avance; à cette vue, Kutusoff se trouble et s'épouvante; il resserre autour de lui ses quatre-vingt mille combattans, et rappelle en toute hâte Miloradowitz à sa droite, Tormasoff à sa gauche; le premier, abandonnant la grande route de Smolensk à Davoust qui arrive, lui livre le passage jusqu'à Krasnoï; le second ouvre le chemin de Liady au vice-roi, qui poursuit tranquillement sa retraite vers Orcha, précédant l'armée prête à le suivre.

Le but de l'Empereur est rempli; réuni à Davoust, et après avoir culbuté les avant-postes du centre de l'ennemi, il contient l'élan de la garde impériale, qui s'arrête et se replie lentement sur Krasnoï, où les Russes n'osent pas la poursuivre. C'est Kutusoff alors qui se croit délivré d'un péril imminent; mais tout tremblant encore, il proclame son triomphe, qu'il nomme, dans un bulletin emphatique, sa victoire de Krasnoï. En effet, il peut compter huit mille prisonniers et plusieurs centaines de canons tombés en son pouvoir... Honteux trophées qu'il a ramassés sur les grands chemins! Et ces milliers de morts qui jonchent au loin la plaine, n'est-ce pas l'hiver qui les a tués? Avec des forces quintuples, des soldats robustes, une cavalerie redoutable et cinq cents pièces de canon, Kutusoff n'a pu soutenir l'aspect des débris de la garde impériale; il a reculé devant le spectre de la grande armée!

Toutefois, Napoléon n'a pas recueilli de son effort héroïque tout le fruit qu'il en attendait; le maréchal Ney ne l'a pas encore rejoint, et avant que les ennemis soient revenus de leur terreur panique, il faut qu'il précipite sa retraite! c'eût été tout compromettre que d'attendre le troisième corps à Krasnoï, ou d'essayer de se faire jour jusqu'à lui. L'impérieuse nécessité commandait; l'armée poursuivit donc son mouvement vers Orcha. Napoléon faisait la route à pied, s'aidant d'un bâton de bouleau pour soutenir ses pas sur ce terrain glissant; c'est ainsi qu'il atteignit Dombrowna dans la nuit du 17 au 18; là, il reçut la nouvelle de la prise de Minsk.

Ce coup était foudroyant; l'âme de Napoléon n'en parut pas ébranlée; il conserva l'espoir de s'ouvrir le passage en renversant Ttchitchakoff devant lui, et prescrivit à l'instant même les dispositions nécessaires à l'exécution de ce plan. Le prince de Neufchâtel écrivit à Oudinot de venir sans délai à Bohr former l'avant-garde de l'armée, de se porter ensuite à Borisow et d'y prendre le commandement de la garnison de la place, ainsi que des troupes polonaises que Dombrouski devait y avoir amenées. Calculant qu'Oudinot aurait alors quatorze mille hommes, l'Empereur lui commandait de marcher droit sur Minsk, en annonçant qu'il le suivait de près. Victor reçut en même temps l'ordre d'occuper le général Wittgenstein, afin de lui déguiser le mouvement d'Oudinot, et de prendre position à Czeréia, entre les lacs, de manière à tenir de son côté les Russes en échec jusqu'à ce que l'armée fût arrivée à Borisow, où il viendrait ensuite en former l'arrière-garde.

Avant de quitter Dombrowna, l'Empereur, toujours occupé du sort de Ney et du 3e. corps, donna l'ordre à Davoust de s'y maintenir le plus long-temps possible, dans l'espoir qu'on pourrait encore apprendre des nouvelles de sa marche. Davoust, après avoir attendu vainement jusqu'à midi le lendemain, fit détruire le pont du Dniéper, et suivit le mouvement de l'armée.

Orcha, où l'Empereur arriva le 19, renfermait quelques approvisionnemens, et la troupe reçut des distributions de pain, d'eau-de-vie et de farine. On donna des fusils et des munitions à une partie des hommes isolés qui rentrèrent dans les rangs. Un parc d'artillerie fournit six batteries complètes bien attelées qui furent distribuées aux divers corps. Au moment où des secours si précieux relevaient les forces des soldats de Napoléon et ranimaient leurs espérances, le froid se calma tout à coup; il avait sensiblement diminué le 18; le lendemain, le dégel s'était prononcé. La fortune, un instant moins rigoureuse, semblait vouloir suspendre le cours des fléaux désastreux qui menaçaient l'armée d'une prochaine désorganisation; et, pour signaler avec éclat ce retour passager de sa faveur, c'est encore à Orcha qu'elle rendit le brave des braves et ses vaillans guerriers aux vœux de leurs frères d'armes, qui les croyaient perdus sans retour.

CHAPITRE VI.

Belle retraite du maréchal Ney.

(Du 17 au 21 novembre.)

Le maréchal Ney, d'après ses instructions, ne devait partir de Smolensk que le 17. Davoust, informé, le 16, que l'ennemi se trouvait en force sur la route de Krasnoï, et avait vivement disputé le passage au vice-roi, s'empressa d'en donner avis à Ney, et de l'engager à quitter la ville sans délai. Le maréchal, ne pouvant se persuader que Kutusoff eût déjà dépassé la hauteur de Smolensk, répondit que tous les Cosaques de la Russie ne l'intimideraient pas, et qu'il accomplirait ses ordres à la lettre. En effet, il ne se mit en marche que le lendemain à deux heures du matin; et nos soldats n'avaient pas fait une demi-lieue, lorsque l'explosion des mines, préparées avant leur départ, ébranla la terre sous leurs pas; les murailles de Smolensk venaient de s'écrouler. Ce jour-là, le troisième corps bivaqua au village de Koritnia.

Averti de la marche du maréchal, Kutusoff se flatta de venger par une victoire facile la honte de sa double défaite, en écrasant du poids de toutes ses forces réunies cette faible arrière-garde, entièrement coupée de l'armée de Napoléon. Son premier soin fut de fermer aux Français le chemin par lequel Eugène s'était frayé, la veille, un passage jusqu'à Krasnoï, il fit donc occuper le village de Sirokorénié près du Dniéper, entre le fleuve et le grand bois de Netiowki, dont il couvrit le front en plaçant deux divisions à Czernitz et des deux côtés de ce hameau. La gauche ainsi défendue, Miloradowitz, au centre, s'établit sur la grande route avec vingt mille hommes, devant le village de Nikoulina, à une lieue et demie de Krasnoï; et Kutusoff avec le reste de son armée se chargea de défendre toutes les issues à droite. Un brouillard épais, précurseur du dégel, obscurcissait le jour sur son déclin, le 18, à trois heures après-midi[1], lorsque les Cosaques de Miloradowitz découvrirent l'avant-garde du troisième corps. Ricard qui la commandait s'approchait avec confiance; aucun bruit, pas le moindre mouvement, ne signalaient la présence de l'ennemi que la brume voilait à ses regards. Tout à coup cinquante pièces de canon éclatent à la fois à portée de mitraille; disposées sur la route et couronnant, de droite et de gauche, des hauteurs, devant le front desquelles court un profond ravin, elles frappent à coups redoublés les premiers rangs de l'avant-garde, en même temps qu'une nuée de Cosaques, sortant des bois voisins, la chargent par derrière avec des hurlemens épouvantables. Les Français reculent, ébranlés un moment; mais, se débarrassant de la foule des non-combattans qui gênent leurs manœuvres, ils se reforment, et prennent une bonne position, où ils se défendent vaillamment, en attendant l'arrivée du maréchal. Bientôt ils l'aperçoivent qui accourt avec le gros de sa troupe;

---

[1] Il est à remarquer que les jours, beaucoup plus longs qu'en France en été, à cette latitude, sont plus courts dans la même proportion en hiver.

à peine l'avant-garde se voit-elle soutenue, qu'elle reprend aussitôt l'offensive ; le 15⁰. régiment d'infanterie légère à gauche, le 23⁰. de ligne au centre, et le colonel Pelet, guidant le 48⁰., à droite, s'élancent à la fois sur l'ennemi.

Ils n'ont point d'artillerie, les secours ne sont pas encore arrivés, aucune diversion ne distrait de cette attaque audacieuse la masse qu'ils affrontent ; n'importe, ils se précipitent dans le ravin, gravissent les hauteurs, et leur choc terrible fait ployer la première ligne de Miloradowitz. Le maréchal arrive enfin sur le terrain, déploie sa petite armée, ses douze canons, et donne plus de régularité au combat. Il lance alors sur les pièces ennemies, dont le feu redouble de furie, deux compagnies de sapeurs et de mineurs commandés par le colonel Bouvier ; ces braves, repoussés d'abord, retournent à la charge, s'y acharnent, et tombent anéantis jusqu'au dernier sous les coups de la mitraille.

Leur mort n'intimide pas ceux qui les suivent ; au contraire, l'ardeur de ces hommes intrépides croît avec le danger ; Ney l'affronte au milieu d'eux avec un courage héroïque qui enflamme tous les cœurs ; de nouveaux assaillans se précipitent à leur tour sur la bouche des canons, et meurent aussi glorieusement que les premiers. La fortune se déclare contre les Français que le nombre accable; Ricard et ses deux généraux de brigade grièvement blessés sont hors de combat; le colonel Pelet a les deux jambes fracassées, et le bras rompu d'un coup de biscaïen; le feu des Russes ne se ralentit pas, et les hourras des Cosaques deviennent plus importuns, plus meurtriers. Ney alors commande la retraite; mais, au lieu de le poursuivre, Miloradowitz s'arrête étonné des efforts désespérés de cette poignée d'hommes qu'il avait cru si facile d'écraser, et reforme les rangs de son armée en désordre.

De son côté, le maréchal rallie la sienne, et la resserre en rétrogradant avec lenteur à quelque distance du ravin que l'ennemi hésite encore à franchir. La nuit devenait plus obscure de moment en moment; certain que sa proie, cernée de toutes parts, ne peut lui échapper, le général russe suspend tout-à-fait le combat, et envoie un parlementaire à Ney pour l'engager à se rendre. Le maréchal refuse avec fermeté, mais sans vaine jactance. Suspendant aussitôt la marche de sa troupe, il en parcourt les rangs afin de connaître l'étendue de ses pertes et ce qui lui reste de forces; arrivé au 48e. régiment, son cœur s'émeut à la vue du colonel qui, tout sanglant et les membres brisés, conservait encore une contenance imposante sur le cheval où ses soldats venaient de le replacer. Ney connaissait les talens distingués de ce jeune guerrier, non moins habile dans le conseil que vaillant sur le champ de bataille; il lui fit part de ses anxiétés: « Nous sommes abandonnés, lui dit-il; que » convient-il de faire? » — « Marchons sur le » Dniéper, » lui répondit Pelet, avec sang-froid, « nous n'en sommes plus éloignés que » d'une lieue; il est gelé, nous le traverserons. » Et, suivant ensuite son cours par la rive » droite, nous rejoindrons à Orcha l'Empereur » qui nous y attend. »

Ney, qui finit par adopter ce conseil plein de sagesse, le combattit d'abord; il voulait tourner à gauche et gagner Mohilew. Mais c'eût été se jeter au milieu des forces de Kutusoff et se livrer soi-même; Pelet fit faire cette observation au maréchal; il avait une carte de la Russie, qu'il déploya pour mieux lui faire comprendre les inconvéniens de l'un des deux projets, et les avantages de l'autre; le maréchal, convaincu, se rangea sans plus de résistance à l'opinion du colonel.

Si le courage et l'habileté de l'immortel Ney dans l'exécution de cette savante manœuvre, a mérité l'admiration de la postérité, elle paiera aussi un juste tribut de louange à la fermeté d'âme de ce jeune Français, qui, déchiré par les plus horribles tourmens auxquels l'humanité puisse être condamnée, maîtrisant pourtant la douleur, étouffant la plainte et les gémissemens, discute avec calme, et fait prévaloir un avis d'où va dépendre le salut de l'armée.

A ce moment le parlementaire déjà venu se présente de nouveau, sommant une seconde fois le maréchal de se rendre avec toute sa troupe à Kutusoff; l'officier russe annonçait que l'Empereur avait fui de Krasnoï après la perte d'une bataille décisive, et que les corps de Davoust et du vice-roi étaient anéantis. Il parlait encore quand plusieurs boulets, tirés des avant-postes de Miloradowitz, vinrent tomber au milieu du camp des Français. Le maréchal, irrité de cette sommation réitérée, malgré la réponse énergique qu'il y avait déjà faite, saisit le prétexte d'une attaque aussi déloyale à l'instant même où l'on parlementait, pour traiter cet officier en espion; il ordonna qu'on le saisît et qu'on lui fît suivre, les yeux bandés, le mouvement de l'armée.

On se mit en marche dans le plus grand silence; s'élevant d'abord droit au Nord entre les villages de Fomina et de Litwinowa, puis, tournant vers le Nord-Ouest, on gagna la pointe orientale du grand bois de Netiowki. Les Français avaient déjà fait, à la faveur de la profonde obscurité qui les protégeait, une lieue et demie au travers de tout le sixième corps russe, dont ils venaient de dépasser les derniers postes; ils n'étaient plus qu'à cinq cents toises du Dniéper, qu'ils atteignirent bientôt. On suivit ensuite le cours de ce fleuve, jusqu'à ce que ses bords moins escarpés n'opposassent plus autant d'obstacles au passage de l'artillerie et des bagages.

Mais alors une crainte nouvelle agita tous les cœurs; le dégel tant souhaité, et qui vient enfin de se déclarer, n'aura-t-il pas déjà trop amolli la glace? supportera-t-elle le poids de l'armée? Le maréchal inquiet la fit éprouver non loin du village de Warickzi, où les rives du fleuve offraient un abord plus facile; elle parut assez solide, on tenta le passage. Bientôt pourtant, elle se rompit près de l'un et de l'autre bord; il fallut abandonner les canons et les voitures. Les hommes à l'entrée et à la sortie du fleuve furent contraints de plonger dans l'eau gelée jusqu'à la ceinture; toutefois, avant que le retour de la lumière ne trahît le secret de leur retraite, les Français avaient mis le Dniéper entre eux et l'armée russe.

Au point du jour ils atteignirent, en côtoyant la rive droite du fleuve, le petit village de Gusinoé, où ils surprirent quelques Cosaques. Ces hommes faisaient partie de l'avant-garde de Platoff, qui, sorti la veille de Smolensk, se rendait à Orcha par cette route. Le maréchal, aux prises avec ce nouveau danger, ne put donc laisser profiter sa troupe des abris et des vivres qu'elle trouvait dans ce hameau. Il fallut se hâter de se remettre en chemin. Le combat et la rapidité de la marche nocturne avaient bien diminué la petite armée fugitive. Ney ne comptait plus que trois mille soldats armés; un nombre égal de non-combattans gênait et appesantissait ses mouvemens. Heureusement du moins les chevaux des Cosaques prisonniers avaient fourni des montures aux hommes les plus blessés.

Platoff, averti de l'apparition imprévue des Français sur la rive droite du Dniéper, s'était empressé de les devancer. Vers le milieu du jour, le 19, on découvrit ses Cosaques rangés en bataille dans une vaste plaine qu'il fallait traverser. Le maréchal s'y engagea sans hésiter; bientôt une vive canonnade le força de se détourner, et de gagner une forêt voisine qui semblait promettre à la troupe un abri contre les atteintes de cette artillerie; elle allait y pénétrer, quand une autre batterie cachée dans le taillis vomit une grêle de mitraille sur la tête de la colonne. Ney presse aussitôt les flancs de son cheval et court à ces ennemis invisibles, bravant le feu redoublé de leurs canons; les soldats s'élancent sur les pas de leur chef en poussant de grands cris; à leur approche, les pièces russes, portées sur des traîneaux, reculent avec rapidité, des chevaux vigoureux les entraînent au grand galop. Affranchis de ce péril, les Français s'enfoncent dans la forêt, où Platoff, sans infanterie, renonce à les poursuivre; mais le chemin qu'ils se fraient, à travers un terrain inégal et parsemé de roches, oppose trop de difficultés aux chevaux. Il ne fut possible d'en conserver qu'un petit nombre.

On continue de marcher le reste du jour, sans perdre de vue les bords du fleuve, qui sert de guide aux fugitifs, au milieu de ces bois déserts. A la nuit on découvre un village, qui fournit des logemens et des subsistances; et, pour la première fois, on peut enfin goûter avec sécurité quelques heures de repos après de si rudes fatigues.

Dès que le jour reparut, le 20 novembre, Ney poursuivit sa marche à travers la forêt, dont l'épaisseur le protégeait contre la cavalerie de Platoff. Toutefois, dans tout le cours de cette journée, chaque fois que la troupe commençait à se déployer sur un terrain découvert, on retrouvait toujours les Cosaques; mais du moins sans leur artillerie, qu'ils avaient été forcés de laisser derrière le bois, et qui faisait un long détour pour les suivre. Les *hourras* n'arrêtaient pas le mouvement de la colonne; et, quel que fût le nombre de ces lâches assaillans, il suffisait toujours du feu des tirailleurs pour les tenir en respect par milliers.

On atteignit ainsi vers trois heures après midi le village de Jakoubowo, au bord du Dniéper, et l'on n'était plus qu'à huit lieues environ d'Orcha, où l'on supposait que l'armée s'était arrêtée pour attendre le troisième corps. Il paraissait impossible de faire donner avis à l'Empereur de l'approche du maréchal, car on ne devait pas compter sur la bonne volonté des habitans; deux officiers polonais s'offrirent à remplir cette mission périlleuse, et partirent à l'instant même montés sur des chevaux de paysans, que l'on trouva dans le village.

Les trois mille, que l'espérance vient d'animer d'une force nouvelle, ne restent à Jakoubowo que le temps nécessaire pour prendre quelque nourriture. La nuit venue, ils sortent sans bruit, ayant soin de laisser allumés un grand nombre de feux autour du village, afin de tromper l'ennemi et de lui donner à croire qu'ils sont encore là.

A quelques lieues de Jakoubowo, et après avoir lutté péniblement contre les obstacles d'une autre forêt plus sombre encore que les précédentes, ils en avaient enfin atteint l'extrémité. Le brouillard ajoutait à l'épaisseur de la nuit; ils gravissaient une hauteur escarpée qui les séparait d'une grande plaine; arrivés au sommet, ils découvrent à peu de distance une ligne immense de feux, qui se dessine circulairement dans le vallon, et leur offre l'aspect d'un camp de vingt mille hommes; le bruit des tambours annonçait la présence d'un corps nombreux d'infanterie; les Français se crurent perdus.

Inaccessible à la crainte, le brave des braves, l'intrépide Ney marche droit à l'ennemi; dignes d'un tel chef, ses soldats le suivent au pas de course, résolus à s'ouvrir un passage à travers une armée entière, ou à périr glorieusement les armes à la main... Ils se précipitent... Le camp est désert... Rien ne s'offre à leurs coups! à l'aide d'une ruse de guerre, Platoff s'était flatté d'effrayer Ney!

Mais enfin le maréchal allait recueillir le fruit de sa courageuse entreprise. Les officiers polonais, partis la veille de Jakoubowo, avaient atteint Orcha. A peine le vice-roi fut-il informé par eux de l'approche du 3e. corps, qu'il sortit aussitôt de la ville à la tête de l'armée d'Italie pour voler au devant de lui. Leurs avant-gardes se rencontrèrent à trois lieues de la ville; et, bientôt après, Eugène et Ney furent dans les bras l'un de l'autre. L'Empereur était déjà sur la route de Borisow; en apprenant à Baranié cette heureuse nouvelle, que le général Gourgaud s'empressa d'aller lui porter, Napoléon s'abandonna

aux transports de la joie la plus vive : « J'ai
» deux cents millions dans mes caves des Tuile-
» ries, s'écria-t-il, je les aurais donnés pour
» sauver le maréchal Ney. »

A Rome, la reconnaissance publique décernait une couronne de chêne à qui conservait la vie d'un citoyen sur le champ de bataille. Ney rendit trois mille Français à la patrie ! Si la gloire du guerrier, si tant de hauts faits qui ont immortalisé son nom, furent mis en oubli aux jours du malheur, cette palme civique ne devait-elle pas du moins le protéger !... Mais la noble victime était marquée,

> Et ces sacrés rameaux, qu'on a réduits en poudre,
> Ne mirent pas sa tête à l'abri de la foudre.

CHAPITRE VII.

Opérations de Schwartzemberg. — Marche de l'amiral Tchitchakoff sur Minsk. — Il prend Borisow sur la Bérésina.

(De la fin d'octobre au 21 novembre.)

Consolée par le retour du maréchal Ney, et n'ayant plus à lutter contre un froid aussi rigoureux, l'armée, ralliée tout entière, pourvue de quelques vivres et d'une bonne artillerie, s'avançait, le 21, sous de meilleurs auspices vers la Bérésina. Napoléon marchait à la tête des troupes, impatient d'atteindre le pont de Borisow; mais ce jour-là même cette ville tombait au pouvoir des Russes; ils étaient maîtres de ce passage important! Rien ne s'opposait plus à la jonction de Wittgenstein et de Tchitchakoff; quatre-vingt mille combattans, partis, les uns des frontières de la Suède, les autres de celles de la Turquie, allaient se trouver réunis devant les pas de l'Empereur, que Platoff suivait et que Kutusoff continuait à menacer sur son flanc gauche.

Pour remonter à l'origine de cet événement désastreux, il faut, avant de poursuivre le récit de la retraite, reprendre celui des opérations de Schwartzemberg, à l'époque où son mouvement rétrograde sur le Bug ouvrit à l'armée de Moldavie le chemin de Minsk et de la Bérésina.

De Varsovie, qu'elle était chargée de couvrir, la division Durutte, forte de dix mille hommes, était venue, dans les derniers jours d'octobre, renforcer le corps de Reynier sous les ordres de Schwartzemberg. Ce fut la connaissance de ce fait qui détermina Tchitchakoff, partant pour Minsk, à laisser, pour observer le général autrichien, vingt-sept mille hommes, commandés par Saken à Briesk-Litouski, et cinq mille par Essen, à Prujany.

Tandis que l'amiral marchait sur la Bérésina par Slonim, Neswige et Minsk, Schwartzemberg se décida enfin à suivre de loin ses traces; et, repassant le Bug à Drogiczin, le 1er. novembre, il se porta d'abord à Bialistok, puis à

Wolkovisk, où il arriva le 5, et demeura jusqu'au 10. Le 13, il était à Slonim, laissant à plus de vingt lieues en arrière, entre Bialistok et Wolkowisk, les deux divisions saxonne et française commandées par Reynier. Instruit de ces dispositions, Saken s'avança rapidement de Briesk-Litouski, en même temps que, par son ordre, Essen partait de Prujany, tous deux concertant leurs mouvemens de manière à couper Reynier de Schwartzemberg, et à l'attaquer à la fois.

Après deux jours de savantes manœuvres, par lesquelles le général français déjoua tous les efforts des Russes, il fut assez heureux pour leur échapper et entrer dans Wolkowisk pendant la nuit du 13 au 14. Il avait informé Schwartzemberg du danger qu'il courait, pressé par des forces aussi considérables, et réclamait le prompt secours du corps autrichien. Schwartzemberg rétrograda donc de Slonim, et arriva devant Wolkowisk le 17, au moment où Saken, après avoir débusqué Reynier et Durutte de la ville, les enveloppait déjà de ses trente-deux mille hommes. L'action s'engagea aussitôt; et les Russes, complétement battus, se retirèrent en désordre, Saken par Prujany, Essen par Széreszew, tous deux sur Kobrin, laissant trois mille morts sur le champ de bataille, abandonnant trois mille prisonniers, tous leurs bagages, et la plus grande partie de leur artillerie.

Il suffit de jeter les yeux sur la carte, pour se convaincre que, dans cette position nouvelle, Schwartzemberg venait de reprendre tous les avantages que lui avait fait perdre sa retraite inconsidérée au delà du Bug; il ne s'agissait plus que de vouloir en profiter. C'était alors Tchitchakoff qui se trouvait coupé de la moitié de ses forces; Saken en déroute, rejeté vers le Sud, presque sans artillerie, avec six mille hommes hors de combat, laissait à son tour la route de Minsk libre aux vainqueurs. Une seule division aurait facilement contenu ce corps affaibli, découragé; et Schwartzemberg devait, en courant sur les traces de Tchitchakoff, le forcer de s'arrêter ou de combattre.

Du champ de bataille de Wolkowisk jusqu'à Minsk, il y a cinquante lieues au plus, par de beaux chemins. En partant le 18 novembre, le lendemain de sa victoire, le général autrichien pouvait facilement y arriver en huit marches; il se serait donc trouvé, le 26, à moins de douze lieues de Borisow. Cette manœuvre aurait évidemment contraint Tchitchakoff à se retourner vers lui, pour ne pas être entre deux feux, au moment où l'Empereur, de son côté, s'approchait de la Bérésina. Que de maux ce secours sur lequel Napoléon avait dû compter n'eût-il point prévenus!

Loin de là, Schwartzemberg, s'obstinant, sans aucune raison plausible, à la poursuite inutile de Saken, commença le 18 une contre-marche vers la Volhynie; ce mouvement le conduisit de nouveau jusqu'à Briesk-Litouski, d'où il ne revint sur ses pas que le 28 novembre. Il se trouvait alors à près de cent lieues de la Bérésina; et ce jour-là même le passage de l'armée française s'achevait sous les plus sinistres auspices.

En rapprochant ces faits de toutes les autres actions de Schwartzemberg, pendant la campagne de 1812, la postérité jugera s'il ne fut qu'un général inhabile, ou un allié sans foi; ou plutôt, s'il n'a pas servi d'instrument à la politique astucieuse d'une cour toujours ennemie, même en signant des traités de paix, et jusqu'à ces actes qui semblaient devoir consacrer une alliance plus intime. Quoi qu'il en soit, depuis que Schwartzemberg avait cessé de le suivre, Tchitchakoff marchait sans inquiétude sur Borisow; son avant-garde, commandée par Lambert, culbuta et prit, au delà de Neswige, deux mille hommes, que le gouverneur de Minsk, Bronikouski, avait détachés de ce côté aussitôt qu'il fut informé que les Russes approchaient. Ce général polonais n'en commandait que quatre mille en tout pour protéger une ville ouverte, dépôt d'immenses magasins, et où se trouvaient de nombreux hôpitaux. A la vue du danger qui le menaçait, il dépêcha vers Dombrouski, dont le corps, fort de six mille hommes, n'était qu'à deux journées de distance, du côté de Bobrouisk. Il le pressait d'accourir; mais, trop éloigné pour arriver à temps, Dombrouski jugea plus convenable de suivre ses instructions, et se rapprocha d'Igumen, pour se porter à Borisow au devant de la grande armée. Réduit à deux mille hommes au plus, Bronikouski ne pouvait tenir à Minsk; il prit le parti d'abandonner la place le 16, avec sa troupe, laissant à l'ennemi deux millions de rations de vivres de toute nature, et quatre mille sept cents malades ou blessés. Le même jour, il atteignit Borisow.

Cette ville avait une tête de pont, en mauvais état de défense à la vérité, mais douze cents hommes la défendaient avec une nombreuse artillerie; et le gouverneur de Minsk, qui en amenait deux mille, pouvait, en attendant Dombrouski, fortifier les ouvrages, y établir de nouvelles batteries, en faire occuper les retranchemens; tout cela fut négligé. Tchitchakoff le laissa pourtant tranquille cinq jours dans cette position; déjà Oudinot approchait de Bohr, à dix lieues en arrière sur la route d'Orcha; Bronikouski ne le prévint de rien. A peine arrivé, le maréchal, vaguement informé de la perte de Minsk, chargea le général Pampelone de se porter à Borisow avec quelques troupes, afin de prendre et de lui transmettre des renseignemens exacts; Bronikouski employa ce secours à une reconnaissance en avant de la ville, se chargeant d'informer lui-même le maréchal de l'état des choses; et pourtant il ne lui expédia aucun message.

Dombrouski accourait, mais il ne put parvenir à Borisow que dans la nuit du 20 au 21, après avoir été forcé de laisser en arrière une partie de sa division; il lui restait toutefois quatre mille cinq cents hommes et vingt bouches à feu. Tout était déjà confusion et malheur sur les bords de la Bérésina. La division polonaise, se présentant vers une heure du matin devant la tête du pont, ne trouva personne pour lui indiquer la position qu'elle devait occuper; et cependant les Russes, partis la veille de Minsk, allaient paraître devant Borisow avant le jour! mais le gouverneur ignorait l'imminence du danger, car il n'avait appris aucune nouvelle par le retour du général Pampelone, envoyé en reconnaissance sur une route par laquelle l'ennemi ne venait point. Les Polonais de Dombrouski se placèrent donc au hasard, dans l'obscurité, à droite de la tête de pont, dont leur gauche se trouvait tout-à-fait séparée.

A peine le jour commençait-il à poindre, lorsque le gouverneur, songeant enfin à commander quelques dispositions défensives, fit sortir de la tête de pont un bataillon du 95e., du côté opposé aux Polonais, et sans communications avec eux. Presque aussitôt les Russes, qui s'étaient avancés sans bruit, se jetèrent sur ce bataillon isolé, le culbutèrent, et, le poursuivant jusque dans les retranchemens, ils y entraient pêle-mêle avec les Français, quand un second bataillon, qui venait de prendre les armes au bruit de la fusillade, arriva en toute hâte et rétablit de ce côté le combat. Attaqué en même temps par le gros de la division Lambert, qui, seule encore devant Borisow, s'était flattée d'emporter la ville par un coup de main, le général Dombrouski fut d'abord séparé de la tête de pont, et presque entouré par une multitude d'ennemis très-supérieurs en nombre. Mais, malgré tous leurs efforts pour conserver cet avantage qu'ils ne devaient qu'à une surprise, Dombrouski, par une manœuvre habile, parvint, après quelques heures d'un combat acharné, à se placer en travers de la grande route.

Protégé par les batteries de la tête de pont, que défendaient aussi la garnison de Borisow et les débris de celle de Minsk, il se maintint toute la journée dans cette position. Vers cinq heures du soir, les Russes, dont le nombre augmentait de moment en moment, déployèrent devant les Polonais dix mille hommes d'infanterie et six mille chevaux; bientôt après, une charge générale ayant culbuté la première ligne des Polonais, Dombrouski, contraint de faire retraite, rétrograda en bon ordre sur la ville, qu'il défendit pied à pied, jusqu'à ce que ses canons fussent passés; continuant ensuite son mouvement rétrograde, il alla prendre position à deux lieues en arrière sur les hauteurs de Nié- mantza.

Quoique malheureuse, cette journée ne fut pas sans gloire pour les Polonais; et la défense prolongée de Borisow fait le plus grand honneur aux talens de Dombrouski. Les Russes perdirent à ce combat deux mille hommes tués ou blessés; au nombre de ces derniers se trouva le général Lambert. Nous eûmes à regretter mille morts et mille prisonniers.

CHAPITRE VIII.

Passage de la Bérésina.

(Du 22 au 29 novembre.)

Oudinot, à Bohr, n'était encore instruit de rien. Tout occupé de la marche de Napoléon, qui, cette même nuit-là, établissait son quartier général à dix lieues plus loin, au bourg de Kochanow, le maréchal n'apprit la perte de Borisow que par le retour du général Pampelone. Il en donna sur-le-champ avis à l'Empereur; et, s'étant mis en mouvement, le 22, dans la journée, pour soutenir Dombrouski, il le trouva, le matin du 23, retranché sur les hauteurs de Niémantza. Ainsi renforcé de la division polonaise, dont il fit son avant-garde, Oudinot marcha sur Borisow.

Tchitchakoff y attendait tranquillement des nouvelles de Wittgenstein, auquel, pour l'informer de son arrivée sur la Bérésina, il avait expédié en courrier le trop fameux Czernicheff, ce même officier, aide-de-camp de l'empereur Alexandre, qui emporta de Paris, au mois d'avril, l'état des forces de l'armée française. Plein de sécurité, et ne croyant pas encore l'avant-garde de Napoléon si proche, l'amiral s'était borné à envoyer à la poursuite de Dombrouski la division Lambert, maintenant commandée par Palhen. Les deux têtes de colonne russe et française se heurtèrent à moitié chemin de Niémantza; le maréchal s'étant avancé promptement au secours de Dombrouski, le combat ne dura pas long-temps; Palhen, complétement défait, prit la fuite, après avoir perdu beaucoup de monde, et laissant derrière lui un grand nombre de prisonniers avec tous ses bagages.

Oudinot le poursuivit avec ardeur jusque dans la ville; mais déjà la division Palhen, l'ayant traversée rapidement dans le plus grand désordre, avait repassé la Bérésina; les Français trouvèrent le pont rompu, et de l'autre côté, sur la rive droite, ils découvrirent l'armée entière de Tchitchakoff occupant les hauteurs qui se déployaient devant eux en amphithéâtre, et dont les crêtes étaient partout hérissées d'une artillerie formidable.

L'Empereur arriva le même jour à Bohr; les circonstances commandaient de prendre un parti sans délai; plusieurs points de la Bérésina pouvaient encore offrir un passage, particulièrement au-dessous de la ville; le maréchal Oudinot fut chargé de les reconnaître; on savait qu'à quinze lieues au sud de Borisow, le bourg de Bérésino, où vient aboutir la route de Lepel par Bohr, était un lieu favorable à l'établissement d'un pont; le village d'Ucza, plus rapproché de quatre lieues, présentait aussi des facilités; enfin, à peu de distance de Borisow, et dans la même direction, on aurait pu passer la rivière à Ucholoda; mais les chemins que l'on se fût ouverts de ce côté conduisaient à Minsk par des détours qui devaient nécessairement rapprocher l'armée en retraite de celle de Kutuzoff que l'on supposait déjà près de franchir aussi la Bérésina plus au sud.

Les cartes de la Russie indiquaient un gué à quatre lieues environ au Nord de Borisow, au lieu nommé Wésélowo. Ce renseignement devait laisser l'Empereur dans l'incertitude; car on n'avait eu que trop d'occasions de reconnaître l'inexactitude des meilleures cartes de ce pays. Une circonstance heureuse servit alors à fixer les irrésolutions à cet égard. Depuis la bataille de Polotsk, la sixième brigade de cavalerie légère avait été dirigée sur la rive droite de la Bérésina. Le général Corbineau qui commandait cette brigade reçut l'ordre de se rallier au 2e. corps, au moment où le maréchal Oudinot s'approchait de Borh, sur la rive gauche de la rivière. Corbineau s'empressa d'exécuter cet ordre, et, dans sa marche, il découvrit un gué à Studzianka, village non loin de Wésélowo, traversa la Bérésina le 21 novembre à minuit, et rejoignit le maréchal le 22. Ce jour-là même, Oudinot adressa le rapport du général Corbineau à l'Empereur.

On sut ainsi, avec certitude, que le gué n'existait pas à Wésélowo, mais qu'il se trouvait un peu plus près de la ville, en face du bourg de Studzianka, où passe le chemin de Lepel à Zembin, petite ville de laquelle on peut, par la traverse, aller gagner à Malodeczno, la grande route de Wilna. De ce côté, l'on avait encore la crainte d'être prévenu par Wittgenstein ; heureusement, au lieu de se porter de Lepel sur la rive droite de la Bérésina, ce général, s'attachant à la poursuite de Victor, marchait lentement derrière lui par Czeréia, Protilza et Cholopetriczi ; l'Empereur, informé de cette circonstance par le rapport du maréchal, lui donna l'ordre d'attaquer Wittgenstein et de s'efforcer de le repousser, ou de ralentir du moins son mouvement le plus long-temps possible.

Le gué de Studzianka ne pouvait donc être disputé à Napoléon que par une partie des forces de Tchitchakoff, auquel il fallait donner le change, en se hâtant d'attirer son attention sur un autre point. A cet effet, l'Empereur rassembla, dans les journées du 24 et du 25, un grand nombre de troupes ainsi que la masse entière des non-combattans à Borisow, et poussa des détachemens considérables, avec de l'artillerie, au-dessous de la ville, du côté d'Oucholoda. Ce stratagème produisit tout l'effet qu'il s'en était promis. Persuadé que Napoléon, comptant toujours sur l'arrivée de Schwartzemberg, se proposait de forcer le passage à Borisow pour aller à Minsk au devant de ce puissant secours, l'amiral Tchitchakoff conserva pendant ces deux jours sa position devant la tête de pont; il se contenta de placer à Zembin la division Tschaplitz, afin d'observer la route de Wilna et les passages de la rivière de ce côté, en attendant l'arrivée de Wittgenstein.

Cependant, l'Empereur ayant chargé Oudinot de tout disposer pour jeter deux ponts au gué de Studzianka, l'artillerie du deuxième corps se mit aussitôt à l'ouvrage. Des arbres, choisis dans les bois voisins, furent abattus et façonnés en poutres; la démolition des maisons du village fournit abondamment des planches et du fer; on fit des chevalets. Si cette opération eût été bien conduite, elle aurait pu être achevée dès le soir du 24; mais le général Eblé, en arrivant ce jour-là, jugea les chevalets incapables de servir; il fallut tout recommencer. Quoique, faute d'attelages, on eût été forcé de sacrifier à Orcha deux équipages complets de pont, l'Empereur avait fait conserver avec soin les outils, les forges, le charbon, tous les ustensiles nécessaires à ce genre de construction; et le général Eblé commandait plusieurs compagnies de sapeurs d'élite. Des matériaux mieux conditionnés sortirent alors des mains d'ouvriers plus habiles; mais ces travaux employèrent les journées et les nuits entières du 24 au 26. Tandis qu'ils s'achevaient, le maréchal Oudinot ayant chargé son aide-de-camp Jacqueminot de sonder la Bérésina, cet officier reconnut qu'au gué de Studzianka, le lit de la rivière avait alors cinq à six pieds de profondeur, sur une largeur de plus de cinquante toises. La Bérésina coule lentement à travers un pays plat, dont la pente est insensible vers le Sud; elle l'inonde de ses eaux fangeuses qui forment au loin, sur les deux bords, des marais impraticables pour les voitures. Le dégel, objet de tant de vœux, venait d'empirer cet état de choses, particulièrement à l'endroit de la rive droite où l'armée devait déboucher dans la plaine. Mais, le 24, le froid, devenu tout à coup plus âpre, raffermit en peu d'heures le terrain près de la rivière; le lendemain, la gelée ayant encore augmenté pendant la nuit, les fondrières et les étangs bourbeux des deux rives se couvrirent d'une glace épaisse assez forte pour résister au poids de l'artillerie.

Tout semblait donc promettre alors à l'entreprise de Napoléon une issue moins défavorable que celle qu'on avait redoutée d'abord. L'armée rassemblée dans les environs de Borisow comptait plus de quarante-cinq mille combattans bien armés et pourvus de vivres pour quelques jours. La garde surtout et les corps d'Oudinot, de Victor et de Dombrouski, étaient dans un état excellent; leurs canons, et les pièces fournies par le parc d'Orcha, jointes à celles qui restaient aux autres corps, composaient une artillerie de deux cent cinquante bouches à feu passablement attelées, avec des munitions suffisantes. Les non-combattans formaient une masse qu'on peut évaluer à quinze mille hommes; il faut toutefois observer que cette cohue informe s'était un peu diminuée par la rentrée d'une partie des militaires isolés et des traîneurs dans les rangs de la troupe, depuis que l'armée, de retour en Lithuanie, recevait quelques distributions et n'éprouvait plus un froid aussi rigoureux.

Le 26, les préparatifs du général Eblé pour l'établissement des deux ponts étaient enfin terminés. La rivière chariait abondamment. Cette difficulté n'arrêta pas les pontonniers, qui déjà, durant le cours de cette campagne, avaient donné tant de preuves de courage et du plus généreux dévouement. Plongés jusqu'à la poitrine dans l'eau gelée, luttant contre le courant et les énormes glaçons, ils commencèrent à la pointe du jour à poser les chevalets. Le corps d'Oudinot, précédé des Polonais de Dombrouski, formant son avant-garde, s'était porté au gué de Studzianka pendant la nuit; Napoléon y arriva de grand matin; la garde le suivait.

Malgré les précautions prises jusqu'alors pour dérober à Tchitchakoff la connaissance du lieu choisi pour le passage, les éclaireurs de la division russe postée à Zembin, ayant aperçu, la veille, des mouvemens près de Studzianka, en avaient donné avis au général Tchaplitz. Aussi, dès le matin vit-on quelques détachemens ennemis s'approcher de la rivière; l'Empereur la fit aussitôt traverser à la nage par une centaine de cavaliers, ayant chacun en croupe un fantassin; le général Gourgaud les précédait, et plusieurs radeaux transportèrent en même temps sur la rive droite quatre cents voltigeurs. Cette petite troupe attaqua sur-le-champ les Cosaques et les éloigna, tandis que le général reconnaissait le terrain qu'il trouva praticable pour l'artillerie; il retourna sur-le-champ en faire son rapport à l'Empereur. Tranquille à cet égard, Napoléon, afin de protéger les travailleurs, déploya, sur les hauteurs qui dominent le cours de la rivière auprès de Studzianka, de nombreuses batteries prêtes à balayer au loin la plaine qui s'étend de l'autre côté.

A une heure après midi, l'un des deux ponts étant achevé, le corps d'Oudinot franchit le premier la Bérésina et s'avança vers la route qui de Borisow mène à Zembin; il ne tarda pas à voir déboucher du bois, en face de lui, le général Tchaplitz à la tête de sa division entière. Les Français et les Polonais de Dombrouski chargèrent aussitôt les Russes, qui n'opposèrent qu'une faible résistance; et, se retirant par Brillowa, dans la direction de Borisow, ils s'arrêtèrent à Stakowa.

Ainsi, dès le premier pas, Oudinot se trouvait maître de la route de Zembin; il envoya occuper cette ville à l'heure même par un détachement. C'était un avantage inappréciable; car, en avant de Zembin, on rencontre des marais immenses et profonds que l'on ne peut traverser que sur trois ponts étroits, formant ensemble une longueur de plus de six cents toises; et si Tchaplitz, retranché derrière ces immenses fondrières, en eût brûlé les ponts, il ne restait plus qu'à percer jusqu'à Borisow, en culbutant le corps de Tchitchakoff; mais il eût toujours fallu attendre que l'armée fût réunie sur la rive droite, opération qui demandait encore deux jours; et, avant de regagner Minsk, on devait craindre de trouver Wittgenstein et Kutusoff réunis, barrant le chemin à l'armée française avec plus de cent vingt mille combattans.

Le second pont sur la Bérésina ne fut prêt que vers quatre heures; plus solide et plus large que le premier, il devait servir au passage de l'artillerie. Les pièces du 2e. corps filèrent d'abord, puis celles du grand parc et de la garde. La nuit était venue; le corps de Ney passa sur l'autre pont et alla prendre position derrière Oudinot qui s'attendait à être attaqué le lendemain matin.

Il n'en fut rien; le jour suivant s'écoula tout entier sans que Tchitchakoff parût d'un côté de la rivière, non plus que Wittgenstein de l'autre. Quant à Kutusoff, il atteignait à peine encore les rives du Dniéper.

Resté à Studzianka, l'Empereur donnait le mouvement à tout, et sa présence maintenait l'ordre à l'entrée des ponts, où déjà commençait à s'amonceler la foule des non-combattans, avec des milliers de voitures et des équipages de toute espèce.

Victor, venant de Czéréia, et toujours suivi par Wittgenstein, était arrivé, pendant la journée du 26, à Losnitza, sur la grande route de Borisow à Orcha. Il trouva devant lui Eugène et Davoust, à Niémantza, qui se dirigèrent aussitôt vers les ponts. Le maréchal occupa le soir même Borisow; puis, laissant dans cette ville la division Parthouneaux chargée de former l'arrière-garde, il se rendit pendant la nuit avec celles de Daendels et de Girard à Studzianka, où il rejoignit l'Empereur, à quatre heures du matin, le 27. Le passage se trouvait alors suspendu par la rupture du grand pont; la réparation était à peine achevée, qu'il fallut en faire une nouvelle à la suite d'un second accident. L'autre pont fléchit en même temps; des chevalets s'étaient enfoncés dans la vase. Le zèle des braves pontonniers suffit à tout, mais le temps s'écoulait, et le passage s'opérait lentement.

Toutefois, le jour revenu vers huit heures du matin, le 27, la division Daendels franchit la rivière ; à une heure, l'Empereur la traversa, suivi de la garde, et alla prendre position, derrière Oudinot et Ney, sur un plateau près de la grande route ; il fallut le reste de la soirée et une partie de la nuit pour achever le passage des corps de Davoust et du vice-roi. L'accumulation des bagages et des caissons formait autour de Studzianka, avec les traîneurs et les employés des administrations, un encombrement si confus, que les troupes ne pouvaient déjà plus pénétrer jusqu'aux ponts sans employer la force des armes, et parfois jusqu'à la violence.

Malgré tant de lenteur, le 28 au matin, il ne restait plus sur la rive gauche de la Bérésina, que deux divisions de Victor ; l'une, celle de Girard, restée en position à Studzianka, pour protéger les ponts jusqu'à ce que les bagages et les non-combattans fussent passés ; la seconde, celle de Parthouneaux, demeurée à Borisow toute la journée du 27, afin de fixer sur ce point l'attention de Tchitchakoff, devait en être repartie à la nuit, pour venir rejoindre le maréchal avant le jour.

Mais le jour reparut et l'on n'avait encore aucune nouvelle de Parthouneaux. Cependant

Wittgenstein approchait; on savait que, réuni à Platoff, il avait dû passer la nuit dans une position d'où il pouvait en peu d'heures se porter entre Borisow et Studzianka; et, si Parthouneaux tardait encore, il était à craindre que les Russes ne lui coupassent le chemin des ponts! Tandis qu'à gauche de la Bérésina cette inquiétude agitait vivement le maréchal Victor, on vit enfin sur la rive droite l'avant-garde de Tchitchakoff déboucher de la forêt de Stakowa par la route de Borisow, prête à engager le combat avec les maréchaux Oudinot et Ney.

On ne peut remarquer sans étonnement que l'amiral, qui disposait de vingt-sept mille hommes, ait laissé les Français accomplir, presque sous ses yeux, le passage de la rivière pendant deux jours entiers, sans faire le moindre effort pour les troubler. Les informations exactes n'avaient pu lui manquer; Tchaplitz d'ailleurs, après l'avoir averti de ce qui se préparait à Studzianka le 25, s'était battu le 26 au matin avec Oudinot; et, rejeté dans la forêt de Stakowa, il avait pu voir passer successivement le reste de l'armée française, et multiplier les avis à Tchitchakoff. Le retard de l'amiral, qui ne s'avança pour attaquer que le 28 au matin, semble donc au premier coup d'œil tout-à-fait inexplicable.

En voici les raisons : poussant toujours la circonspection jusqu'à la crainte, Kutusoff, depuis les combats de Krasnoï, ne marchait plus que pas à pas. Arrivé seulement le 24 sur les bords du Dniéper à Kopis, où il resta deux jours, il adressa de cette ville à l'amiral Tchitchakoff l'ordre de se porter immédiatement avec toutes ses forces à seize lieues au-dessous de Borisow, au village de Bérésino, où Napoléon, assurait-il dans sa dépêche, devait effectuer le passage de la Bérésina pour marcher de là sur Minsk. L'amiral reçut, le 25 au matin, cet ordre absurde, qui le jeta dans une grande perplexité.

En vain ses officiers lui firent observer que le feld-maréchal n'avait dû commander, que d'après de faux avis, cette manœuvre insensée, dont l'effet serait de livrer aux Français le pont de Borisow, position qu'il ne pouvait abandonner sans un danger manifeste. N'ayant encore lui-même que les vagues renseignemens transmis par Tchaplitz, le 24, et d'ailleurs sans nouvelles de Wittgenstein, l'amiral s'imagina que Kutusoff devait être mieux informé que lui; il craignit donc de se charger d'une trop pesante responsabilité par le refus d'obéir, et commença sur-le-champ l'exécution des mesures prescrites par le général en chef. Deux divisions se portèrent à l'instant à Bérésino [1]; et Tchitchakoff, n'en laissant qu'une devant la tête de pont, partit lui-même dans la journée avec le reste de ses troupes, après avoir ordonné au général Tchaplitz de quitter Zembin et de venir le rejoindre à Shabachivitzi.

C'est en marchant le matin du 26 vers Borisow pour suivre l'ordre de Tchitchakoff, que Tchaplitz s'était trouvé devant le corps d'Oudinot, au moment où le maréchal venait de passer la Bérésina à Studzianka. On voit maintenant pourquoi le général russe avait manœuvré pour gagner Brillowa, au lieu de se retirer sur Zembin, qu'il importait tant aux Russes de défendre.

Ce fut alors seulement que l'amiral, ouvrant les yeux, résolut de braver l'ordre de Kutusoff; il rappela donc en toute hâte de Bérésino, ses

---

[1] Il y a un village du même nom à vingt lieues environ au nord de Borisow sur la Bérésina; le lieu dont il est question ici est à seize lieues au sud de cette ville, sur la même rivière.

deux divisions, puis les ayant réunies à Borisow, où il s'était empressé de retourner, il se mit en marche pendant la nuit du 27 au 28 avec toutes ses forces; et, au jour naissant, vers huit heures du matin, il se trouva, comme on l'a vu, en présence de l'armée française, en avant de Brillowa.

Tchitchakoff avait perdu l'occasion d'agir; il n'était plus à craindre. Oudinot et Ney l'attendaient de pied ferme à la tête de quinze mille vétérans, redoutable phalange qui n'eut pas besoin, pour contenir les vingt-sept mille Russes de Tchitchakoff, d'appeler à son secours la garde impériale en position derrière elle. Sans inquiétude sur l'événement de cette bataille, Napoléon dirigea les corps de Davoust et du vice-roi sur Zembin, tous deux ouvrant la marche de la retraite par la route de Wilna.

Engagé au point du jour entre les deux avant-gardes, le combat était général à dix heures; Tchitchakoff commandait les troupes d'élite de l'armée de Moldavie; les Russes et les Français déployaient à l'envi la même ardeur impétueuse et une bravoure égale, lorsque le maréchal Oudinot tomba grièvement blessé; Ney prit alors le commandement des deux corps, dont faisait partie la division de Dombrouski, et le combat ne fut pas ralenti. Au même instant, le canon, commençant à gronder sur la rive gauche de la rivière, annonça l'approche de Wittgenstein et de Platoff.

De ce côté, les forces de Victor étaient trop disproportionnées avec celles des assaillans qui le menaçaient; l'Empereur, qui ne doutait pas que Parthouneaux n'eût profité de la nuit pour évacuer Borisow et rejoindre le maréchal, ordonna néanmoins à la division Daendels de repasser la Bérésina, et d'aller se réunir à Victor. Daendels eut de la peine à exécuter cet ordre, tant les ponts étaient encombrés d'équipages, et d'une foule confuse d'hommes et de chevaux, qui, se pressant pour passer à la fois, interceptaient toutes les issues et ne pouvaient plus avancer ni reculer.

A peine les premières détonations de l'artillerie de Wittgenstein eurent-elles retenti dans les bois environnans, que cette masse, se resserrant aussitôt, couvrit tout le terrain entre le village et la rivière; ainsi réunie, elle offrait plus de prise à l'une des batteries ennemies, dont elle devint le but; les boulets, frappant à coups pressés, y portèrent long-temps le ravage et la mort; et cette partie du champ de bataille offrit alors l'image de la plus épouvantable désolation.

Daendels venait d'arriver, et le maréchal se trouvait à la tête de plus de dix mille hommes. Toute sa cavalerie consistait à la vérité en trois cents chevaux commandés par le général Fournier; il n'avait que peu de canons, la plus grande partie ayant passé la Bérésina pendant la nuit; mais ses troupes étaient excellentes et pleines d'ardeur. Pressé par des forces quadruples, dans une position peu favorable d'abord, Victor, opposant à leurs attaques la plus admirable fermeté, sut bientôt en conquérir une plus avantageuse, où il se maintint jusqu'à la fin de la journée. Au milieu de cette nuée d'ennemis, ayant à défendre les ponts, les bagages, à protéger la masse des blessés et des hommes isolés, il faisait face à tout, grâce à l'active coopération des braves Daendels et Girard et à la brillante valeur de Fournier. Tous les efforts de Wittgenstein et de Platoff ne parvinrent jamais, pendant plus de huit heures de combat, à entamer la petite armée de Victor.

On attendait toujours la division Parthouneaux. Dans le cours de la matinée, impatient de ne pas la voir arriver, Napoléon, qui de l'autre rive suivait tous les mouvemens de Victor, chargea l'un de ses officiers d'ordonnance, le général Gourgaud, de traverser la rivière et de courir à la rencontre de cette arrière-garde, sur la route de Borisow, afin de lui en rapporter au plus tôt des nouvelles. Le général, à quelque distance de Studzianka, rencontra un bataillon du 55°. régiment; il se hâta de demander au commandant où il avait laissé Parthouneaux. Surpris de cette question, l'officier répondit que, parti le dernier de Borisow, son bataillon formait l'extrême arrière-garde, et que la division devait être en avant. Il parut certain alors que Parthouneaux, égaré dans l'obscurité, avait pris à droite un chemin qui conduit à Wesélowo; en le suivant, il devait être tombé au milieu de l'armée de Wittgenstein!

En effet, enveloppé par des ennemis trop nombreux pour que la résistance fût possible, Parthouneaux essaya pourtant de se défendre; et d'abord ses soldats, transportés d'indignation à la vue d'un parlementaire qui les sommait de se rendre, attaquèrent les Russes avec une valeur héroïque, mais insensée..... Il fallut se résoudre à poser les armes! L'Empereur ressentit vivement ce coup douloureux. La division Parthouneaux, quoique réduite à un petit nombre, était dans le meilleur état, et avait conservé durant la courte campage de Victor une organisation complète; l'ennemi pouvait enfin se vanter d'avoir conquis un beau trophée!

Cependant, sur la rive opposée, le maréchal Ney vengeait avec éclat l'honneur des armes françaises, et la dernière bataille de la campagne fut encore un triomphe pour le héros de la Moskowa. Depuis le matin, ses habiles manœuvres contenaient, repoussaient les Russes; mais à peine les avait-il forcés, sur un point, de chercher un refuge dans la profondeur de la forêt de Stakowa, que Tchitchakoff, grâce à sa supériorité numérique, faisant déboucher d'un autre côté des troupes fraîches et surtout d'innombrables escadrons, rétablissait bientôt le combat. La nuit approchait, et les ennemis s'étant resserrés montraient le dessein de tenter un grand effort. Acceptant aussitôt cette espèce de défi, Ney dispose tout pour couronner la journée par un coup décisif, il ordonne une charge générale, et marche le premier; à sa voix, officiers et soldats rassemblent leurs forces épuisées par une lutte si longue; ils s'élancent sur les Russes, dont la ligne entière est ébranlée par ce choc impétueux; et le vaillant Doumerc, qui commande encore cinq cents chevaux, achève de les culbuter, les voit fuir devant lui, et leur fait quinze cents prisonniers.

Ce beau succès fut chèrement payé; nous eûmes un grand nombre de morts; beaucoup moins pourtant que les ennemis, qui comptèrent environ dix mille hommes tués sur l'une et l'autre rive. De notre côté, Candras fut le seul général qui perdit la vie; mais une foule d'autres reçurent de graves blessures : Legrand, dont l'intrépidité avait frappé d'admiration les soldats de Ney; Maison, Merle, ses dignes émules; Grundler, Berkeim, non moins braves; et Zajonsczek, l'honneur des armées polonaises, dont il était aussi le plus vieux guerrier. Parmi ces beaux noms, celui du colonel Dubois, autre victime de cette journée sanglante, mérite une place distinguée. Témoin de ses exploits à la tête du 7°. régiment de cuirassiers, Napoléon le nomma général sur le champ de bataille.

Tchitchakoff était vaincu, le passage libre; et l'armée, délivrée du péril le plus effrayant dont elle eût été menacée jusqu'alors, voyait enfin ouvert devant ses pas le chemin de Wilna et du Niémen..... Ici se termine le récit des faits glorieux de cette admirable et funeste campagne; il ne reste plus à raconter qu'une suite de désastres : affreux tableau dont les sombres couleurs ne seront plus variées par aucun de ces traits brillans qui jusqu'ici du moins ont parfois reposé, consolé les regards.

La nuit, qui venait de mettre fin aux combats sur les deux rives de la Bérésina, fut une des plus cruelles depuis le départ de Moskou. Le froid redoublait de violence, le vent du Nord plus âpre fouettait une neige épaisse sur les hommes sans abris et sans feux. Les bagages, rassemblés près des ponts, en obstruaient toujours l'entrée; long-temps dirigés sur ce terrain resserré, les canons de Wittgenstein l'avaient labouré dans tous les sens, le jonchant des débris de plusieurs milliers de voitures et de chariots fracassés, culbutés sur des monceaux de cadavres. Durant ce terrible combat, plus de douze mille personnes, hommes et femmes, parmi lesquels on remarquait des familles entières avec leurs enfans, s'étaient vainement efforcés, en remplissant les airs de leurs cris lamentables, de s'ouvrir le passage des ponts;

mais depuis que l'artillerie se taisait, tombés dans un morne accablement, ils restaient immobiles et transis; insensibles à toutes les affections, on ne les entendait plus se chercher, s'appeler réciproquement; chacun, résigné à ne plus se défendre contre la mort, semblait avoir cessé de prendre intérêt à la vie de ses amis, de ses parens : un silence affreux succédait aux accens du désespoir.

A neuf heures du soir, le général Éblé, étant parvenu à désencombrer le passage, les deux divisions de Victor traversèrent la Bérésina; il ne resta qu'une arrière-garde devant l'ennemi pour déguiser ce mouvement. L'artillerie suivit; et tout ce corps ayant atteint la rive droite un peu après minuit, les deux ponts demeurèrent libres et d'un accès facile. Les non-combattans pouvaient alors passer à leur tour; ils furent avertis à diverses reprises, on les pressa de profiter du peu de momens qui leur restaient encore. Mais le temps et les moyens manquaient pour emporter les bagages, et faire suivre les chariots : la plupart de ces malheureux avaient là toute leur fortune; d'autres, trop affaiblis par la fatigue ou la maladie, s'effrayaient à l'idée de se mettre en route à pied, au milieu d'une nuit si froide et si obscure. Tous refusèrent de marcher, attendant le jour, quoi qu'il pût arriver.

En vain, pour les engager à partir, le général Eblé, et le maréchal lui-même, après avoir employé la prière et jusqu'à la menace, firent brûler quelques-unes de ces voitures dont l'abandon semblait leur coûter tant de regrets; ils ne s'en émurent pas, rien ne paraissait plus pouvoir les tirer de leur sombre apathie. Aux approches du jour, l'arrière-garde se retira, et le bruit se répandit parmi eux qu'on allait détruire les ponts. Tout à coup la foule se ranime, elle accourt et se presse comme la veille sur le rivage; le désordre produit encore l'encombrement, tout s'arrête; les cris, les querelles recommencent avec fureur. Le général Eblé devait mettre le feu aux ponts à huit heures; il attend encore; mais le jour est venu, l'ennemi va paraître, il s'agit du salut de l'armée.... A huit heures et demie, une épaisse fumée obscurcit l'air près de la rive droite; les cris redoublent; peu après la flamme s'élève.... le passage est fermé.

On vit alors un spectacle effroyable; de ces milliers d'infortunés dont la dernière espérance vient de s'évanouir, les uns s'efforcent de se frayer un chemin à travers des feux dévorans; ils se cramponnent aux chevalets, aux planches à demi consumées, et périssent d'un supplice horrible; d'autres se hasardent sur la glace encore mal affermie, elle s'entr'ouvre sous leurs pas, ils sont engloutis!... Bientôt des hordes de Cosaques rugissans se précipitent sur cette proie abandonnée à leur voracité....

Mais que sert d'arrêter plus long-temps les regards sur ces images déchirantes de désespoir et de mort? nous n'aurons que trop d'occasions de les reproduire encore avant d'avoir atteint le terme de cette désastreuse retraite.

CHAPITRE IX.

Continuation de la retraite, après le passage de la Bérésina, jusqu'à Wilna.

(Du 29 novembre au 10 décembre.)

LE soir du 29 novembre, l'armée entière était au delà de Zembin. Ney, resté le dernier sur le champ de bataille, avait brûlé derrière lui les ponts construits sur les marais profonds qui défendent l'accès de cette ville du côté de la Bérésina. Un obstacle insurmontable devait donc arrêter les pas de l'amiral Tchitchakoff et de Wittgenstein, s'ils s'avançaient par cette route pour troubler la retraite. Les corps d'Eugène et de Davoust passèrent la nuit à Plesze-niski, l'Empereur et la garde à Kamen.

Depuis que les Russes occupaient la tête de

pont de Borisow, les communications avec Wilna se trouvaient interrompues; mais déjà un gentilhomme polonais, déguisé en paysan et chargé de dépêches du duc de Bassano, était parvenu jusqu'à l'Empereur, le 25, au delà de la Bérésina; réexpédié le 28, cet émissaire avait été porter à Maret la nouvelle du passage de la rivière, et l'ordre de faire avancer, à la rencontre de l'armée, la division Loison forte de dix mille hommes, et qui venait d'arriver de Kœnigsberg à Wilna. A Kamen, Napoléon reçut un second messager qu'il renvoya sur-le-champ au duc, en lui renouvelant cet ordre. En même temps, un officier polonais courut donner à de Wrède celui de quitter Dokzitzi, où il était resté en position depuis la retraite de Polotzk, et de venir par Willeika, à cinq lieues au Nord, opérer à Molodeczno sa jonction avec l'armée en marche sur Wilna.

Ces dispositions faites, l'Empereur continua de s'avancer les jours suivans, vers Molodeczno qu'il atteignit le 3 décembre. Il y dicta ce vingt-neuvième bulletin, objet d'épouvante et de consternation pour la France, qui attendait, avec anxiété, des nouvelles depuis celui du 11 novembre, daté de Smolensk, et dont les détails avaient soulevé une partie du voile qu'il fallait enfin déchirer.

Arrivé le 5 à Smorgoni, au milieu du jour, Napoléon n'était plus qu'à peu de distance d'Osmiana, où la division Loison venait de prendre position; la route de Wilna se trouvait donc assurée devant lui. Il fit aussitôt appeler Murat, Eugène, les maréchaux Ney, Davoust, Lefèbvre, Mortier et Bessières, et, les ayant rassemblés en conseil, il leur déclara sa résolution de partir immédiatement pour Paris.

Toujours aveugle et injuste, la haine a qualifié de désertion ce départ commandé par la nécessité. Certes, si Napoléon n'eût été que général, on aurait pu lui reprocher avec raison d'abandonner l'armée; mais, avant tout, il était chargé des destinées d'un grand peuple; et plût au ciel qu'il eût borné son ambition à ne remplir que les devoirs du souverain! Combien n'était-il pas à désirer que, chef suprême de l'État, consul ou empereur, il eût désormais renoncé à en être le premier capitaine! Assez d'autres sans lui étaient dignes de soutenir au dehors l'honneur des armes françaises; et du moins une puissance élevée au-dessus du chef de l'armée eût toujours été prête à lui demander compte du sang des soldats prodigué, des trésors dissipés, des écarts où pouvait l'entraîner l'amour trop passionné de la gloire. Un souverain guerrier fut toujours un fléau pour ses peuples, et, s'il est absolu, l'État marche à sa ruine.

Mais le malheur de nos soldats était consommé, et la France au bord d'un abîme; conquérante depuis vingt ans, entourée de peuples vaincus et opprimés, elle venait d'être tout à coup dépouillée de sa force par la perte de sa principale armée; que n'avait-elle pas à craindre de leurs profonds ressentimens! Il fallait donc en recréer une, sous peine de passer à son tour sous le joug d'un vainqueur, et cependant la patrie semblait être épuisée d'hommes et d'argent! Tout paraissait désespéré.

Telle était la situation des affaires, quand Napoléon reparut dans la capitale; et, moins de trois mois après, on le vit repasser le Rhin avec trois cent mille hommes et six cents pièces de canon. Quel autre que lui eût été capable de ce prodige? par quelle réponse plus éloquente pouvait-il confondre ses accusateurs? Heureux, si rassasié de gloire, après les triomphes éclatans de Bautzen et de Lutzen, il eût pu signer la paix à Dresde, et raffermir ainsi son trône, en rendant le repos au monde, même au prix des plus durs sacrifices!

Dans le conseil qu'il tint peu d'heures avant son départ de Smorgoni, Napoléon décida que le roi de Naples serait investi du commandement suprême de l'armée qui devait conserver la même forme sous les mêmes chefs. Voici les dispositions générales qu'il prescrivit à Murat :

« Smorgoni, 5 décembre 1812.

« Rallier l'armée à Wilna. Tenir cette ville,
» et prendre des quartiers d'hiver : les Autri-
» chiens sur le Niémen, couvrant Briesk, Grod-
» no, Warsovie; l'armée sur Wilna et Kowno.
» En cas que l'armée ennemie marche, et qu'on
» ne croie pas pouvoir tenir en deçà du Niémen,
» la droite couvrant Warsovie et, s'il se peut,
» Grodno; le reste de l'armée, en ligne der-
» rière le Niémen, gardant comme tête de pont
» Kowno. Faire faire de grands approvisionne-
» mens de farine à Kœnigsberg, Dantzig, War-
» sovie, Thorn. Faire tout évacuer de Wilna et
» de Kowno, afin d'être libre de ses mouvemens;

» les évacuations auront lieu sur Dantzig pour
» ce qui est le plus précieux.

» *Signé* Napoléon. »

Après avoir donné ses dernières instructions à Murat et aux maréchaux, l'Empereur monta en voiture à sept heures du soir, accompagné de Caulincourt ; Duroc et le comte de Lobau le suivaient dans un traîneau. Escorté par un faible détachement de lanciers napolitains, il arriva dans le cours de la nuit à Osmiana, où, quelques heures auparavant, le partisan Seslavin avait tenté de surprendre le général Loison. Repoussés, les Cosaques allèrent prendre position à peu de distance de la ville, et la canonnèrent assez long-temps. Ils venaient de se retirer, lorsque Napoléon passa sur la route. Échappé à ce danger, il poursuivit sa course, et atteignit Wilna le 6 à neuf heures du matin ; il était à Warsovie le 10, à Dresde le 14, et, cinq jours après, il rentrait aux Tuileries le 19, à minuit. Le vingt-neuvième bulletin n'avait été publié que le 17.

Pendant les premiers jours qui suivirent le passage de la Bérésina, l'armée conserva quelque apparence d'organisation, surtout à l'arrière-garde formée par les troupes de Victor. Ce maréchal eut, le 4, à Molodeczno et le 8 à Osmiana, de courts engagemens avec la division Tchaplitz, devenue l'avant-garde de Tchitchakoff, et que les Français repoussèrent toujours. La température, quoique rude, avait été supportable jusqu'au 3, et les villages, dans lesquels on trouvait partout des habitans et des gîtes, fournissaient des vivres et des fourrages, mais en petite quantité; il fallait aller en chercher au loin, et les soldats, moins pressés par le danger, s'écartaient davantage de leurs corps. La discipline se relâcha; les marches étant devenues plus longues et plus rapides, on laissait chaque jour plus d'hommes en arrière; ils ne rejoignaient pas. Les malades et les blessés ne suivaient qu'avec peine, et les routes commençaient à se joncher de morts et de mourans.

Dès le 3, à Molodeczno, où l'armée se trouva toute réunie, elle fut assaillie par un froid beaucoup plus rigoureux que celui dont on avait eu jusqu'alors à souffrir. Il alla toujours croissant les jours suivans; le 5, le thermomètre marqua vingt degrés au-dessous de la glace; le lendemain, vingt-quatre; le 7, il descendit à à vingt-six. Les habitans de ces affreuses contrées s'étonnèrent eux-mêmes de l'excès épouvantable de ce fléau, qui devait s'appesantir encore davantage! Dans ces rares occasions, ils se gardent bien de s'exposer à l'action de l'air sans une extrême nécessité, et alors ils chargent d'épaisses fourrures leurs corps endurcis, et se couvrent même le visage.

Qu'on juge des ravages de cet hiver meurtrier sur des Français dont un très-petit nombre avait pu se procurer les ressources indispensables aux naturels du pays : plusieurs de nos soldats étaient légèrement vêtus; d'autres, à peine couverts par des habillemens déchirés. Dans cet état de dénuement, il fallait pourtant marcher tout le jour en luttant contre le vent du Nord, et le braver encore la nuit entière au bivac. C'est alors seulement que l'armée fut réellement dissoute et comme anéantie par le froid, et qu'il ne resta plus trace de discipline. Sourds au commandement, les soldats ne s'occupaient que du soin de leur propre conservation; les officiers marchaient pêle-mêle avec eux. Les chaussures usées leur manquèrent bientôt à tous; on y suppléa par des bandes de couvertures, de draps, de peaux d'animaux assujéties avec des cordes ou des liens de paille. Ces secours ne garantissaient pas toujours les pieds de la congélation. Celui qui en sentait les atteintes ralentissait involontairement le pas; on le voyait faire effort pour avancer, l'une après l'autre, ses jambes engourdies; il chancelait, s'arrêtait, et peu d'instans après tombait pour ne plus se relever. Aussitôt on se disputait ses habits, et trop souvent l'infortuné respirait encore quand on l'abandonnait nu sur la neige.

Le malheur avait desséché la pitié dans presque tous les cœurs. Les dépouilles d'un seul, partagées entre plusieurs, fournissaient à chacun quelques lambeaux qu'il ajoutait aux haillons dont il était déjà couvert. Quelques-uns s'en formaient des coiffures bizarres, dont l'effet ajoutait à l'horreur involontaire qu'inspiraient ces visages décharnés, livides, aux yeux éteints, aux joues creusées par la famine, et tout hérissées d'une barbe épaisse. Le désordre de ces physionomies, qui peu de semaines auparavant étaient encore la plupart si belles et si martiales, fut alors porté à tel point, que, pendant des jours entiers, il arriva que des amis intimes marchèrent côte à côte sans se reconnaître. Trop souvent, quand ils s'apercevaient enfin de ce voisinage, autrefois si consolant pour eux, ils se fuyaient afin de dévorer seuls, et en se cachant, un dernier reste d'alimens dégoûtans qu'ils craignaient d'avoir à partager!

Mais si l'infortune, la faim cruelle, les souffrances intolérables du corps, et l'extrême abattement de l'âme, avaient pu dénaturer les nobles sentimens naturels à tant de braves guerriers, on en vit beaucoup aussi résister glorieusement à de si rudes épreuves, et rester jusqu'à la fin bons, généreux, fidèles à l'amitié et à la reconnaissance. Le général Legrand, blessé, ne fut pas abandonné sur les chemins par ses grenadiers; lorsque les chevaux moururent, ils s'attelèrent à sa voiture; et, quand ce moyen manqua, ils le placèrent sur leurs bras, qui lui servirent de lit jusqu'à Wilna, pendant plusieurs jours de marche. Les Polonais rendirent les mêmes devoirs pieux au vénérable Zayoncszec, dont une jambe avait été emportée par un boulet au combat de la Bérésina. Le colonel Marin, de l'artillerie de la garde, fut aussi porté par ses canonniers; le jeune Lacroix, par des officiers, ses amis. Des soldats s'étaient chargés de leur capitaine, des domestiques de leur maître; ils se dépouillaient de leurs vêtemens pour les garantir du froid, partageaient avec eux les vivres qu'ils se procuraient, s'en privaient même pour ne pas les laisser souffrir de la faim.

Ces exemples d'un vertueux dévouement, du courage le plus difficile, furent trop nombreux pour être cités tous; ceux-là suffisent pour consoler l'humanité et relever l'honneur du caractère français, dont l'empreinte put être altérée passagèrement par l'excès du malheur, mais qu'il n'effaça jamais tout-à-fait.

Le retour de la nuit amenait des scènes non moins déplorables que celles de la journée. Les premiers venus aux bivacs allumaient de grands feux, autour desquels ils se pressaient en foule; à la vue de la flamme, les plus faibles, redoublant d'efforts, se traînaient jusque-là, implorant la faveur de pénétrer un moment jusqu'au foyer; quand on la leur accordait, ils se précipitaient sur le brasier; étonnés de n'en point ressentir l'impression, ils y plongeaient leurs mains déjà mortes, frappées par la gelée; alors les parties les plus voisines, où la vie s'était réfugiée, étaient tout à coup déchirées par des douleurs cuisantes qui leur arrachaient des cris épouvantables; la gangrène succédait promptement; ils mouraient en peu d'heures. Même parmi ceux qu'une constitution plus robuste et des alimens supportables maintenaient en santé, on en remarquait qui, profondément atteints d'un sombre chagrin dont rien ne pouvait les distraire, s'en laissaient accabler. Saisis de désespoir, ils se couchaient sur la terre, et attendaient la mort, qui ne tardait guère. D'autres, doués d'une âme énergique dans un corps débile, la bravaient courageusement tant qu'il leur demeurait un souffle de vie; ils n'en étaient pas moins frappés; le froid les tuait avec la rapidité de la foudre. Les chevaux d'artillerie moururent presque tous; on laissait les pièces sur la route; il n'en resta qu'un petit nombre à la garde, qui se décomposa la dernière.

Il semblait que, dans ce bouleversement universel, la division Loison, exempte jusqu'alors de fatigues et de privations, dût au moins offrir à Osmiana un point d'appui à l'armée en dissolution. Ce fut au contraire ce corps qui, toute proportion gardée, fit les pertes les plus considérables et les plus rapides. Il était formé en grande partie d'adolescens au-dessous de la conscription; exposés tout à coup à l'action d'un froid trop excessif, les plus jeunes eurent d'abord les mains gelées, puis les bras qui, subitement paralysés, laissaient échapper leurs armes. Ils semblaient ensuite frappés de démence et promenaient autour d'eux des regards étonnés dont l'expression douloureuse déchirait le cœur. Leurs jambes fléchissaient comme dans l'ivresse; tombés, ils essayaient de se relever, mais ils s'épuisaient en efforts infructueux; leur visage, horriblement contracté, prenait alors une teinte de pourpre; enfin, près d'expirer, ils pleuraient; et, refoulé vers le cerveau, s'ouvrant un passage à travers les paupières, le sang tombait en larmes de leurs yeux mourans. Sept mille périrent en moins de trois jours de cet affreux supplice.

Toutefois, à la tête des faibles restes de sa division, Loison soutint, le 9, à Miedniki, une attaque de Tchaplitz; il le contint assez de temps pour protéger les débris de la cavalerie démontée, ainsi que des milliers d'employés et de militaires isolés, jusqu'à ce que cette queue de colonne fût entrée dans Wilna, laissant derrière elle les chemins encombrés de cadavres d'hommes et de chevaux. Dans les derniers jours, les routes offraient partout, sur le passage de l'armée, l'aspect d'un champ de bataille long-temps disputé, tout couvert d'armes, de canons, de bagages, et de mourans que les Russes dédaignaient de faire prisonniers; ils les dépouillaient et les massacraient froidement. Leurs officiers, révoltés de tant de barbarie, s'efforçaient en vain d'y mettre un terme; les Cosaques répondaient avec des cris farouches: Moskou! Moskou! déclarant ainsi qu'ils vengeaient, sur ces infortunés, l'incendie de la capitale, crime atroce en effet, mais le crime d'un Russe.

De Wrède, dont la division venue de Dokzitzi à Velleïka, marchant depuis quelques jours parallèlement à l'armée sur son flanc droit, arriva le même jour qu'elle à Wilna; il amenait deux mille soldats; Loison n'en comptait plus que quinze cents. Ces troupes composèrent une arrière-garde, dont Murat confia le commandement au maréchal Ney. Platoff, Wittgenstein, Tchitchakoff accouraient, menaçant d'écraser, d'un dernier coup, les débris mutilés de l'armée. Dans ce moment de crise mortelle, le prince de la Moskowa conserva la mâle intrépidité de son caractère élevé; le roi de Naples, au contraire, soldat si brillant sur le champ de bataille, se trouva sans force contre l'adversité. Averti de l'approche des ennemis, Murat sortit précipitamment de la ville, et alla établir son quartier général en dehors de la barrière, sur la route de Kowno ; mille hommes environ de la garde vinrent se ranger autour de lui. Là, plongé dans un morne abattement, il laissa faire. Berthier écrivit au maréchal :

« L'intention de Sa Majesté le roi de Naples
» est de se mettre en marche demain à quatre
» heures du matin avec la garde impériale,
» pour arriver le plus promptement possible à
» Kowno, rallier les fuyards et les isolés, et
» y prendre position. Continuez à faire l'ar-
» rière-garde avec les divisions De Wrède et
» Loison, et tout ce que vous pourrez rallier
» à ces troupes. Faites évacuer cette nuit, autant
» que possible, l'artillerie et tout ce que l'on
» pourra, notamment le trésor. Dans la cir-
» constance présente, le roi ne peut que mar-
» cher le plus vite possible sur Kowno.

» Faites pour le mieux, dans cette circon-
» stance pénible, où les froids rigoureux ont
» achevé de désorganiser l'armée. Le roi vous
» autorise à écrire en partant au général com-

» mandant les troupes russes, pour recom-
» mander nos malades. »

En même temps, le major-général adressa au comte Daru, intendant de l'armée, l'ordre de faire partir dans la nuit le trésor, en se servant, s'il le fallait, des derniers chevaux de l'artillerie :

« Faites distribuer, ajoutait-il, sans formes len-
» tes d'administration, et avec abondance, des
» vivres et des effets d'habillemens à tous ceux
» qui en demanderont, puisque la position de
» l'ennemi ne nous permet pas d'espérer de
» tenir demain toute la journée à Wilna. Re-
» joignez cette nuit le quartier général, et met-
» tez tout en mouvement pour évacuer sur
» Kowno ce qui sera possible. »

Poniatowski partit dans la nuit avec ses Polonais, se dirigeant sur Olita. Murat, Berthier, Eugène, Davoust, Bessières, Lefèvre et Mortier, prirent à quatre heures du matin, le 10, la route de Kowno. L'armée, débandée, se traîna sur leurs pas. Une multitude d'employés, qui avaient conservé leurs chevaux, des malades, des blessés, qui s'étaient procuré des voitures à prix d'argent, devançaient le gros de la troupe. Arrivés dès la veille près de la colline de Ponary, à une lieue et demie de la ville, ils s'y trouvaient arrêtés, s'efforçant vainement de gravir cette côte escarpée, que le verglas rendait inaccessible, même aux piétons. A mesure que l'armée approchait, l'encombrement augmentait d'une manière effrayante.

L'obstacle était invincible, la marche demeura suspendue. Chacun alors, cherchant à se démêler de cette cohue, se fraya isolément un chemin à travers les bois de droite et de gauche; et l'on tourna la montagne que l'on désespérait de franchir. Mais les voitures, ni même les chevaux, ne pouvaient s'engager dans ces défilés étroits et tortueux. On laissa donc sur la grande route les équipages de Napoléon, les caissons du trésor, chargés de plusieurs millions en or et en argent monnayés; le peu de canons qui restaient, les bagages, les provisions, tout fut abandonné à la rapacité des Cosaques, tout, même des blessés, qu'on avait pu transporter jusque-là, et qui croyaient enfin toucher au terme de leurs longues souffrances.

Ce cruel sacrifice consommé, Murat, les maréchaux, et à leur suite les généraux, à pied comme les soldats et confondus au milieu d'eux, continuèrent leur route vers Kowno.

Au milieu de cette foule en désordre, douze à quinze cents hommes formaient encore auprès du roi de Naples le noyau de la garde impériale. La plupart des corps, entièrement dissous, étaient également représentés par un petit groupe d'officiers, fidèlement ralliés autour de leur aigle, qu'ils n'abandonnèrent jamais.

Dans l'impossibilité d'exécuter les ordres du roi de Naples, Ney quitta Wilna, vers huit heures du matin, avec De Wrède et Loison, et suivit le torrent, mais sans se laisser entraîner; il conservait toujours, en se retirant, une attitude menaçante, et combattit jusqu'au dernier moment. On n'avait eu le temps ni de distribuer ni de détruire les immenses provisions de vivres et d'habillemens rassemblés à grands frais dans les magasins : ils furent la proie des Russes.

On laissait encore dans la ville, outre cinq mille malades aux hôpitaux, plus de dix mille traîneurs désarmés, trop accablés de fatigue pour avoir la force d'aller plus loin; arrivés tard la veille, par un dernier effort, ils n'avaient pu trouver d'abris sous un toit hospitalier, car toutes les maisons étaient encombrées; ils erraient donc dans les rues, ou gisaient sur la terre, demi-morts de faim et de froid. L'avant-garde de Platoff, entrée au moment où Ney sortait de la ville, pénétra au galop jusqu'à la grande place, et, se précipitant sur ces malheureux, les sabrait inhumainement, lorsqu'une poignée de soldats, oubliés par le maréchal au milieu de cette confusion, à la garde du pont de la Wilia, débouchèrent tout à coup sur la place. L'officier de cette petite troupe, par un mouvement tout français, commande aussitôt la charge; ses trente hommes s'élancent la baïonnette en avant, et voient fuir à leur approche deux mille Cosaques, qui, s'échappant à la fois par toutes les issues, laissent le passage libre jusqu'au faubourg de Kowno. Ces braves rejoignirent le maréchal à la montagne de Ponary.

L'imagination la plus sombre enfanterait difficilement des scènes de meurtre et de vengeance qui pussent égaler en horreur celles dont Wilna devint alors le théâtre. Ce ne fut pas seulement la troupe lâche et cruelle de Platoff qui s'abreuva du sang des guerriers sans défense, dont les bras gelés ne pouvaient plus saisir une arme pour disputer les restes de leur vie; les Juifs, qui leur avaient vendu chèrement un mauvais gîte, les assassinaient endormis, afin de s'approprier leurs dépouilles, puis les jetaient nus et encore palpitans, par les fenêtres des maisons; et la populace, vouée aux intérêts de la Russie, achevait de les déchirer, croyant accomplir un acte de patriotisme.

On peut dire, sans être taxé d'emprunter une image au style figuré, qu'avant la fin de la funeste journée du 10 décembre, le sang ruisselait dans les rues de Wilna, et que la terre fut partout couverte de cadavres. Quant aux malades des hôpitaux, oubliés tout-à-fait, sans soins, sans nourriture, ils moururent sur la paille dans les angoisses du désespoir. Le petit nombre des victimes échappées à la boucherie du 10, réunies aux prisonniers faits à Minsk et sur les deux rives de la Bérésina, furent conduits dans l'intérieur; on les faisait marcher tout le jour, exposés aux rigueurs de ce climat meurtrier; la nuit ils bivaquaient sans feu et sans vivres; d'un convoi de cinq mille dirigé sur Bobrouik, vingt hommes seulement arrivèrent vivans.

D'autres, traînés plus loin et menés comme

de vils troupeaux, frappés du bâton de leurs conducteurs, trouvèrent aux lieux de leur destination la prison et le châtiment des criminels. A Nowogorod, le gouverneur les condamna aux travaux des galériens; celui de Riga, dont le nom mérite d'être flétri, par l'histoire, du sceau de l'infamie, Paulucci, fut assez lâche pour joindre l'outrage à de si indignes traitemens. Il se plaisait à injurier grossièrement les officiers français désarmés; dans sa folie furieuse, l'insensé, en se couvrant ainsi lui-même d'ignominie, croyait déshonorer les victimes de sa brutalité!

Toutefois, il est consolant de déclarer qu'à Wilna, un grand nombre de Polonais protégèrent la vie de ceux de nos compatriotes qu'ils purent dérober à tous les yeux dans l'intérieur de leurs maisons; car au dehors ils auraient couru risque d'être massacrés avec eux, s'ils leur avaient témoigné la moindre pitié. Ajoutons encore que, parmi les gouverneurs des provinces où furent conduits les Français, il en est qui n'attendirent pas les ordres de l'empereur Alexandre, et l'exemple même du grand-duc Constantin, pour les traiter avec humanité. Korsakoff en Lithuanie, Driessen en Courlande, semblaient plutôt les amis que les gardiens de leurs prisonniers. Occupés d'eux avec une sollicitude paternelle, ils allaient au devant de leurs besoins, et visitaient les blessés dans les hôpitaux; plusieurs fois ils les aidèrent de leur bourse; et, toujours leur adressant des paroles de consolation, ils ranimaient l'espérance dans leurs âmes abattues sous le poids de l'infortune.

Honneur à ces hommes généreux, à ces nobles cœurs dignes de la reconnaissance de nos neveux, qui rediront avec respect les noms de Driessen et de Korsakoff, tant que la gloire des guerriers de l'empire sera chère à la France!

CHAPITRE X.

Derniers combats du prince de la Moskowa. — Murat se retire à Kœnigsberg. — Trahison du général prussien Yorck. — Murat cantonne les débris de l'armée dans les places de la Vistule, et établit son quartier à Posen. — Fin de la campagne de 1812.

(Du 10 décembre aux premiers jours de janvier 1813.)

Arrivé à Kowno, Murat reconnut que cette position n'était pas tenable; le Niémen gelé ne pouvait plus opposer un obstacle à la poursuite de l'ennemi. La ville, qui déjà servait de refuge à un grand nombre de militaires isolés, de blessés évacués des hôpitaux de la Russie, et d'employés des administrations, fut bientôt tout-à-fait encombrée par la multitude qui marchait à la suite de la garde. L'artillerie de la division Loison, que Murat rencontra en route pour Wilna, et qu'il avait fait rétrograder, se composait de seize pièces bien attelées; il s'en trouvait neuf autres à Kowno. Le roi de Naples fit placer la plus grande partie de ces bouches à feu sur la hauteur d'Alexioten qui domine la ville au delà du fleuve, sur la route de Gumbinen; et, laissant un détachement pour la défense de cette batterie, il partit le lendemain, 13 décembre, avec la garde. Le jour suivant il la devança et poussa jusqu'à Gumbinen, où il séjourna; le 19, il était à Kœnigsberg.

Ney, pendant les trois jours de sa retraite de Wilna sur Kowno, eut à combattre sans relâche le corps entier de Platoff, renforcé de quelques régimens de hussards et d'une batterie de quinze bouches à feu portée sur des traîneaux. Le froid se soutenait au même degré; la neige tombait en flocons épais. A chaque instant débordé, devancé même par cette multitude d'ennemis, auxquels il n'avait à opposer ni cavalerie ni canons; à pied à la tête de sa troupe réduite à moins de trois mille hommes, le maréchal atteignit Kowno le 14, sans être entamé.

Il trouva la ville dans un désordre effroyable;

le feu consumait les édifices, les magasins étaient au pillage. Les soldats, dont les membres engourdis éprouvèrent d'abord, par l'usage modéré de l'eau-de-vie, un retour momentané de chaleur et de force, en avaient bu ensuite jusqu'à l'ivresse; dans cet état de débilité, le froid agissant sur leur corps avec plus d'empire, ils tombaient par centaines sur la neige, où, cédant bientôt à un sommeil léthargique, ils mouraient entièrement gelés.

Aucun n'était demeuré aux portes de la ville pour en défendre l'entrée; aussi les Cosaques y pénétrèrent-ils de toutes parts en même temps que le maréchal; ils allaient l'entourer sur la place; Ney appelle à lui ses soldats, qui commençaient à se disperser; une partie seulement répond à sa voix; mais Gérard survient et le seconde; il rassemble aussi quelques hommes, et tous ensemble fondent sur l'ennemi. Les Cosaques tournent bride, les Français les poursuivent; Ney, ramassant successivement plusieurs fusils que des soldats ivres avaient jetés encore chargés, tire lui-même sur les Russes, qui précipitent leur fuite et sortent de la ville.

Cependant Platoff, passant le Niémen sur la glace, avait déjà tourné Kowno et occupé la hauteur d'Alexioten, dont il trouva la batterie sans défense ; les pièces en furent aussitôt tournées du côté de la ville, que les Russes commencèrent à foudroyer, ainsi que le pont du Niémen. Tandis que Ney et Gérard disposaient quelques canons sur les retranchemens, et répondaient au feu de Platoff, Marchand, qui remplaçait Loison tombé malade, fit une sortie à la tête de sa division, et attaqua audacieusement le plateau d'Alexioten, dont il s'empara et demeura le maître ; mais cet effort héroïque, qu'aucune force réelle ne pouvait soutenir, n'eut d'autre résultat que de couvrir de gloire les braves qui le tentèrent. Marchand fut bientôt contraint d'abandonner sa conquête ; heureusement la nuit ne tarda pas à mettre un terme à cette lutte trop inégale ; Ney et ses dignes compagnons, après avoir fait détruire tout ce qui restait d'approvisionnemens et de munitions, passèrent le fleuve dont ils descendirent le cours sur la rive gauche, afin d'éviter Alexioten, où l'ennemi leur barrait la grande route ; ensuite ils s'enfoncèrent dans la forêt de Pilwiski et gagnèrent Szirwint ; de là un chemin de traverse les conduisit à Gumbinen ; à quelques lieues plus loin, à

Insterburg, ils se rallièrent à la garde impériale.

Le froid, dont la rigueur excessive allait toujours croissant, exerçait sur l'armée russe des ravages non moins sensibles que ceux dont il frappait les Français. Tchitchakoff et Wittgenstein suspendirent leur marche à Wilna; Kutusoff y arriva lentement le 16 décembre, et s'y arrêta aussi. Peu de jours après, plus de dix-huit mille de ses malades encombraient les hôpitaux de cette ville; les blessés étaient restés en arrière. Platoff seul continuait donc à harceler notre arrière-garde; mais enfin, vaincu lui-même par le climat, il resta quelque temps à Kowno pour refaire sa troupe.

Dans cette situation, Murat, ne se voyant plus poursuivi, assigna aux différens corps, des points de réunion sur la ligne de la Vistule. Poniatowski, parti de Wilna, conduisait les débris du cinquième à Varsovie par Olita. Les autres allèrent occuper Marienbourg, Marienverder, Thorn et Plock; le roi de Naples espérait pouvoir se maintenir quelque temps sur la Prégel, tandis que l'armée se reformerait dans ces quartiers d'hiver. En effet, Kœnigsberg offrait un excellent point d'appui et ren=

fermait de grands approvisionnemens. La division Heudelet, du 11ᵉ. corps, forte de quatorze mille combattans, avec vingt bouches à feu, y était attendue le 22, ainsi que la brigade Cavagnac, du même corps, et qui comptait seize cents chevaux. La division Loison, sous les ordres de Marchand, venait d'arriver; renforcée d'un grand nombre de soldats isolés auxquels on avait rendu des armes, et de quelques bataillons de marche, elle présentait un effectif de près de trois mille hommes. Murat pouvait, de plus, en tirer six mille de Dantzig, dont la garnison était encore nombreuse. Ainsi, sans compter la garde impériale, qui avait également besoin d'aller se refaire dans de bons cantonnemens sur les derrières, Murat pouvait rassembler plus de vingt-quatre mille combattans autour de Kœnigsberg, et il lui restait le corps de Macdonald tout entier, fort de vingt-six mille au moins.

C'était particulièrement sur cette dernière et précieuse ressource que le roi de Naples fondait sa plus grande espérance. De Wilna, le 9 décembre, il avait fait adresser par Berthier, à Macdonald, l'ordre d'opérer immédiatement sa retraite sur Tilsitt; le 10ᵉ. corps, resté presque inactif et au sein de l'abondance en Courlande, pendant le cours entier de la campagne, devait donc être près d'entrer en ligne, et d'opposer une barrière insurmontable à la poursuite de Platoff.

L'événement trompa cruellement l'attente de Murat. Sa dépêche aurait pu facilement parvenir le 12 à Macdonald, dont le quartier général était à Bauske, sur l'Aa; un officier prussien en avait été chargé : elle ne fut remise que le 19. Le maréchal rappela aussitôt, de Fridriskstadt, la division française Grandjean, et commença son mouvement de retraite avec ces troupes et la division prussienne de Massenbach, forte de six bataillons, de six escadrons et d'une batterie de douze pièces. Le général Yorck était à Mittau, à dix lieues plus loin, avec le reste de l'armée prussienne. Macdonald lui expédia l'ordre d'en partir le même jour 19, et de venir se réunir à lui, en toute hâte, à Tilsitt. D'après cette disposition, Yorck, pendant toute cette marche rétrograde, se trouva constamment à une journée de distance en arrière du maréchal. Mais déjà Wittgenstein avait quitté Wilna ; et, se portant à marches forcées par Wilkomir et Keidani, sur la rive droite du Niémen, il s'avançait, menaçant de couper à Macdonald le chemin de Tilsitt.

Tout porte à croire que l'officier prussien chargé de la lettre de Berthier, donna connaissance de son ordre à l'ennemi ; et que, concertée avec les Russes, la lenteur qu'il mit à exécuter sa mission eut pour but de prolonger d'une semaine le séjour du 10e. corps en Courlande, afin de donner à Wittgenstein le temps d'arriver. Du moins est-il certain que dans le rapport que ce général fit de son expédition en date du 1er. janvier [1], il déclare qu'il dirigea la division Diebitch vers Koltiani, afin de séparer de Macdonald le corps prussien, *et d'entrer en négociation avec le général Yorck.*

Arrivé le 27 décembre au village de Piklupenen, près de Tilsitt, le maréchal y trouva l'avant-garde de Wittgenstein, commandée par Laskoff; il fit aussitôt charger les Russes, dont les rangs furent rompus au premier choc, et qui prirent la fuite dans un si grand désordre, que deux régimens mirent bas les armes. Macdonald entra le soir même à Tilsitt.

[1] Cité par le général Guillaume de Vaudoncourt, *Mémoire pour servir à l'Histoire de la Guerre de Russie*, etc., page 328.

Depuis quelques jours, les Cosaques, lancés par Wittgenstein entre cette ville et Kœnigsberg, coupaient les communications de Murat et du 10e. corps; Macdonald s'empressa de les rétablir, en étendant ses troupes dans la direction d'Insterburg, mais sans s'éloigner encore de Tilsitt, où il attendait qu'Yorck l'eût rejoint. D'après la marche suivie depuis le commencement de la retraite, les Prussiens devaient être à Tilsitt le 28; et, pendant le cours de cette journée, le maréchal l'attendit sans impatience. Toutefois, n'en ayant encore reçu aucune nouvelle le 29 au matin, et inquiet depuis qu'il savait Wittgenstein aussi proche, il dépêcha plusieurs émissaires à Yorck; aucun n'était revenu le 30.

Cependant la position de Macdonald devenait plus alarmante de moment en moment; les forces ennemies s'accumulaient autour de lui; la cavalerie russe était déjà rangée en bataille au nord de la ville; il devait craindre qu'ayant rassemblé son armée derrière ce rideau qui dérobait aux Français la vue de ses mouvemens, Wittgenstein ne manœuvrât, pendant la nuit, pour les envelopper et leur fermer le chemin de Tilsitt; et pourtant le maréchal ne pouvait se résoudre à s'éloigner, retenu par la crainte que son départ ne compromît le général Yorck; il espérait toujours voir bientôt déboucher vers le Nord les têtes de colonne des Prussiens au secours desquels il se tenait prêt à voler au premier signal.

Mais enfin, le soir du 30, les dispositions des ennemis ne laissant plus à Macdonald aucun doute sur leur dessein de l'attaquer le lendemain avec des forces supérieures, il prit à regret la résolution de continuer sa retraite. Quatre heures avant le jour, le 31, il se mit en marche avec la division Grandjean et celle de Massenbach, se dirigeant sur la Prégel par la route d'Interburg. Les Prussiens formaient l'arrière-garde. Massenbach, après avoir laissé filer la division française à quelque distance, fit tout à coup volte-face; et, fuyant à la faveur de l'obscurité, rentra précipitamment dans Tilsitt, repassa le Niémen et alla se réunir aux Russes. Par l'effet de cet abandon, Macdonald restait avec la seule division Grandjean, menacé d'être enveloppé par l'armée entière de Wittgenstein; et il ne se trouvait exposé à ce péril imminent, que pour avoir attendu quatre jours entiers les Prussiens à Tilsitt, afin de protéger leur retraite.

Yorck venait de reconnaître cette intention généreuse par la plus insigne trahison : il avait traité secrètement avec les ennemis. Massenbach, chargé de transmettre au maréchal la copie de l'engagement que son général venait de signer, n'eut pas le courage de la lui porter lui-même; il envoya la dépêche d'Yorck à Macdonald avec cette lettre :

« Votre Excellence pardonnera que je ne sois
» venu moi-même pour l'avertir du procédé ;
» c'était m'épargner une sensation très-pénible
» à mon cœur, parce que les sentimens de res-
» pect et d'estime pour la personne de Votre
» Excellence, que je conserverai jusqu'à la fin
» de mes jours, m'auraient empêché de faire
» mon devoir. »

Voici la dépêche d'Yorck jointe à cette lettre :

« Taurogen, le 30 décembre 1812.

» Monseigneur,

» Après des marches très-pénibles, il ne m'a
» pas été possible de les continuer sans être
» entamé sur mes flancs et sur mes derrières ;
» c'est ce qui a retardé la jonction avec Votre

» Excellence; et devant opter entre l'alterna-
» tive de perdre la plus grande partie de mes
» troupes et tout le matériel qui seul assurait
» ma subsistance, ou de sauver le tout, j'ai cru
» de mon devoir de faire une convention par
» laquelle le rassemblement des troupes prus-
» siennes doit avoir lieu dans une partie de la
» Prusse orientale, qui se trouve, par la re-
» traite de l'armée française, au pouvoir de
» l'armée russe.

» Les troupes prussiennes formeront un corps
» neutre et ne se permettront pas d'hostilité
» envers aucun parti; les événemens à venir,
» suite des négociations qui doivent avoir lieu
» entre les puissances belligérantes, décideront
» sur leur sort futur.

» Je m'empresse d'informer Votre Excellence
» d'une démarche à laquelle j'ai été forcé par les
» circonstances majeures.

» Quelque jugement que le monde portera
» de ma conduite, j'en suis peu inquiet. Le de-
» voir envers mes troupes et la réflexion la
» plus mûre me la dictent : les motifs les plus
» purs, quelles que soient les apparences, me
» guident. En vous faisant, Monseigneur, cette
» déclaration, je m'acquitte des obligations en-

» vers vous, et vous prie d'agréer l'assurance du
» profond respect avec lequel j'ai l'honneur
» d'être, de Votre Excellence, le très-humble
» serviteur.

» Le lieutenant-général   Yorck. »

En vain, pour justifier la conduite d'Yorck, objecterait-on les torts de Napoléon à l'égard de Frédéric-Guillaume, ou envers la nation prussienne; comme militaire, l'action d'Yorck est infâme, puisque, en gardant à l'égard de Macdonald le secret de sa défection depuis le 27 jusqu'au 30, il retint son général quatre jours sur le Niémen avec l'intention déloyale de le livrer à l'ennemi. Si lorsque son projet fut arrêté, il en eût donné connaissance au maréchal; s'il n'avait consommé la rupture du traité qu'il venait d'annuler, qu'après avoir protégé la retraite des Français jusque sur la Prégel, et vu hors de toute atteinte les alliés qu'il répudiait, Yorck, sans éviter le blâme, échappait du moins au mépris. De toutes manières, il commettait une faute grave, en manifestant prématurément les sentimens secrets de la cour de Prusse à l'égard de la France, car il exposait son roi et sa patrie à de terribles représailles si Napoléon reprenait l'avantage; mais, en agissant au grand jour avec franchise, il eût écarté loin de lui l'accusation d'avoir vendu le sang français, et n'aurait plus mérité le nom de traître, flétrissure dont sa mémoire doit rester éternellement chargée.

A la réception de cette nouvelle accablante, Macdonald précipita sa retraite sur Kœnigsberg; suivi de près par la totalité des forces de Wittgenstein, il n'échappa que par la rapidité de sa marche au piège que le Prussien avait préparé devant ses pas. Néanmoins l'arrière-garde des Français fut atteinte et vivement attaquée dans Labiau; le général Bachelu, qui la commandait, déploya en cette occasion un grand courage et beaucoup de talens. Après un combat acharné, il parvint à repousser les Russes, malgré la supériorité de leur nombre, et se retira en bon ordre à leur vue, sans éprouver de grandes pertes.

Murat contraint, par la trahison d'Yorck, de renoncer à tenir dans la position de Kœnigsberg, en partit le 2 janvier, et transporta son quartier général à Posen. Macdonald quitta cette ville peu de jours après; et, réunissant les derniers débris des troupes françaises restées dans la Prusse orientale, il les ramena sur la rive gauche de la Vistule, où la place de Dantzig leur offrit un refuge assuré.

Quant à Schwartzemberg, depuis quelques semaines arrêté à Slonim avec une avant-garde sur Minsk, il gardait tranquillement cette position aventurée sans être inquiété par les Russes, contre lesquels il ne commettait aucune hostilité. L'Empereur lui ayant expédié de Wilna le baron de Sturner, afin de l'informer de son départ pour Paris, le général autrichien commença, le 16 décembre, à rétrograder avec lenteur vers le duché de Varsovie, et prit d'abord, comme en pleine paix, des cantonnemens étendus qu'il poussa jusqu'auprès de Lida.

Il n'est plus douteux que déjà la cour de Vienne, avait consommé, par un traité particulier avec Alexandre, les négociations que lord Walpoole conduisait secrètement à Vienne depuis quelques mois au nom de l'Angleterre; mais ce pacte ne concernait pas le 7e. corps, quoiqu'il fît partie de l'armée sous les ordres de Schwartzemberg; et les Russes, qui suivaient les évolutions pacifiques des troupes autrichiennes, en se bornant à les observer, faisaient une guerre active à Reynier. Vers la fin du mois, Schwartzemberg, continuant de se retirer sur le grand-duché de Varsovie, venait d'établir ses cantonnemens au fond de l'angle que forment, à leur confluent, le Bug et la Narew, ayant sa gauche à Ostrolinska et sa droite à Nur; le général français, forcé de chercher derrière ses alliés un abri contre les attaques de Saken, auxquelles il demeurait seul en butte, vint prendre position à Wengrod le 31 décembre. Dans les premiers jours de janvier, la retraite était consommée, et la campagne de 1812 avait atteint son terme. La guerre n'en continua pas moins; mais les opérations qui suivirent commencent le récit d'une autre période de l'histoire militaire des Français : époque non moins féconde en grands événemens politiques et guerriers ainsi qu'en triomphes éclatans suivis de funestes revers.

Il ne reste plus qu'à nous rendre compte des pertes réelles de l'armée alliée pendant le cours de l'expédition de Russie. On a vu que, des cinq cent mille hommes qui, d'après les états présentés à l'Empereur, semblaient former l'ensemble des forces réunies vers le mois de mai, pour cette grande entreprise, trois cent vingt-cinq mille, environ, franchirent sur différens points la frontière de l'empire russe, en juin. Depuis cette époque, le corps d'armée de Gouvion-Saint-Cyr, celui du maréchal Victor, la division Claparède, de la garde, les divisions Loison et Durutte, du 11ᵉ. corps, entrèrent successivement en Russie; si l'on ajoute à ce nombre celui du reste du 11ᵉ. corps, demeuré sur la ligne de la Vistule, et les renforts envoyés des dépôts de l'intérieur, aux divers régimens, pendant le cours de la campagne, on peut évaluer aussi approximativement que possible, à 425,000 le chiffre total des forces de l'armée d'invasion.

Il faut d'abord observer que l'on ferait un calcul évidemment faux et forcé, si l'on se bornait à comparer cette masse, au petit nombre d'hommes restés autour des aigles, lorsque les mêmes corps, qui avaient traversé le Niémen en conquérans, au mois de juin, le repassèrent vaincus vers la fin de décembre. En effet, quelques jours après, lorsque l'armée cessa d'être poursuivie aussi vivement, et que le froid fut un peu moins âpre, la foule des hommes isolés se rallièrent à leurs drapeaux presque entièrement abandonnés, et reformèrent en partie des régimens qui semblaient tout-à-fait dissous. C'est ainsi que Poniatowski, dont le corps confondu dans les rangs de celui du vice-roi, même avant le passage de la Bérésina, n'est compté dans quelques états de situation que pour sept ou huit cents hommes, en ramena cependant vingt mille à Varsovie.

Quoique les Autrichiens et les Prussiens ne fissent plus partie de l'armée après la campagne, il convient de les porter en compte au retour de la Russie, puisqu'ils figurent dans la masse des 425,000 hommes dont elle se composait au départ. Leur nombre s'élevait, encore ensemble, à. 46,000

La garnison de Dantzig à.. 36,000

Les rapports adressés par les divers maréchaux dans la première quinzaine de janvier 1813, au major général, offrent les résultats suivans :

Davoust, *premier corps*, à Thorn, comptait trois mille quatre cents combattans. 3,400

Oudinot, *deuxième corps*, à Marienbourg. 3,600

A reporter. 89,000

	hommes.
Report.	89,000
Ney, *troisième corps*, à Marienbourg.	2,000
Eugène, *quatrième corps*, à Marienwerder.	3,000
Poniatowski, *cinquième corps*. . .	20,000
Gouvion-Saint-Cyr, *sixième corps*, à Plock.	2,000
Reynier, *septième corps*, renforcé de la division Durutte, environ. . . .	15,000
La garde jeune et vieille.	3,000
Total.	134,000

Les débris des 8e., 9e., 10e. et 11e. corps faisaient partie de la garnison de Dantzig, portée dans l'état ci-dessus pour trente-six mille; mais le nombre des militaires isolés qui rejoignirent plus tard, ainsi que des prisonniers de diverses nations restés en Russie, qui survécurent et furent rendus après la paix, peut être évalué à trente mille. On voit que cent soixante mille hommes au moins, c'est-à-dire, deux cinquièmes environ de l'armée d'invasion, échappèrent aux fléaux dont elle fut accablée. Résultat déplorable à la vérité, mais qui du moins ne laisse pas sans quelque consolation ; surtout quand on le compare aux calculs, empruntés par tant d'autres écrivains, aux Russes et aux Anglais, qui, à l'époque où leurs écrits furent publiés, avaient un intérêt évident à persuader à l'Europe que l'armée française était complétement anéantie.

Ces récits exagérés de nos malheurs et de nos pertes n'ont que trop servi la haine qui s'acharne encore à poursuivre la mémoire d'un grand homme. Sans doute on peut condamner les vues politiques trop vastes, trop ambitieuses, dont les exigences lui firent une impérieuse nécessité de prendre les armes en 1812; il est permis d'exprimer le regret qu'il n'ait pas accordé à l'Angleterre, au mois d'avril, le sacrifice des trônes mal affermis de Joseph et de Murat, lorsque le cabinet de Saint-James offrit de négocier à cette condition. On doit avouer enfin que le souverain n'a pas été toujours irréprochable, précisément parce qu'il resta général, et que l'éclat de la gloire militaire éblouit trop ses regards, en même temps que le sentiment de sa force et de ses talens prodigieux domina trop les résolutions du maître de l'État.

Mais si l'on ne considère que le chef de l'armée,

l'équité commande de reconnaître que tout ce que pouvaient la prévoyance d'un esprit supérieur, le courage de l'âme, la bravoure personnelle, le génie le plus fécond en ressources, il l'a fait pour guider et conserver ses soldats, pour écarter loin d'eux les maux accumulés sur leurs têtes. Quoi qu'en aient dit ses détracteurs, Napoléon général fut constamment dans cette mémorable campagne au niveau de sa haute renommée. L'amour enthousiaste que son armée ne cessa de lui témoigner jusqu'au dernier moment, montre assez qu'elle ne l'accusa point de leur malheur commun. Affreux cortége de la gloire, fléaux inévitables qui partout et toujours ont suivi le char ensanglanté de la guerre, ces désastres n'ont eu rien de particulier à l'expédition de Russie, rien de personnel à Napoléon. S'il déploya la plus rare habileté dans sa marche triomphante jusqu'à Moskou, depuis, aux prises avec l'adversité, il fut encore au-dessus de lui-même, et jamais plus qu'alors il ne se montra digne de l'admiration de la postérité.

FIN.

NOTE.

(*a*) Page 349.

La plus grande partie des historiens de la campagne de 1812 affirment que Napoléon fut instruit de la retraite des Russes avant de tracer le plan de la sienne. Le général Vaudoncourt, page 256, dit que Kutusow se retira pendant la nuit du 24 au 25 ; il ajoute, page 259, que Davoust se mit à la poursuite des Russes le 25, et que l'armée française rétrograda vers Borowsk le 26. On lit les mêmes faits, rapportés en termes semblables, dans l'ouvrage du général Beauvais : *Victoires et Conquêtes*. M. de Chambray, tome II, page 101, s'exprime ainsi : « le 26, dès le point du jour, Napoléon » se dirigea sur Malojaroslawetz avec sa garde et deux » corps de cavalerie ; peu avant que d'arriver au vallon » de la Luja, il s'arrêta près d'un bivac qu'il fit établir. » *Il y reçut la nouvelle que les avant-postes russes se* » *reployaient sur Kalouga et se décida enfin à ef-* » *fectuer sa retraite par Viazma.* »

Le récit de M. le baron Fain est d'accord avec celui de M. de Chambray; le voici : « *Le 26 au matin, l'Empe-*

» reur part pour Malojaroslawetz; mais à mi-chemin,
» il apprend que les ennemis se retirent. Cette nou-
» velle le soulage de ce qu'il y avait de plus péni-
» ble, etc., dès lors l'Empereur ne fait plus difficulté
» de céder à l'avis de ses généraux. Assis au bord
» d'un feu de bivac, etc. » Manuscrit de 1812, tome II,
page 253.

Dans l'ouvrage du général Jomini, intitulé *Vie politique et militaire de Napoléon, racontée par lui-même*, on lit également, IVe. volume, page 170, ce passage remarquable : « Au moment où je renonçais à percer,
» Kutusow décidait de son côté de ne point hasarder
» une bataille générale, et ordonnait un mouvement
» rétrograde. *Bien que j'en fusse prévenu à temps, je
» persistai dans ma résolution.* »

Ce concours d'affirmations sembla d'abord à l'auteur une preuve incontestable de la réalité du fait; et il fut confirmé dans cette opinion, en reconnaissant que le général Gourgaud, dans son excellente critique de l'ouvrage de M. de Ségur, n'objecte rien contre ces assertions positives. Toutefois l'auteur ayant remarqué que cette circonstance, objet de ses investigations, n'était point affirmée par M de Ségur, et que par conséquent le général Gourgaud n'avait pas eu lieu de traiter cette question, il dut en conclure que le silence du critique, à cet égard, ne préjugeait rien. Il prit donc le parti de soumettre la difficulté au général lui-même, qui voulut bien adresser à l'auteur des notes du plus grand intérêt et une lettre fort-explicative, dont voici les passages les plus importans :

« Le lendemain du combat de Malojaroslawetz,
» l'Empereur passa presque toute la journée à par-
» courir le champ de bataille, à recevoir les rapports,
» à interroger les prisonniers, etc. Il reconnut que
» l'armée russe avait pris position à une lieue de Ma-
» lojaroslawetz, derrière un ruisseau nommé le Koriga.
» L'intention de l'Empereur était d'attaquer l'ennemi;
» mais ses principaux généraux lui exprimèrent une
» opinion contraire, etc.... L'Empereur céda, et confia
» au maréchal Davoust le soin de masquer et de pro-
» téger ce mouvement.

» *Dans cette nuit du 25 au 26*, Kutusow, craignant
» d'être coupé de Kalouga par Médyn, se mit en mar-
» che pour aller prendre position à Gonczérowo, où il
» arriva le même jour 26; son immense quantité de
» troupes légères lui permettait de cacher facilement
» sa marche à son adversaire.

» *Pendant tout ce temps, j'ai été presque constam-
» ment auprès de l'Empereur,* et je puis vous assurer
» qu'il n'existe dans ma mémoire aucune trace qu'il ait
» eu connaissance de la retraite des Russes. L'on croyait
» généralement au contraire qu'ils voulaient occuper
» une position très-forte, et avaient même le projet
» d'y élever des retranchemens.

» M. le colonel russe Boutourlin, dans son intéressant
» ouvrage sur la campagne de Russie, ne pense pas,
» comme MM. Vaudoncourt, Fain et Chambray, que
» l'Empereur fut instruit à temps du mouvement des
» Russes; car, en reprochant à Kutusow cette marche
» rétrograde sur Gonczerowo, il dit, tome II, page 168 :

» c'était une faute grave, et qui aurait pu avoir les
» conséquences les plus dangereuses, si les ennemis
» s'en étaient aperçus à temps. »

Il résulte des faits positifs affirmés par le M. général Gourgaud, témoin de toutes les grandes scènes de cette campagne, auxquelles il a pris part, *constamment auprès de l'Empereur*, que ce ne fut pas pendant la nuit du 24 au 25, que Kutusow se retira sur Gonczerowo, mais bien pendant celle du 25 au 26. Cette vérité, qui n'est plus l'objet d'aucun doute, détruit l'assertion du général Vaudoncourt, citée ci-dessus, laquelle repose sur une erreur matérielle de dates. Ce n'est donc pas le 25 octobre que Davoust s'est porté en avant, il se fût heurté ce jour-là contre toute l'armée russe, qui était en position. Le général Gourgaud ajoute, d'accord avec le colonel Boutourlin, que « *ce ne fut que tard dans la jour-*
» *née du 26, lorsque la retraite des Français était*
» *commencée, que Davoust, pour cacher ce mouve-*
» *ment, se porta en avant.* »

Le général Vaudoncourt, d'ailleurs si exact et si consciencieux, s'est donc trompé cette fois; et le général Beauvais, par l'effet d'une confiance que justifient tant de titres, s'est borné à reproduire la relation de cet auteur estimable; les talens et la véracité de l'un et de l'autre sont ici hors de question, il s'agit d'une erreur que leur bonne foi ne peut hésiter à reconnaître.

Ces témoignages imposans étant écartés, il reste à infirmer ceux de MM. de Chambray, Fain et Jomini. De ces trois écrivains, M. Fain seul était alors auprès de

l'Empereur, et voici, quant à ce qui le regarde, l'objection de M. le général Gourgaud : « J'ai une entière
» confiance dans tout ce que rapporte M. Fain, sur ce
» qui s'est passé dans le cabinet ; mais cet estimable
» auteur, mon ami, a bien pu se tromper sur le fait en
» question. Son service n'était pas d'accompagner l'Em-
» reur sur le champ de bataille. »

M. de Chambray, alors capitaine en second d'artillerie et employé au grand parc de la garde, n'était pas, selon toute apparence, auprès de l'Empereur, le 26 octobre, et le général Jomini se trouvait, à cette époque, au delà de Smolensk. Le général Gourgaud, au contraire, ne quitta la personne de Napoléon pendant tous ces événemens, que pour passer la nuit du 24 au 25 aux avant-postes ; et il nie que l'Empereur ait reçu le matin du 26 la nouvelle de la retraite des Russes avant de commander celle de l'armée française.

Au surplus, voici les réflexions du général Gourgaud à ce sujet : « L'Empereur voulait passer sur le ventre des
» Russes, pour gagner Kalouga, et il ne renonça à ce pro-
» jet qu'avec peine et qu'après les plus vives instances
» de ses premiers lieutenans ; comment donc peut on
» supposer qu'un homme tel que lui n'eût pas cherché
» à mettre à profit le faux mouvement des Russes,
» soit en les poussant vivement dans leur retraite, soit
» en se retirant lui-même par la route de Medyn, pour,
» delà, gagner Smolensk par Jelnia, route qui n'avait
» pas été dévastée et sur laquelle nous eussions trouvé
» d'abondantes ressources ? Non, monsieur, je ne le
» puis croire. L'Empereur a ignoré que les Russes vou-

» laient éviter une nouvelle bataille ; et comme on ne
» doit pas accuser légèrement un aussi grand capitaine
» que Napoléon, d'avoir commis une faute grave, je
» vous déclare que je n'ajouterai foi à ceux qui pré-
» tendent qu'il a connu le mouvement des Russes avant
» d'avoir ordonné le sien sur Mojaïsk, que lorsqu'ils
» prouveront de la manière la plus incontestable leur
» étrange assertion. »

En résumé, l'opinion que l'Empereur, avant de rétrograder sur Mojaïsk, aurait été instruit de la retraite des Russes, a sa source dans la relation primitive du général Vaudoncourt, dont le récit présente une erreur évidente de dates, puisée dans le rapport très-confus, que Kutusof a publié, le 16-28 octobre, de la bataille de Malojaroslawetz et de ses suites. Cet historien, d'un très-grand mérite, devait faire autorité ; aussi a-t-il été suivi sans examen par la plus grande partie de ceux qui sont venus après lui.

La saine critique, d'accord avec la raison, doit donc donner la préférence à l'assertion du général Gourgaud, témoin oculaire, observateur attentif, et dont l'ouvrage remarquable, en jetant une vive lumière sur les faits de la campagne de 1812, et sur la personne de Napoléon, a redressé tant d'erreurs et détruit tant de fausses opinions.

TABLE
DES MATIÈRES

LIVRE PREMIER.

                                            Pages.

CHAPITRE PREMIER. INTRODUCTION. 1

CHAPITRE II. Origine et progrès de la mésintelligence entre la France et la Russie, depuis la paix de Tilsitt, en 1807, jusqu'en 1812. — Préparatifs de l'empereur Alexandre. — Motifs de Napoléon pour éviter ou retarder la rupture. 39

CHAPITRE III. Traités d'alliance offensive et défensive de la France avec la Prusse et l'Autriche. — Forces de l'armée française et alliée au moment de l'entrée en campagne. — *Ultimatum* de la Russie, notifié à l'Empereur le 30 avril. — Mission de M. de Narbonne à Saint-Pétersbourg. — Départ de Napoléon pour Dresde. — Retour de M. de Narbonne. — L'Empereur quitte Dresde pour aller se mettre à la tête de ses armées. . . 56

CHAPITRE IV. Force et emplacement des troupes russes à l'ouverture de la campagne. — Plan de Napoléon. — Ses premières dispositions. — Passage du Niémen. — Occupation de Wilna. — Retraite des Russes sur tous les points. 83

494   TABLE DES MATIÈRES.

Pages.

Chapitre V. Séjour de l'Empereur à Wilna.— Arrivée d'un parlementaire russe au quartier impérial de Napoléon. — Manœuvre de l'aile droite de l'armée française pour cerner Bagration.—Retraite de Barclai de Tolly dans le camp retranché de Drissa.— Napoléon reçoit, à Wilna, la grande députation de la diète polonaise de Varsovie... 102

Chapitre VI. L'empereur Alexandre ordonne l'évacuation du camp retranché de Drissa, et la retraite de l'armée de Barclai par Witepsk. — Il court à Moskou, où ses proclamations enflamment les esprits; puis à Pétersbourg, où il annonce la paix avec l'Angleterre et la Turquie. — Les Russes se déterminent à poursuivre la guerre au prix des plus grands sacrifices. 119

Chapitre VII. Retraite de Barclai de Drissa sur Witepsk. — Napoléon se met à sa poursuite. — Les Russes le devancent à Witepsk. — Combat d'Ostrowno. — Barclai range son armée en bataille derrière la Lutchissa. — Tout se dispose pour une affaire générale. — Les Russes décampent pendant la nuit. — Napoléon suspend la marche de son armée.. 135

Chapitre VIII. Manœuvres des deux armées russes pendant leur mouvement simultané de retraite. —Combat de Mohilew.—Jonction de Barclai et de Bagration à Smolensk le 3 août. 150

Chapitre IX. Opérations des deux ailes de l'armée française pendant la marche du corps central

TABLE DES MATIÈRES.   495

Pages

de Wilna sur Witepsk. — Force et emplacement des troupes à l'époque du séjour de Napoléon à Witepsk. 160

LIVRE SECOND.

Chapitre premier. Marche de l'armée française sur Smolensk. — Prise de cette ville. 181
Chapitre II. Combat de Valontina-Gora. 205
Chapitre III. Suite du combat de Walontina-Gora. — Opérations de l'aile gauche. — Les Russes continuent leur retraite sur Moskou. — Ils semblent vouloir s'arrêter et combattre. — L'Empereur quitte Smolensk pour courir à eux. — Kutusoff vient remplacer Barclaï. — Il prend position près de la Moskowa. 219
Chapitre IV. Journées des 4, 5 et 6 septembre. — Ordre de bataille de l'armée française. 237
Chapitre V. Bataille de la Moskowa, le 7 septembre 1812. 257
Chapitre VI. Suite de la bataille de la Moskowa. — Entrée à Moskou. — Incendie de la ville. — Retraite de Kutusoff. 282
Chapitre VII. Séjour à Moskou. 307

LIVRE TROISIÈME.

Chapitre premier. Départ de Moskou. — Bataille de Malo-Jaroslawetz. 329
Chapitre II. Les deux armées russe et française se retirent à la fois, l'une au Sud, l'autre au Nord. 343

TABLE DES MATIÈRES.

Pages.

CHAPITRE III. Retour à Smolensk.......... 352

CHAPITRE IV. Séjour à Smolensk. — Évaluation des forces revenues de l'expédition de Moskou. — Opérations des corps détachés sur les ailes de l'armée. — Marche de Kutusoff jusqu'au 13 novembre...................... 362

CHAPITRE V. Marche de Smolensk sur Orcha. — Combats de Krasnoï................ 380

CHAPITRE VI. Belle retraite du maréchal Ney... 394

CHAPITRE VII. Opérations de Schwartzemberg. — Marche de l'amiral Tchitchakow sur Minsk. — Il prend Borisow sur la Bérésina.......... 408

CHAPITRE VIII. Passage de la Bérésina....... 418

CHAPITRE IX. Continuation de la retraite, après le passage de la Bérésina, jusqu'à Wilna..... 444

CHAPITRE X. Derniers combats de Ney. — Murat se retire à Kœnigsberg. — Trahison du général prussien Yorck. — Murat cantonne les débris de l'armée dans les places de la Vistule, et établit son quartier à Posen. — Fin de la campagne de 1812.................... 466

FIN DE LA TABLE.

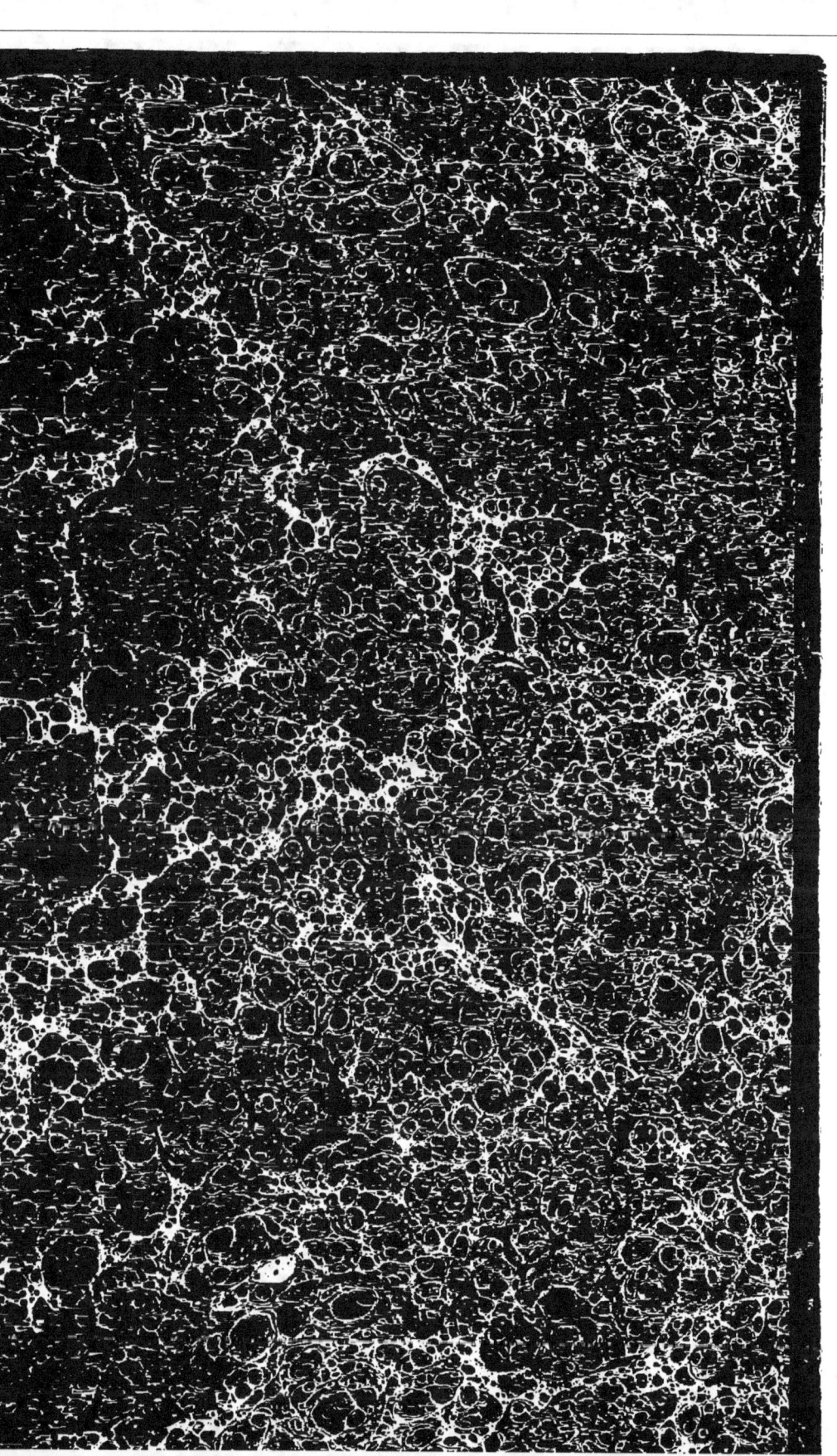

www.ingramcontent.com/pod-product-compliance
Lightning Source LLC
Chambersburg PA
CBHW051135230426
43670CB00007B/811